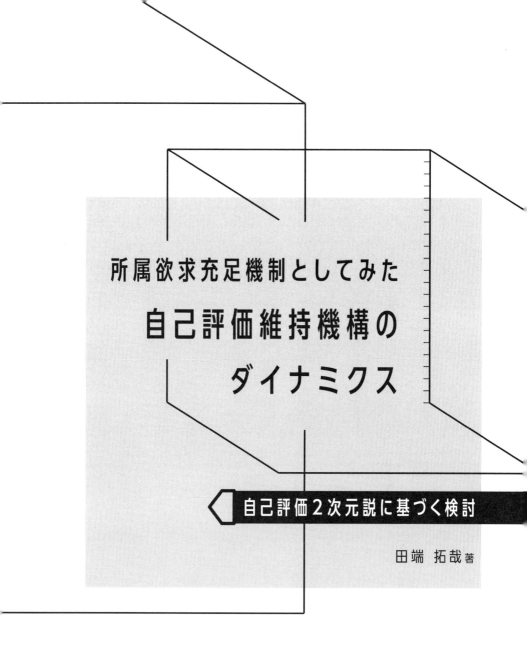

所属欲求充足機制としてみた
自己評価維持機構の
ダイナミクス

自己評価2次元説に基づく検討

田端 拓哉 著

大阪公立大学共同出版会

はしがき

　本書は、大阪市立大学大学院文学研究科に提出した博士学位論文「適応機制としてみた自己評価維持機構のダイナミクス ──自己評価2次元説と所属欲求仮説の観点から──」（2016年12月、博士（文学））に一部加筆・修正を行ったものである。

　本書では、自己評価の維持・高揚、自己防衛といった現象が能力次元より社会性次元で表れやすいことに着目し、それが、社会性次元がもつ所属欲求充足とのかかわりの強さによるものではないかという仮説を立て検証した。本書で展開される議論は、ソシオメーター理論（Leary & Baumeister, 2000）の主張──そもそも自己評価の維持・高揚や自己防衛の目標は何か、本当に「自己」を防衛しているのか、防衛しようとしているのは「自己」ではなく他者とのつながりではないのか──の延長線上にある。本書では、自己防衛傾向と所属欲求の関連を直接的に示すところまでは至れなかったが、そこに至るための道標になればと願っている。自己防衛傾向が認められなかった研究を含めているのも、途切れている道筋を明らかにすることで、自己防衛傾向がもつ機能をより明確にできればと考えてのことである。本書が「自己」完結、「自己」目的化しない自己研究の一助となることを願う。

　いつも枝葉末節にとらわれて幹が見えなくなりがちな私が、本書の元となる学位論文を執筆するに至ったのは、池上知子先生（大阪市立大学大学院文学研究科・教授）の辛抱強いご指導のおかげである。大阪市立大学前期博士課程に入学して以降、研究にかかわるあらゆることについてご指南いただいた。学位論文を構想するうえで重要な論文をご紹介いただいたことを始めとして、学位論文の執筆は、池上先生のご指導抜きには成しえなかった。改めて心からの感謝を申し上げる。

　そして、私がまだ学部学生だった頃、社会心理学について全くわかっていないために曖昧な関心しか述べられなかった私に、当時の指導教員であった八木保樹先生（立命館大学大学院文学研究科・教授）がご紹介くださったのが、ポジティブ・イリュージョン（Taylor & Brown, 1988）の論文だった。それが本書の出発点ともいえ、その論文はいまだに私の研究上の関心や日常生活での自己や世界の捉え方にも影響を及ぼしている。自己認知バイアスの興味深さを教えてくださった八木先生に、深謝いたす次第である。

　本書に掲載されている研究は、研究発表や論文投稿時にご意見をくださった先生方や、まだ曖昧模糊としていた私の考えを聞いてご意見をくださった先輩、同級生、後輩の皆さま、それから、実験や調査にご協力くださった先生方や、学生の皆さま、そして、研究生活を支えてくれた妻や家族のおかげで進めることができた。ご助言、ご協力に御礼

申し上げる。

　なお、本刊行物は平成31（2019）年度日本学術振興会科学研究費補助金（研究成果公開促進費「学術図書」JP19HP5188）による助成をいただいて刊行されたものである。本書の出版のためにご尽力、ご協力くださった大阪公立大学共同出版会の皆さまにも、御礼を申し上げる。

　　2019年9月

田端　拓哉

目 次

はしがき ……………………………………………………………………………… i

序章 ……………………………………………………………………………………… 1
　1．社会的比較と自己高揚動機・自己防衛動機 ……………………………… 4
　2．自己高揚・自己防衛と適応 ………………………………………………… 6
　3．自己評価と適応 ……………………………………………………………… 8
　4．ソシオメーター理論と Double Perspective Model …………………… 11
　5．能力次元と社会性次元の2次元から考える自己評価の適応方略 …… 15
　6．モハメド・アリ効果と AOC 効果 ………………………………………… 22
　7．自己防衛動機による補償 …………………………………………………… 23
　8．自己防衛動機に基づく補償と特性自尊心 ……………………………… 25
　9．本稿の構成 …………………………………………………………………… 27
　序章　注 ………………………………………………………………………… 28

第1章　自己評価の2次元における自己高揚バイアスの様相 ……………… 29
　1．研究1 ………………………………………………………………………… 32
　　●目的 ……………………………………………………………………… 32
　　●方法 ……………………………………………………………………… 33
　　●結果と考察 ……………………………………………………………… 35
　　●結論 ……………………………………………………………………… 42
　2．研究2 ………………………………………………………………………… 43
　　●目的と仮説 ……………………………………………………………… 43
　　●方法 ……………………………………………………………………… 46
　　●結果と考察 ……………………………………………………………… 47
　　●結論 ……………………………………………………………………… 50
　第1章　注 ……………………………………………………………………… 51
　第1章　Appendix A …………………………………………………………… 52
　第1章　Appendix B …………………………………………………………… 53

第2章　能力次元への脅威に対する社会性次元での補償的自己防衛（1）………55
　1．第2章の研究の概要…………………………………………………57
　2．研究3…………………………………………………………………58
　　●目的と仮説……………………………………………58
　　●方法……………………………………………………60
　　●結果と考察……………………………………………62
　3．研究4…………………………………………………………………67
　　●目的と仮説……………………………………………67
　　3-1．実験1……………………………………………………69
　　●方法……………………………………………………69
　　●結果と考察……………………………………………71
　　3-2．実験2……………………………………………………74
　　●方法……………………………………………………74
　　●結果と考察……………………………………………75
　　3-3．研究4の総合考察………………………………………78
　第2章　注……………………………………………………………82

第3章　能力次元への脅威に対する社会性次元での補償的自己防衛（2）………83
　1．ノスタルジアを通じた自己防衛方略…………………………………85
　2．第3章の概要…………………………………………………………87
　3．研究5…………………………………………………………………87
　　●目的と仮説……………………………………………87
　　3-1．実験1……………………………………………………90
　　●方法……………………………………………………90
　　●結果と考察……………………………………………92
　　3-2．実験2……………………………………………………97
　　●方法……………………………………………………99
　　●結果と考察……………………………………………104
　　3-3．研究5の総合考察………………………………………107

4．研究 6……………………………………………………………… 115

　　　●目的と仮説………………………………………………… 115

　　　●方法………………………………………………………… 117

　　　●結果と考察………………………………………………… 118

　　　●結論………………………………………………………… 121

　　第 3 章　注……………………………………………………………… 124

終章……………………………………………………………………………… 127

　1．自己評価の 2 次元間における自己防衛方略の代替性および

　　　それらと特性自尊心との関係………………………………………… 127

　2．本論文で得られた研究結果の概要………………………………… 128

　　2-1．自己評価の 2 次元と自己高揚バイアス……………………… 130

　　2-2．自己評価の 2 次元からみた自己防衛方略および

　　　　　特性自尊心の調整効果………………………………………… 131

　3．本論文で得られた研究結果が示唆するもの……………………… 135

　　3-1．自己評価の 2 次元からみた認知的対処と自己制御………… 135

　　3-2．社会性次元の認知的対処がもたらしうるもの……………… 137

　　3-3．環境（文化）の影響…………………………………………… 139

　　3-4．本論文の限界と今後の課題…………………………………… 140

　4．結語…………………………………………………………………… 144

引用文献………………………………………………………………………… 146

本書に収録されている研究の出典…………………………………………… 160

巻末資料………………………………………………………………………… 161

序 章

　山田詠美作、小説『ぼくは勉強ができない』（山田，1996）の主人公である秀美は、そのタイトルのとおり学業成績が芳しくない高校生である。しかし、そのことを周囲から指摘されるたびに、自分は勉強はできないが、皆から好かれクラスの人気者であるということを強調し、学校の成績が優れないことは問題ではないと語る。このように自分の価値を肯定したいという願望は、秀美に限らず誰もがもっているのではないだろうか。自分についての望ましい評価を確認することは幸福や喜びといった快感情を生じさせるものであり、それゆえ評価自体が目的となる場合もある。身近な他者と能力や成績を比べて自分の優秀さを確認したり、あるいは過去の自分の良い評価を想起させる記念品や成果物を部屋に飾り、眺めることで心地よい気分に浸ったりするのはそのよい例といえよう。しかし、自分を評価することは自分の欠点や短所などを自覚させられる可能性のある行為であり、怒りや悲しみといった不快感情を生じる懼れもある。人はそのような場合、この秀美のように、自分の劣っている側面を別の側面によって補い、自分の価値を守ろうとするかのような反応を示しやすい。本稿は、人間には自己を良き者とみなし、肯定的に評価しようとする傾向があると想定し、自己の価値が脅かされた場合にどのように対処しているのかを明らかにすることを主たる目的としている。自己の価値の感覚といえる自己評価（self-evaluation）や自尊心（self-esteem）に関しては既に膨大な研究蓄積があり、自己評価を高めたり、維持、防衛したりするために人がさまざまな方略を用いることがわかっている。序論では、自己評価や自尊心の研究を概観することにより、これら自己評価方略群の特徴とその背景について論考し、本稿で取り組む問題の所在を明らかにする。

　自己評価においては、評価を行う主体と評価の対象が同一個人である点が特徴的である。いわば、自分が自分をみていることになる。James（1890, 1892）はみられる自己を "me"（客我）、それをみる自己を "I"（主我）と区別し（訳語は James, 1892 今田訳 1992 による）、主我と客我の関係をおおよそ次のように論じている。まず、客我には自己に関連するありとあらゆるもの――自分の身体、身につける物、所有物・財産、家族、自らが生み出した制作物といった物質的客我、他者からみた"自己"である社会的客我、感覚や欲求、情動、知性、道徳心といった精神的客我――が含まれる。また、その範囲

は時に変化する。そして、それら客我は、何らかの成功や失敗の経験に基づいて満足・不満足という形で主我に評価される。あるいはそういう出来事と直接関係なく、常態としての客我が主我に評価される。これが自己評価である。James（1890, 1892）によれば、人は基本的に、自己評価がより高くあるようにそれぞれの客我の発達を欲するが（自己追求、self-seeking）、ある客我についての自己追求が他の客我の自己追求と葛藤する事態では優先すべき重要なものを選択し、成功への願望（pretensions）の大きさを変化させることで調整するとしている。そして、この調整は自己の価値の認知を反映する自尊心の水準にかかわる。自尊心は願望の大きさに比した成功の大きさとして規定され、願望が小さければ成功しなくても、自尊心の傷つきは小さくて済むし、願望が大きければそれに見合った成功でなければ自尊心は高まらない。

　James（1890, 1892）によるこのような自己評価の理解の枠組みは、現代においても依然として有用といえよう。さまざまな客我は、自己の各側面（self-aspect）や各種アイデンティティとして、自己追求やその調整は、自尊心を焦点とした自己防衛や自己高揚の種々の方略として、今日さまざまな理論の下で発展を続けている。たとえば、人は、肯定的な自己評価の根拠となる領域（e.g., 学業、スポーツ）への自我関与の度合い（i.e., 自己の定義におけるその領域の重要性）、およびその領域で活動する他者との近しさを、他者の遂行水準に応じて調整すると主張する自己評価維持モデル（Self-Evaluation Maintenance model, SEM モデル e.g., Tesser, 1988; Tesser, Campbell, & Smith, 1984）、外集団（自己が所属しない集団）に対する内集団（自己が所属する集団）の優位性を認知しようとすると論ずる社会的アイデンティティ理論（e.g., Tajfel & Turner, 1986; Turner, 1978）、自分に不利な条件の存在を主張することで自分の失敗に伴う評価の低下を防ごうとすると述べるセルフ・ハンディキャッピング理論（e.g., Berglas & Jones, 1978; Jones & Berglas, 1978）が挙げられる。さらに、所属欲求充足の観点から自尊心の機能を説明するソシオメーター理論（Leary & Baumeister, 2000）もその一つとみなせるし、成功の原因を自己に、失敗の原因を自己以外に帰属して自尊心を維持する自己奉仕バイアス説（e.g., Bradley, 1978; Zuckerman, 1979）もその一つである。また、死の脅威への対処を説明する存在脅威管理理論（e.g., Greenberg, Pyszczynski, & Solomon, 1982）から導かれた存在脅威顕現化仮説もその種々の対処の中に自尊心維持方略を含む。それから、自己にとって重要な価値を顕在化させることで自己の総体的な価値である自己完全性（self-integrity）を喚起する自己肯定化（e.g., Steele, 1988）は、健康問題（e.g., Logel & Cohen, 2012; Sherman, Nelson, & Steele, 2000）や学業不振（Cohen, Garcia, Apfel, & Master, 2006; Spencer, Fein, & Lomore, 2001）を改善するための介入方略として用い

られるが、それが自ら行われれば自己評価維持方略ともとらえられる。さらに、認知的不協和理論（Festinger, 1957）は、自己がもつ態度とそれに矛盾する自己の行為が引き起こす不快感や緊張を態度変容によって解消することを主張したが、その後、認知要素間の論理的不整合それ自体が問題なのではなく、自己の一貫性が脅かされることによる自我脅威への対処反応であると再解釈されており（Greenwald & Ronis, 1978）、これも自己評価維持方略の理論といえる。

　このように自己評価に関する理論が次々と提案され、膨大な知見が蓄積される一方で、それら相互の関係や共通性はいまだ十分に整理されているとはいえず、それらの理論を包括的に説明する枠組みの構築が求められている（e.g., Alicke & Sedikides, 2009; Swann & Bosson, 2010; Tesser, 2000）。本稿は、その中でも比較的簡潔な説明を試みている Tesser（2000）の主張に焦点を当てる。Tesser らの一連の研究によれば、これら数ある自己評価維持方略は相互に代替可能と考えられる（Tesser, 2000; Tesser, Crepaz, Collins, Cornell, & Beach, 2000; Tesser, Martin, & Cornell, 1996）。たとえば、SEM モデルの方略と自己肯定化方略の代替性を示す実験（Tesser et al., 2000, Study1a, 1b）では、自分にとって重要な領域で近しい他者が自分よりも優れていたという出来事の想起が、自己肯定化への従事を促すことが示されている。この他にも、Tesser et al.（2000）と Tesser & Cornell（1991）、そして Steele & Liu（1983）は、SEM モデルの想定する各種方略、自己肯定化方略、認知的不協和解消方略が相互に代替可能であることを実験によって示している。Tesser（2000）によれば、各自己評価維持方略が相互に代替可能である理由は、それらがいずれも自己評価を高揚させるものであり、自我脅威によって生じた否定的感情に対処する機能を有する点にある。自己評価維持方略の各理論は、SEM モデルならば自己と比べた他者の遂行の優越、認知的不協和理論ならば自己を取り巻く認知的要素間の矛盾といったように、それぞれに典型的な特定の種類の自我脅威を想定するが、対処がもたらす効果の共通性ゆえに、いずれの種類の自我脅威であっても（e.g., 自己の認知的要素の矛盾）、ある方略による対処（e.g., 自己肯定化）が達成されればその後に別の方略（e.g., 認知的要素の矛盾の解消）は実行されない。このように、Tesser（2000）の理論は、自己評価維持方略についてのさまざまな理論を、包括的に理解する簡潔な枠組みを提供しているといえる。

　しかしながら、いずれの自我脅威も否定的感情を生じ、いずれの対処方略も自尊心の高揚を通じて肯定的感情を生じるという考えは、簡潔すぎてかえって不十分な理解になっているのではないかと思われる。たとえば、種々の自己評価維持方略はあらゆる性質の自我脅威に対して等しく対処の効果をもつのかという疑問がある。事実、Tesser（2000）

は、対処方略の代替性は常に成立するとは限らないとも述べている。しかし、この点については、自我脅威がもたらされた領域と対処方略を用いる自己の領域が類似している（e.g., 社会的比較による脅威に社会的比較により対処）よりも異なる（e.g., 社会的比較による脅威に自己肯定化による対処）ほうが代替性が成立しやすいと推測するに留まっており、それ以上の検討は行われていない。また、自己評価維持方略の共通目標が自我脅威によって生じた否定的感情を低減し肯定的感情を生じることであるという点も直接検証されているわけではなく、検討の余地がある。そこで本稿では、自己評価維持方略の包括的理解の枠組みについて検討を加える。

　まず、自己評価維持方略の目標を再検討するために、基礎となるいくつかの理論や現象について取り上げて、それらの理論や現象に共通してみられると考えられる目標を提言する。ここで基礎とする理論や知見とは、特に、自己評価や自尊心の高揚傾向を示す現象といえる、平均以上効果（e.g., Alicke, 1985）やモハメド・アリ効果（Muhammad Ali effect; Allison, Messick, & Goethals, 1989）などに関するものである。これらを包括的に理解するための枠組みを論考するにあたっては、社会的比較理論（Festinger, 1954）を議論の出発点とするべきだろう。自己と他者との比較（社会的比較）が自己評価の基盤であると考えられ、自己を"平均的他者"という抽象的他者と比較する平均以上効果や一般的他者と比較するモハメド・アリ効果はその亜型といえるからである。そして、それらの傾向の背景にあるとされる自己高揚動機や自己防衛動機（e.g., Alicke & Sedikides, 2009; Taylor & Brown, 1988; Tesser, 2000）を取り上げ、適応の観点からその再解釈を試みる。その中心となるのは、所属欲求と自尊心の関係を論じたソシオメーター理論（sociometer theory; e.g., Leary & Baumeister, 2000）と、自己認知と対人認知に共通する2次元の機能について述べている Double Perspective Model（DPM; e.g., Wojciszke, Baryla, Parzuchowski, Szymkow, & Abele, 2011）である。さらに、選好される方略を損失と利得のバランスから説明するエラー管理理論（Error Management Theory; e.g., Haselton & Nettle, 2006）を援用して、自己評価にかかわる理論を適応の観点から包括的に説明する枠組を提起する。

1．社会的比較と自己高揚動機・自己防衛動機

　自己評価の基本となる過程は比較である。その点で社会的比較理論（Festinger, 1954）は、今なお自己評価とその背景を理解するための枠組みを論じるにあたり出発点として有用と考えられる。

　社会的比較理論によれば、人は自己の態度や能力を評価する欲求をもち、その際、客

観的に自己を評価するための指標をまず求めるが、それが得られない場合は、他者を基準として比較する傾向をもつとされる。Festinger（1954）は人が正確な自己評価を求めることを前提とし、それゆえ自分と類似する、あるいは何らかの共通性をもつ他者との比較を求めるとした。何をもって類似性や共通性をもつとするかは、比較の目的による。たとえば、大学生が自分の能力をできるだけ正確に評価しようとする場合は、同じ大学の、同専攻、同学年、同性の大学生を比較対象に選ぶだろう。

　しかし、Latané（1966）によれば、社会的比較はただ正確な自己評価を求めて行われるだけではない。さらなる高みを目指すために、自分より優れているが比較する指標以外の点で類似していると思われる他者と比較する（Wheeler, 1966）、あるいは自分の劣位を知ることによってもたらされる不快感を減らすためにあえて自分と類似していない他者と比較を行う（Darley & Aronson, 1966; Hakmiller, 1966）こともある。たとえば、他大学の同専攻あるいは同学年に、自分の大学内ではみられないほど優れている学生がいることを知って、異なる点はあるが共通点もあることから自分もそのようになれると考えることもあるだろう。一方、自分より学力が劣り恵まれない境遇にいる学生と比べれば、自分はそれよりはましだと思うことができるだろう。前者のように自分より優れている上位の他者との比較は上方比較、反対に後者のように自分より劣っている下位の他者との比較は下方比較とされる。自己をより高く評価しようとする動機、あるいは低下しそうになる自己評価をそれ以上低下しないように維持しよう、もしくは少しでも改善しようとする動機は、基本的に自己高揚動機と呼ばれるが、時に自己防衛動機とも称される。自己高揚動機と自己防衛動機はいずれも自己評価の維持、高揚を目的とする点で厳密な区別が困難な概念であるが、本稿では Alicke & Sedikides（2009）の分類に基づき、自尊心が脅かされる事態（自我脅威）の有無によってそれらを区別する。すなわち、自我脅威を受けた場合に自己の価値（e.g., 自尊心）を回復・維持しようとする動機を自己防衛動機、眼前に差し迫った自我脅威がなくても日常的に自己の価値を高く保とうとする動機を自己高揚動機とする。人は、正確な自己評価を求める動機（自己確証動機; Swann, 1983）により自分と類似する（同等の）他者との比較を行うだけではなく、自己防衛動機や自己高揚動機によって、下方比較や上方比較も行うといえる。

　上方比較や下方比較を行って自己高揚や自己防衛を行うことで自尊心を保とうとする傾向とその方略の特徴に関する理論は数多く提起されてきたが、本論文との関連で重要なのは、それらの社会的比較の様相と適応との関係に関するものである。人が社会的比較を行うのは、自己を正確に評価することが適応上必要であるからと考えられてきたが、自己高揚動機や自己防衛動機に基づく社会的比較は正確な自己評価を妨げるものである。

したがって、なぜそのような自己評価を行うのか、それが適応とどのように関係するかを明らかにすることは重要な課題といえる。

2．自己高揚・自己防衛と適応

社会的比較による自己評価の適応的機能を、精神的健康の観点から見直すように主張したのが Taylor & Brown（1988）であった。Taylor & Brown（1988）の主張は、現在でもなお影響力をもつ重要な転換点であったと考えられる。

Taylor & Brown（1988）は上述の自己高揚や自己防衛の研究をふまえ、非現実的なまでに肯定的にバイアスがかかった自己評価を人は求め、維持しようとするものであるとし、さらに、そのような傾向は比較的一般的で頑健というだけではなく、精神的健康をもたらすと述べた。そのような肯定的な方向にバイアスがかかった自己評価の一例が、平均以上効果（better-than-average effect; Alicke, Klotz, Breitenbecher, Yurak, & Vredenburg, 1995）である。能力や望ましい特性について、自分は所属集団内におけるある水準（e.g., 平均）よりも高いと自己を評価する者の割合が、論理的に考えられる割合を上回るという現象（Cross, 1977; Svenson, 1981）、所属集団内の "平均" に比べ自己評価の平均値が理論上の平均を上回るという現象（e.g., Alicke, 1985; Alicke et al., 1995; Allison et al., 1989; 伊藤，1999；外山・桜井，2001）が、平均以上効果とされる。それらの傾向は、所属集団内での他者（抽象的な "平均的" 他者も含む）と比べたときの自己の位置づけの評定を通じて示されることから、下方比較の一種にみえる。そのため、その生起には自己高揚動機が関与していると解釈された（e.g., Alicke et al., 1995; 伊藤，1999）。さらに、自尊心が比較的低い、あるいは抑うつ傾向が高い（自己高揚動機が低いと考えられる）、精神的に不健康とされる人々は、そうではない人々に比べて、自己と他者をより等しく評価したり（Brown, 1986）、客観的な自己評価を求めたりと（Lewinsohn, Mischel, Chaplin, & Barton, 1980; Smith & Greenberg, 1981; Smith, Ingram, & Ross, 1985）、肯定的にバイアスがかかった自己評価を示さない。また、肯定的にバイアスがかかった自己評価を行うことが、困難な状況（ガンの発症）への認知的対処と関連していることや（Taylor, 1983）、自己への脅威が強まるほど肯定的バイアスがみられやすいこと（cf. Greenwald, 1981）から、Taylor & Brown（1988）は平均以上効果のように非現実的なまでに肯定的な自己評価は精神的健康につながり、適応的であると主張した。Taylor & Brown（1988）は、平均以上効果の他に、偶然による出来事（e.g., サイコロの出目）を自らの力によって制御することができると信じるコントロール幻想（illusion of control）、自分に起きうる将来の出来事のうち好ましい出来事（e.g.,

成功、健康長寿等）は他者より自分に起きる可能性が高く、好ましくない出来事（失敗、病気や事故等）は自分より他者に起きる可能性が高いといったように、自分の将来について具体的で十分な根拠なく楽観的に予測する非現実的楽観主義（unrealistic optimism）にも言及しており、これら三つを合わせて、"positive illusions"（ポジティブ・イリュージョン、楽観幻想）と総称した。

　社会的比較理論（Festinger, 1954）では、人は第一に正確な自己評価を求めると想定されていた。このような正確性重視の観点は20世紀の半ばまでは主流をなしていたと考えられるが（e.g., Allport, 1955; Erikson, 1950; Jahoda, 1958; Maslow, 1950; レビューとして遠藤, 1995；Taylor & Brown, 1988）、Taylor & Brown（1988）の研究は正確な認知よりもむしろ自己肯定的にバイアスがかかった認知のほうが適応的であるという、正確さを重視するパラダイムに転換を迫るものであった。その後、実際に多くの研究が、楽観主義や自己と環境に対する統制感が、ストレスや抑うつの軽減（e.g., Badger, 2001; Brissette, Scheier, & Carver, 2002）、肥満、高血圧等の症状の改善、喫煙等の不健康行動の抑制（Gale, Batty, & Deary, 2008）、痛みの緩和（e.g., Geers, Wellman, Helfer, Fowler, & France, 2008）、罹患した重篤な疾患への抵抗力の増大（e.g., Reed, Kemeny, Taylor, Wang, & Visscher, 1994）といった心身の健康に適応的帰結をもたらすことを示している（レビューとして Taylor & Broffman, 2011）。また、平均以上効果と、これに類する自己についての肯定的な評価は、ストレスや抑うつ傾向の低さ（e.g., Hoffman, Cole, Martin, Tram, & Seroczynski, 2000; 外山・桜井, 2000）、ストレスによる生理的影響からの回復力の高さと防衛的神経症傾向の低さ（Taylor, Lerner, Sherman, Sage, & McDowell, 2003）、長寿（e.g., Levy, Slade, Kunkel, & Kasl, 2002）といった適応的結果に寄与することが示されてきた。したがって、ポジティブ・イリュージョンは、困難に対処して目標を達成しようとする強い目標志向性だけではなく（Taylor & Broffman, 2011）、身体的健康に関係する免疫機能の増進にも寄与していると考えられている（Segerstrom, 2005; Segerstrom, Taylor, Kemeny, & Fahey, 1998）。肯定的な自己や環境の認知が精神的健康や適応につながることは、統制感の一つである自己効力感（e.g., Zimmerman, 2000）や、過酷な状況がもたらす悪影響からの立ち直りやすさを示すレジリエンス（精神的弾力性；e.g., Masten & Reed, 2005）に関する知見、肯定的な心理状態が自己の認知過程や対人関係を通じて好循環をもたらすという拡張－形成理論（e.g., Fredrickson & Branigan, 2005）とも符合する。しかし、ポジティブ・イリュージョンは常に適応を促進するとは限らない。なぜならば、ポジティブ・イリュージョンは過剰な自信をもたらすため、問題を示すサインを過小評価し見逃すリスクを伴うからである

（e.g., Brendgen, Vitaro, Turgeon, Poulin, & Wanner, 2004; 紀ノ定・臼井，2011；Myers & Brewin, 1996; Shedler, Mayman, & Manis, 1993; Robins & Beer, 2001; 外山，2008）。

3．自己評価と適応

　適応的な自己評価を論じるためには、平均以上効果に代表されるポジティブ・イリュージョンだけではなく、自尊心についての研究に言及する必要がある。自尊心は適応や精神的健康の指標として一般的に使用されており、そのことは、精神障害の診断基準として広く使用されている精神疾患の診断・統計マニュアル（日本語版 DSM-IV-TR 新訂版 American Psychiatric Association, 2000 高橋・大野・染矢訳 2004）に記載されている内容からもみてとれる。たとえば大うつ病エピソードの特徴として"自己の価値の非現実的で否定的な評価"（p.340）、躁病エピソードの特徴として"自尊心の肥大"（p.347）とある。このように診断基準として自己への"否定的な評価"と"自尊心の肥大"という記述があることから、自尊心は高くても低くても問題となる行動を引き起こす可能性があり、適応との関係を単純にその高低のみでは論じられないことがわかる。

　特に自尊心が高い場合の問題は、かなり複雑であるが、それを整理する観点がいくつか示されている。一つは自尊心の変動性である。古くは James（1890, 1892）が自尊心は変動する場合があると述べているが、それは現在では状態自尊心（state self-esteem）として概念化され、比較的変動しにくい特性自尊心（trait self-esteem）と区別されている。すなわち、自尊心は特性自尊心と状態自尊心にわけることができ（Heatherton & Polivy, 1991）、前者は短期的には変動しにくい、比較的安定した、性格特性としての自尊心であり、後者は出来事に伴って変動しやすい、感情的、気分的な一時的状態としての自尊心である。そして、この状態自尊心の変動しやすさには、特性自尊心の水準とは比較的独立に個人差があり、それぞれを高低の2水準にわけるとその組み合わせにより4類型が考えられる。その中でも、特性自尊心（状態自尊心の平均）が高く状態自尊心の変動性も高い自尊心は脆弱で高い自尊心（fragile high self-esteem）、特性自尊心が高く状態自尊心の変動性が低い自尊心は安定的な高い自尊心（secure high self-esteem）とされる（Kernis, 2003）。脆弱で高い自尊心をもつ者は、出来事に随伴的な自尊心でありながらそれを高く保とうとするために自己防衛的になり、自己の価値を脅かす他者に対して攻撃的になりやすい（Kernis, Grannemann, & Barclay, 1989; Kernis, Lakey, & Heppner, 2008; レビューとして Kernis, 2003）。一般に、変動しやすい、すなわち不安定な自尊心は抑うつにつながるという点で安定的な自尊心よりも不適応的と考えられる

（Kernis, Whisenhunt, Waschull, Greenier, Berry, Herlocker, & Anderson, 1998）。日々の出来事に伴う自尊心の変動しやすさである自己価値随伴性の研究（Crocker & Luhtanen, 2003）でも、学業能力水準を示すもの（e.g., 成績）に自己価値が随伴しやすい大学生は、大学生活での経済的問題や学業の問題を抱えやすく、外見的魅力に自己価値の随伴性が高い大学生も経済的問題を抱えやすいことが示されており、変動しやすい自尊心が不適応的であることを明らかにしている。ましてや、変動しやすいだけではない、脆弱で高い自尊心は、攻撃性の高さが加わる点でより不適応的といえよう。

　自尊心の高さが内包する問題を説明するためのもう一つの観点は潜在的自尊心である。質問紙尺度によって測定される自己報告式の自尊心（e.g., Rosenberg の Self-Esteem Scale　Rosenberg, 1965）——潜在的自尊心と対比するときは顕在的自尊心と称される——は、回答者の自覚的な内省に依拠する方法で測定されたものであり、しかも他者から自己がどのようにみられるかという懸念や期待が影響しうる自己評価である。一方、潜在的自尊心は、内省を明示的に促さない方法（e.g., Implicit Association Test　Greenwald & Farnham, 2000）により自己と感情価を伴う属性との連合強度を測定することから、非意識的な自尊心といえる。そのため、上記のような顕在的自尊心測定時にみられる回答バイアスが生じにくいと考えられ、顕在的自尊心とは比較的独立しているとみなされている（Greenwald, Banaji, Rudman, Farnham, Nosek, & Mellott, 2002; Greenwald & Farnham, 2000; Yamaguchi, Greenwald, Banaji, Murakami, Chen, Shiomura, Kobayashi, Cai, & Krendl, 2007）。したがって、顕在的自尊心と潜在的自尊心それぞれを高低の2水準にわけると、その組み合わせにより4類型が考えられる。その中でも、顕在的自尊心が高く潜在的自尊心が低い場合、防衛的になりやすく、非現実的楽観主義、過度に高い自己評価を特徴とし、理想自己と現実自己の乖離が小さい傾向にある（Bosson, Brown, Zeigler-Hill, & Swann, 2003）。また、自己の価値への脅威（e.g., 他者との比較における自己の劣等性の認識）に過剰に反応する傾向がみられる（Jordan, Spencer, Zanna, Hoshino-Browne, & Correll, 2003）。加えて、Kernis et al.（2008）は、潜在と顕在のいずれも高い自尊心および安定的な高い自尊心をもつ者が、脅威に対して防衛的な言語反応（e.g., 他者への非難を正当化）を生じにくいことを示している。このように、顕在的な自尊心が高い場合、それが安定しており潜在的自尊心も比較的高ければ適応的かもしれないが、不安定で潜在的自尊心が比較的低い場合は、むしろ不適応をもたらし、単に顕在的な自己評価が高ければよいというわけではない。

　自己評価が低い場合についても単純ではない。潜在的自尊心の水準にかかわらず顕在的自尊心の低さは防衛的な言語反応を生じやすく、また、安定的で高い自尊心に比べる

と安定的で低い自尊心は防衛的であるといわれている（Kernis et al., 2008）。他にも、Orth, Robins, Trzesniewski, Maes, & Schmitt（2009）が、未成年から高齢者までの幅広い年齢層を含む約4000人について縦断調査を行い、低い自尊心が抑うつ症状を予測することを示している。また、Stinson, Logel, Zanna, Holmes, Cameron, Wood, & Spencer（2008）は、低い自尊心が対人関係の質を低下させることで心身の健康の悪化をもたらすことを示している。しかし、その一方で、低い自尊心がもたらす問題としてしばしば取り上げられる抑うつ傾向は、それに伴う情報処理傾向（e.g., 真偽について過大評価せず、また過度に楽観的になることなく系統的で詳細な検討を行う）が適応的な場合があることも指摘されている（Forgas, 2007）。

　これらの議論を総合すると、高い自己評価は低い自己評価に比べれば、いくらか適応的かもしれないが、そのように結論づけるためにはいくつかの付帯条件が必要といえる。Kernis（2003）は、それらの付帯条件を満たした自尊心として最適な自尊心（optimal self-esteem）という概念を提唱した。最適な自尊心の定義は、次の通りである。"人生における挑戦に成功することから自然に生じる望ましい自己価値に関する感覚、行為を選択する資源として中核的で真の本来的な（authentic）自己の作用、達成したものではなく何者であるかによって価値づけられる関係性を伴い、他者に好かれようと過度に欲さず、自己の問題を他者にみせることも厭わないほど非防衛的であり、自分の行為や文脈的要因、対人関係を含む肯定的経験に根ざした望ましい自己価値（self-worth）に関する潜在的な感覚に特徴づけられ、特定の出来事への依存は最小限で随伴的ではなく、文脈的な要素によって大きく変動せず安定的である"（p.13）。さらにKernis（2003）は、この中でも本来性（authenticity）が最適な自尊心の本質であると述べている。本来性は、自己の内面の覚知（awareness）と、バイアスのかかっていない処理、それらに基づく行為や関係の志向性によって構成され、中核的あるいは真の自己が妨げられることのない日々の作用の表れと定義している（Kernis, 2003; Kernis & Goldman, 2006）。

　しかし、この最適な自尊心という概念は、"本来の（authentic）"、"真の（true）"、"自然な（natural）"といった要素を含んでいる点で観念的で曖昧であり、そして規範的である。その点でTaylor & Brown（1988）以前の自己評価の考え方に類似しているといえる。したがって、ポジティブ・イリュージョンなどの肯定的なバイアスのかかった自己評価がもたらす望ましい帰結については十分に説明できないのではないかと考えられる。たしかに、Robins & Beer（2001）やPaulhas（1998）の縦断研究の結果は、自己高揚的・自己防衛的な方略は当面の苦痛を和らげるといった短期的な利益しかなく、長期的にはむしろ不適応的であることを示唆しており、Kernis（2003）はそのことをもっ

てあるがままの自己の覚知の重要性を述べている。しかし、実際には、ポジティブ・イリュージョンが長期的にみても利益をもたらすという知見も存在する（Levy et al., 2002; Orth et al., 2009; Reed et al., 1994）。それらの研究は、過度な肯定的自己評価を行わない本来性を備えた回答者が調査対象者に多かったためと解釈することもできるかもしれない。あるいは統制されていない二次的な要因の働きによるものだったのかもしれない。しかし、たとえば Reed et al.（1994）が AIDS 患者について行った調査では、現実を受け入れず事態を楽観視する患者のほうが、現実を直視し受け入れる患者よりも生存期間が長いことが示されている。そして、HIV 感染者の楽観性と健康行動について検討を行った Taylor, Kemeny, Aspinwall, Schneider, Rodriguez, & Herbert（1992）では、AIDS の発症について楽観的にみている者ほど AIDS を制御できると感じ AIDS 対策を行いやすいことが示されている。これらの研究と Reed et al.（1994）の結果とを合わせて考えると楽観性や統制感が現実の否認による問題を上回って適応をもたらすことが示唆される。なお、これらの研究は質問紙やインタビューによる顕在的な測度を用いている点は留意する必要がある。もし顕在的自尊心と潜在的自尊心の乖離が防衛的態度を招き不適応を生じるならば、ポジティブ・イリュージョンが適応につながったという結果は、顕在的自尊心と潜在的自尊心が乖離していなかったことになる。これは、潜在的にも問題を否認していたことを意味するが、そのような評価あるいは態度が生存期間を延ばしうる対処行動につながるとは考えにくい。

　また、自己報告式の尺度で測定された本来性の感覚（e.g., 伊藤・小玉, 2006；Kernis & Goldman, 2006）に、非現実的なまでに肯定的な自己評価やコントロール幻想が反映されていないとも限らない。人は、自己の認知にバイアスがかかっていることを指摘（e.g., 平均以上効果の存在を説明）されてもなお自分は他者ほどにはバイアスがかかっていないと評価しがちであるというバイアス盲点現象（"bias blind spot" e.g., Pronin, Lin, & Ross, 2002; レビューとして Pronin, Gilovich, & Ross, 2004）が知られている。このことからも、本来性がもつ自己覚知の側面を、潜在指標を用いずに自己報告式の方法だけで十分に測定できているか疑問が残る。むしろ、ポジティブ・イリュージョンと適応の研究が示すように、バイアスのかかった自己評価自体のもつ適応機能をみることを目的とするなら、顕在指標のみでも検討を行う余地がいまだあるとも考えられる。

4．ソシオメーター理論と Double Perspective Model

　以上のように、状態自尊心と特性自尊心、潜在的自尊心と顕在的自尊心といった区分は、自尊心と適応の関係の理解を深めることに寄与したが、適応的な自己評価の性質に

ついて依然として明らかにしていない問題を残している。それは、そもそも、なぜ多くの人々が自己の価値の感覚を維持・高揚しようと動機づけられるのかという点を明らかにしてこなかったことにある。どのような水準の自尊心や自己評価が適応的であるかは、必ずしも自己防衛動機や自己高揚動機が存在する理由については説明しない。この問題について有力な仮説を提供するのが、ソシオメーター理論（Leary & Baumeister, 2000; Leary, Tambor, Terdal, & Downs, 1995）である。

　ソシオメーター理論は、状態自尊心の機能を対人関係における自らの価値の主観的指標、対人関係の質を示すメーターのようなものであると考える。対人関係あるいは所属集団において、自己が、価値ある、重要な、あるいは親密な人物であるかどうか、重要な他者とその関係を継続しうるか否か、それらを示すシグナルに状態自尊心が反応するとされている。関係継続や他者からの受容が確認されれば状態自尊心は高まり、反対に関係継続が危うくみえれば状態自尊心は低下する（Leary & Baumeister, 2000）。他者の反応、他者からの評価によって状態自尊心が変動するという点は James（1890）以降、これまでにも繰り返し実証されてきたことであるが（e.g., Heatherton & Polivy, 1991; McFarland & Ross, 1982）、ソシオメーター理論の要諦は、所属欲求（need to belong）を充足し続けるように状態自尊心が機能することを強調した点にある。人間は集団で生きることが生存や繁殖の確率を高めることから、所属欲求は、人間の適応のために欠かせない、進化を通じて獲得された基本的欲求である（Baumeister & Leary, 1995）。そしてソシオメーター理論によれば、状態自尊心はその充足を阻害する事態に際してそのことを警告し、また、充足されたことを表す信号として機能するとされる。一方、特性自尊心は、過去の受容された経験に基づいて形成された（Leary, 2004）、より一般的な受容感が反映されたものであり、将来も受容されるという予期や信念として働くとされる（Leary & Baumeister, 2000）。

　自己防衛方略の代替性（Tesser, 2000）においても、このソシオメーター理論と所属欲求が重要と考えられる。すなわち、もし自己防衛方略間に所属欲求充足効果の差があれば、所属欲求をより充足しうる方略のほうが選択されやすいと考えられ、それは方略間の代替性が等しくないことを意味するからである。この可能性について考えるにあたり、人々が直面する状況の区分（能力次元と社会性次元）と、それに対応する自己評価の区分に焦点を当てる。

　対人認知や集団認知の枠組みとして、能力次元と社会性次元の2次元が知られている。たとえば、対人認知の基本次元として、Rosenberg, Nelson, & Vivekananthan（1968）は、知的望ましさ（intellectual desirability）と社会的望ましさ（social desirability）の

2次元を見出している。本邦でも林（1978）が、社会的望ましさと個人的親しみやすさの次元を析出している[1)]。また、集団認知の次元として、Fiske, Cuddy, Glick, & Xu（2002）が有能性と温かさの2次元を挙げている。これらはいずれも、有能性にかかわる能力次元と他者への態度（e.g., 温かさ、攻撃性）である社会性次元の2次元に集約できる。そして、Wojciszke（2005）は、2次元の枠組み（有能性と道徳性）を対人認知だけではなく自己認知にも適用し、この枠組みの重要性を適応の観点から論じている。後述するように、彼は、この考えを Double Perspective Model（DPM）として発展させた（Abele & Wojciszke, 2014; Wojciszke et al., 2011）。人は対人認知の際に、自己についての情報（i.e., 認知される他者がおかれている状況で自分ならばどのような様態になるか）を参照する社会的投影を用いる場合があることからも（Krueger, 2007）、自己認知においてこれら基本2次元の枠組みが使用されると想定することには一定の妥当性があると考えられる。

　ソシオメーター理論に鑑みると、自己評価の2次元は適応において等価ではなく、所属欲求の充足により直接的にかかわる社会性次元のほうが能力次元よりも重要と考えられる。実際、そのことはいくつかの研究において示されている。たとえば、Koch & Shepperd（2008）では、対人関係における拒絶や受容が、能力にかかわる成功や失敗よりも状態自尊心に影響することが実験により示されている。また、Pillemer, Ivcevic, Gooze, & Collins（2007）では、自尊心を高揚させた印象的な出来事の記憶は、能力次元（i.e., 達成、成功）のほうが思い出されやすいが、自尊心を低下させる印象的な出来事の記憶としては社会性次元（i.e., 裏切り、拒絶）のほうが思い出されやすいことが示されている。さらには、Knowles, Lucas, Molden, Gardner, & Dean（2010）では、能力次元の脅威と社会性次元の脅威それぞれへの認知的対処方略について検討が行われ、能力次元に比べて社会性次元は、間接的（代替的）な対処方略（i.e., 社会性次元の脅威に能力次元の資源で対処）よりも直接的な対処方略（i.e., 社会性次元の脅威に社会性次元の資源で対処）が選択されやすく、能力次元に対する社会性次元の優位性が示唆されている。もっとも、状態自尊心の変動が能力次元とほとんど関係しないというわけではない。Leary & Baumeiseter（2000）が述べているように、ある特性の評価が状態自尊心を変動させるのはそれが最終的に自分自身の所属にかかわるからである。たとえば、有能でなければ望ましい集団成員ではないため排斥されるリスクが高まる場合は、能力次元の特性評価が状態自尊心に反映される。

　一方、Wojciszke（2005）では、自己認知においては能力次元（有能性）が社会性次元（道徳性）よりも強い規定力を持つ（注意の向けやすさや帰属のしやすさ）ことが示

されている。特に、Wojciszke（2005）は Baryla & Wojciszke（2005, 未公刊）を引用
し、Rosenberg（1965）の自尊心尺度、Heatherton & Polivy（1991）の状態自尊心尺
度（総得点）、Koole & Pelham（2003）の潜在状態自尊心尺度（自己のイニシャル選好）
などの幅広い尺度において、自尊心の水準がいずれも有能性の自己評価のみによって説
明され道徳性の自己評価によって説明されないことを示し、後にこれを Agency-over-
communion Effect（AOC 効果；e.g., Wojciszke et al., 2011）と称している。また、他
者が含まれる出来事を想起したときの状態自尊心（Rosenberg（1965）の特性自尊心尺
度を状態自尊心用に改変）について、有能性にかかわる記憶はそれが肯定的なほど状態
自尊心を高めるが、道徳性にかかわる記憶はそうならない（有意傾向だがむしろ負の関
係）ことを示している。Wojciszke（2005）は、この結果について、有能性は他者より
も自己の well-being（幸福、望ましい生）にとって影響が強いために道徳性よりも重要
であるからだと述べている（反対に道徳性は他者からもたらされる well-being とのかか
わりが強いため、他者の印象形成において有能性より重要であるとも述べている）。これ
らの結果は、ソシオメーター理論に基づく予測に反しているようにみえる。さらに、
Wojciszke（2005）は、これらの結果は、複数の国の大学生と社会人（会社員）を含む
幅広いサンプルについて認められたことから、その違いを道徳性の分散の偏り（分散の
小ささや天井効果）や文化差では説明できないとしている。ソシオメーター理論と矛盾
するこの知見は Wojciszke らの研究で繰り返し確証されているだけでなく（Abele &
Wojciszke, 2007; Wojciszke & Abele, 2008）、Wojciszke ら以外の研究（MacDonald,
Saltzman, & Leary, 2003）にもみられる。さらに、自他評価の 2 次元の特徴を Double
Perspective Model（DPM）として発展させ検討した Wojciszke et al.（2011）では、
Tafarodi & Milne（2002）の自己有能性（能力次元）だけではなく自己好意性（社会性
次元）についても AOC 効果が見出されている。この DPM（特に AOC 効果）とソシオ
メーター理論の矛盾について Wojciszke et al.（2011）は、拒絶や排斥の原因の所在が
自律性にあるのか共同性にあるのかが不明であるためとしている。拒絶や排斥という事
象自体は社会性次元に属する事象であるが、その原因が能力次元にも帰属されるならば、
それらは能力次元への脅威も併せもつことになる。つまり、ソシオメーター理論で述べ
られている拒絶や排斥がもたらす自尊心の変動は、能力次元の脅威に対応したものであ
る可能性も考えられるということである。また、Çelik, Lammers, Beest, Bekker, & Vonk
（2013）は実験室実験により拒絶の原因が自己の能力次元（有能性）に帰属されるか社
会性次元（温かさ）に帰属されるかにより、拒絶によって引き起こされる情動反応が異
なることを示している（有能性ならば怒り、温かさならば悲しみが喚起される）。これら

の結果は、同じ拒絶でも、その原因の解釈によって能力次元への脅威にも社会性次元への脅威にもなりうること、そして社会性次元の脅威に能力次元がかかわっているか否かが脅威の質を変えることを意味する。さらに、Wojciszke et al.（2011）は拒絶や排斥がもたらす脅威の性質の曖昧さを示す傍証として、Blackhart, Nelson, Knowles, & Baumeister（2009）を挙げている。Blackhart et al.（2009）は幅広い拒絶や排斥の研究についてメタ分析を行い、ソシオメーター理論から予測されるように受容が状態自尊心を高める一方で、拒絶や排斥が単純に状態自尊心を低下させるわけではないことを見出し、脅威の操作方法による影響の違いを指摘している。それによると、最も自尊心に影響を及ぼした拒絶、排斥の操作は、過去に拒絶、排斥された経験を想起することで脅威を生じさせる想起法であり、それは自ら脅威と認める内容を想起するため効果が表れやすいからだと述べている。また、拒絶、排斥の予期やプライミング、可能性への言及といった間接的あるいは暗示的操作よりも、直接的、明示的に拒絶、排斥を示す操作のほうが影響が強く、それは間接的あるいは示唆的操作では実験参加者が拒絶や排斥の効果を和らげるための認知的防衛を行いやすいからではないかと推察している。

　以上のように、Wojciszke et al.（2011）は、自己評価において能力次元に比べ社会性次元の影響力が低いことを主張する根拠の一つとして、上に述べたBlackhart et al.（2009）のメタ分析の結果を挙げているが、Blackhart et al.（2009）の知見は、拒絶・排斥の操作方法による影響の差異を示しこそすれ、少なくとも、拒絶・排斥の操作が明確であれば自尊心に影響することは否定していない。したがって、所属欲求充足の重要性を主張するソシオメーター理論には一定の妥当性があると考えられる。他方、自己評価を2次元に分けて考えるDPMにもまた一定の妥当性があると考える。上述の問題はそれぞれの前提がかみ合っていないために矛盾があるようにみえるだけかもしれない。次に、その点について問題を整理するとともに、DPM、ソシオメーター理論の他に第三の観点であるError Management Theory（Haselton & Buss, 2000）を援用し、適応的な自己評価についての理解の枠組みを論じる。

5．能力次元と社会性次元の2次元から考える自己評価の適応方略

　本稿では、以上のような問題を解消するために、エラー管理理論（Error Management Theory）を援用する。エラー管理理論は、曖昧な事象（e.g., 異性からの好意、投資によって儲ける確率）について意志決定を行う際の推論のバイアスは環境への適応の結果として獲得された方略であると説明する理論である。人間の犯す判断のエラーには、存在しないものを存在すると判断するType Iエラー（第一種の過誤、false positive error）

と、存在するものを存在しないと判断する Type II エラー（第二種の過誤、false negative error）の２種類がある。これらのうち、利得がより多く損失がより少なくなる側を選好することで、曖昧な事象についても適応的にふるまうことができると、エラー管理理論では説明する。たとえば、異性の自分へのコミットメントが十分に高いにもかかわらず低いと推論しても（Type II エラー）、それによる損失（i.e., 好ましい配偶相手の獲得を失敗）が、異性の自分へのコミットメントが低いにもかかわらず高いと推論した場合（Type I エラー）の損失（i.e., 配偶相手との間の子どもを一人で育てるリスクを負う）よりも小さいならば、その場合の推論は Type II エラーのほうに偏ったものとなりやすい。すなわち、女性は、自分に対する異性のコミットメントをより低く推論しやすくなる。自己評価においても、平均以上効果の研究が示すように、他者との比較において他者についての情報が少なく曖昧な場合、将来のことや未経験な場面など自己について利用可能な情報の少ない場合には、主観的な推論の側面をもつため、エラー管理理論を適用することができる。また、環境とのかかわりを前提とすること（i.e., 内的適応だけではなく外的適応も視野に入れること）は、内的要因だけで適応を論じるよりも一般性の高い検討が可能になる。Haselton & Nettle（2006）はポジティブ・イリュージョンについてエラー管理理論の観点から論じ、ポジティブ・イリュージョンによる損失が相対的に小さいために適応的である領域（e.g., 難病治癒、健康維持、随伴性の形成）と、反対にポジティブ・イリュージョンによる損失が相対的に大きい領域（e.g., 交通事故に遭う確率）があるとしつつも、どちらかといえばポジティブ・イリュージョン（特にコントロール幻想）がもたらす損失は少なく、利得のほうが多いと述べている。本稿では、この観点を敷衍して、能力次元と社会性次元の自己評価について検討を行う。

　前項でソシオメーター理論と DPM にはその前提に異なる点があるのではないかと述べた。その一つは、自己評価の２次元の位置づけである。ソシオメーター理論は、社会性次元か能力次元かにかかわらず、両次元での自己評価を他者から受容され所属欲求を充足するに足るか否かを見積もるための自己の価値の指標と位置づける（Leary & Baumeister, 2000）。一方、DPM では、能力次元（自律性）を自己に直接的な利益をもたらす（self-profitable）か否かという評価にかかわると捉えているために、自己評価において社会性次元（共同性）よりも重要な次元と位置づける（Wojciszke et al., 2011）。ソシオメーター理論と DPM のもう一つの相違は、自己呈示の位置づけの相違である。ソシオメーター理論は拒絶や排斥といった脅威に対処する自己防衛方略に主な焦点を当てた理論であるため、所属欲求を充足するには可能な範囲で望ましく自己呈示することが想定される。一方、DPM は自己脅威が特に存在しない場合の自己高揚についての理

論であり、ソシオメーター理論ほどには積極的に望ましい自己呈示を行う必要性が高くない場面を想定しているといえよう。Abele & Wojciszke（2014）ではDPMの検討の中で、自己呈示の要因に促進された自己評価について言及しているが、それは一見して能力次元よりも社会性次元のほうが自己評価において重要なことを示すようにみえる現象（i.e., モハメド・アリ効果、詳細は後述）が起きる場合について考慮しているにすぎず、DPMにおいては周辺的な位置づけとなっている。このように理論の前提における相違が、各理論における能力次元と社会性次元の自己評価と自尊心との関係の予測に違いをもたらしていると考えられる。

　その予測の違いについてエラー管理理論の観点から検討を行うために、次元ごとに自己評価の傾向を整理する。まず、能力次元において自己を高く評価する可能性を挙げる。ソシオメーター理論は、所属欲求の充足を最重要視し、能力次元を他者から受容されるための自己の価値を示す指標の一つと位置づける。そのため、他者から受容されることを目的とするならば能力は他者から高く見積もられるほうがよく、そのように見せようという傾向は、自己呈示の要素を含む顕在的自尊心に表れる。人が正確な自己評価を希求する一方で他者からの評価にかかわる側面について高く評価することを望みがちであることは、Swann, Bosson, & Pelham（2002）によって示されている。Swann et al. (2002) は、自己の複数の能力的側面（e.g., 知的能力、対人関係能力、芸術能力、身体能力、身体的魅力）について、日頃から接している他者（e.g., ルームメイト）から自己評価よりも高く評価されることを欲するのみならず、特に恋人や会って間もない交際を前提とする異性には、その関係において重要と目する身体的魅力を高く評価されることを望む傾向があることを示した。さらには、友人や恋人に身体的魅力を高く評価されるように自己呈示することを通じて相手からの身体的魅力の評価を高めていることも示唆された（以上Study 1-3）。また、重視する自己側面について他者から高く評価されることを欲する傾向は、異性に対する身体的魅力に限らず、同性の他者に対する身体能力や芸術能力にも認められた（Study 4）。習慣的、日常的にそのような自己呈示を行うならば、そのような自己像が内面化されて自己評価に反映される可能性も考えられる。能力次元に限らず、自己の評価を高く見積もる可能性は、バイアス盲点現象の研究からも推察される。Pronin（2008, 未公刊；Pronin（2009）に依拠）は非現実的楽観主義について検討を行い、人は他者の所属集団より自分の所属集団（peer group）のほうが、望ましい出来事が将来に起きる基本的な確率（base rate）は低いと評価する一方、望ましい出来事を希求する程度や、望ましい出来事を生じさせる自らの意図の強さを他者よりも高く評価しており、そのような欲求や意図の強さが非現実的楽観主義の高さにつながっ

ていることを示した。この結果について Pronin（2009）は、自己高揚動機により説明されてきた現象が、自己の内部の情報（i.e., 意図）を他者の内部の情報より過度に重視する内観幻想（introspection illusion）により説明できるとした。人は自己を否定的に評価しつつも、自己の実際の行動（e.g., 実際にできなかった経験）を軽視（behavioral disregard）し、自己の欲求や意図を過度に重視するために、将来の予測においては非現実的楽観主義がもたらされると説明している。Pronin（2009）はまた、シャイネス（shyness）に関する自己評価と他者評価が必ずしも一致しないこと、すなわち自分はシャイであると自分で思っているほど、その人物の行動をみた他者からはシャイであるとみなされないことや（Melchoir & Cheek, 1990）、他者への嫌悪がその他者に頭痛を引き起こしたと感じたり、テレビ越しの応援がアメリカンフットボールの試合の勝敗を決したと感じたりすることも（Pronin, Wegner, McCarthy, & Rodriguez, 2006）、内観を過度に重視し行動を軽視するという過程によるものと説明している。このように、将来の遂行は自分の意図次第であると信じるために非現実的楽観主義が生じるならば、内観幻想は、能力次元の顕在的な自尊心を高めることにもなるだろう（e.g., 平均以上効果）。

　しかし、Wojciszke（2005）が指摘するように、能力次元は低く偽る（i.e., できることをできないようにみせかける）ことは容易だが、高く偽る（i.e., できないことをできるようにみせかける）ことは比較的困難であり、特に長期的には望ましくみせる自己呈示には限界があると考えられる。つまり、失敗するリスクや他者から低く評価されるリスクが増すだけではなく、他者を欺いたということで他者からの評価が低下し、信用を失うというリスクも伴う。Vohs & Heatherton（2001; 2004）は能力次元への脅威（i.e., 能力が低いというフィードバック）が、高特性自尊心者に能力の高さを強調する自己呈示傾向を生じさせ、その自己呈示自体が他者に否定的な印象をもたらすことを示している。このことも、能力が低いという客観的評価に逆らって能力が高いと自己を評価すること（そのような自己評価に基づいて自己呈示すること）のリスクを示す傍証といえるだろう。以上のように、人は自己の能力次元を高く評価する志向をもつが、ソシオメーター理論の観点からは拒絶や排斥のリスクを高めることを意味し、DPM の観点からは自己の能力を過信したために自己の利得獲得に失敗するリスクの増大を意味する。私的状況では失敗しても自己を他者より優れていると評価するが、公的状況ではその傾向が抑制されるという Brown & Gallagher（1992）の結果は、そのような２種類のリスクを警戒する傾向の傍証といえるだろう。したがって、エラー管理理論に即して考えると、能力次元において楽観的に自己を高く評価する場合は Type I エラーにあたるが、その

方略が有効なのは限られた状況であると考えられる。

　一方、能力次元において過度に悲観的に低く自己を評価する場合は Type II エラーにあたる。そのような評価傾向は、ソシオメーター理論の観点からは、他者から受容される確率を高めると考えられる。なぜならば、セルフ・ハンディキャッピング（e.g., Berglas & Jones, 1978; Jones & Berglas, 1978）に関する研究が示すように、自らの不利をあらかじめ主張しておけば、失敗時の評価の低下をできるだけ防ぐことができるだけでなく、あわよくば成功した時の評価を高めることができるからだ。一方、DPM では、自己利益のためには自己の能力を見極め、可能ならば正確な、もしくは慎重で控えめな自己評価を行うことこそが重要と考える（Wojciszke, 2005）。つまり、自己に関する情報に注意を向けた慎重な評価が損失を減らし利益を高めることになる。このように、エラー管理理論を敷衍すると、能力次元の自己評価は Type I エラーのほうが Type II エラーよりもコストが高いと考えられ、ポジティブ・イリュージョンのような自己高揚的評価は不適応的ということになる。

　このような推論は、ポジティブ・イリュージョンが重篤な病気に罹患した患者の延命に資するという知見（Reed et al., 1994）、不健康な行動や症状の改善（Gale et al., 2008）をもたらすといった知見とは矛盾するようにみえる。病気を治すための対処を行うといった行為は、社会性次元というよりは能力次元に該当すると考えられるからである。しかし、過酷な現実に対して、非現実的だとしても自分は困難を乗り越えられると強く信じることは目標を達成しようとする志向性を生み出す（Taylor & Broffman, 2011）と考えられる。したがって、何もしなければ悪化の一途をたどることになることが明らかで、行動指針が与えられそれを実行すれば治癒の確率がいくらかでも高まり得るような臨床場面は、ポジティブ・イリュージョンは適応をもたらすのではないだろうか。自己呈示の側面から考えても、重篤な病により弱った患者が治癒の可能性をできるだけ高く見積もることは、基本的に患者自身の利益のためと理解されこそすれ、偽りの姿をみせる利己的なふるまいと理解されることはあまりないのではないか。臨床場面では、生き延びる可能性や治す能力を低く見積もって治療をやめれば、病状が悪化するしか道はなく、生き延びる可能性や治す力が自分にはあると信じるほうが対処行動が増え、治癒する確率を上げ、免疫力も高まる（e.g., Segerstrom, 2005）。つまり、Haselton & Nettle（2006）が述べたようにポジティブ・イリュージョンに伴う損失がより少ない例外的な領域といえる。Taylor & Brown（1988）を始めとしてポジティブ・イリュージョンの効用を示す論文には重篤な疾病の治療や健康の利益を扱った研究が多いのに対して、ポジティブ・イリュージョンの負の側面を示す研究は、認知能力を扱った研究が多いのも、そのため

ではないかと考えられる（e.g., Brendgen et al., 2004; Robins & Beer, 2001; 外山, 2008）。また、臨床場面におけるポジティブ・イリュージョンの効用を示す研究は、自らが有する疾患や障害の存在それ自体を否認するというポジティブ・イリュージョンではなく、将来の治癒の可能性についてのポジティブ・イリュージョンについて検討している点にも留意が必要である。一方、認知能力について検討した研究は、現在の困難の否認（i.e., 現在できないことをできないとは認めない）というポジティブ・イリュージョンを主に問題にしているといえる。前段で述べた、能力次元の自己評価で重視されるリスクは主に、そのような現在の困難の否認がもたらすものといえよう。

　次に、社会性次元の自己評価について考えてみる。ソシオメーター理論は、社会性次元での自己評価を、能力次元と同様に他者から受容される価値の指標と位置づける（Leary & Baumeister, 2000）。一方、DPM は、社会性次元の特性（共同性）は能力次元の特性（自律性）ほどに、自己に直接的な利益をもたらすものではないと想定している。実際、社会性次元の自己評価と総体的な自尊心はほとんど関連性がみられない点は（e.g., Wojciszke et al., 2011）、自己評価における社会性次元の、能力次元に比べた低い重要性の表れにみえる。しかし、社会性次元を重要視しなくてよいとは考えにくい。なぜなら、自己評価が脅威を受けたときの対処方略に関する研究は、能力次元より社会性次元での評価のほうが重大であることを示唆しているからである。前述したように、能力次元の脅威に比べると、社会性次元の脅威（拒絶や排斥）は影響が強いにもかかわらず（Koch & Shepperd, 2008; Pillemer et al., 2007）、同じ社会性次元に属する方略を用いて脅威に対処する傾向が強い（Knowles et al., 2010）。脅威を受けた次元と対処方略のかかわる次元が同じであることは、対処の過程が脅威を顕在化させやすいという点で、それらの次元が異なる場合よりも非効果的である。それにもかかわらず、社会性次元の脅威に社会性次元の対処方略（社会性次元の資源に注意を向け、それを重要視する）を用いることが示されている点には注意すべきであろう（e.g., Gardner, Picket, Brewer, 2000; Knowles & Gardner, 2008; Picket, Gardner, & Knowles, 2004）。これらのことは、社会性次元が能力次元に対して何らかの優位性をもつことを示していると考えられる。それは、所属欲求の重要性によってもたらされるものかもしれない。どれだけ能力が高くとも、一人で生きるのは容易なことではない。他方、能力が低くとも社会性次元において何かすぐれた特性を備えていたために他者から受容されれば、一人で生きる場合に比べて生存は容易になると考えられる。また、能力が高くとも社会性次元の特性の水準が低ければ、他者から受容されにくいであろう。したがって、社会性次元の重要性が低いとは考えにくい。

社会性次元の自己評価についてエラー管理理論の観点から考えてみると、能力次元とは反対に、自己を高く評価する、TypeⅠエラー側にバイアスがかかった方略が適応的と考えられる。まず、ソシオメーター理論においては、能力次元よりも社会性次元のほうが他者からの受容に直接的にかかわるととらえられており、そして前述したように顕在的な自己評価は自己呈示の側面を含むと考えられることから、社会性次元の自己評価は高いほうが望ましい状態と考えられる。社会性次元の自己評価は低いよりも高いほうが適応的であることを支持する根拠として、Murray, Holmes, & Collins（2006）のリスク制御理論（risk regulation theory）が考えられる。リスク制御理論は、親密な二者関係でみられる、相手との関係を深めようとする関係促進目標（relation-promotion goal）と、相手から拒絶されることで自己評価が傷つくことを避けようとする自己防衛目標（self-protection goal）のジレンマ状況における制御機制についての理論である。リスク制御理論によれば、相手からの受容が期待され自己評価が傷つく懸念がなければ関係促進目標が追求されるが、そうでなければ自己防衛目標が追求される。社会性次元の自己評価の高さは、相手から受容される期待の高さにつながると考えられることから関係促進目標を促すかもしれない。もし、その期待が誤りであり受容されなければ自己評価が傷つく。しかし、TypeⅡエラー側にバイアスがかかった自己評価、すなわち受容されやすい特性を十分にもつにもかかわらずそれをもっていないと自己評価して自己防衛目標が喚起されると、既存の親密な関係をさらに損なうことになり、新たな関係を探す必要に迫られることになる。それに比べれば、現在の関係維持が期待されるTypeⅠエラー方略のほうがTypeⅡエラー方略よりもリスクが小さいだろう。また、TypeⅠエラー方略を背景とした自己呈示は、相手の受容動機を喚起するかもしれず、相手に関係促進目標をとらせることも期待されるという点でも適応的と推測される。

　もっとも、親密ではない他者については、その対人関係から得られる利得が親密な他者よりも小さくなることから、親密な他者との関係に比べてTypeⅠエラーによるリスクが大きくなってしまうと考えられる。しかし、その他者との関係形成を諦めて別の他者との関係形成を志向する場合は、やはりTypeⅠエラー方略のほうがTypeⅡエラー方略よりもリスクが小さいと考えられる。DPMにおいては、社会性次元は能力次元に比べて評価基準が曖昧なために偽ることが容易であり、利益を得られる分には問題はないが、隠された害意に気づけなければ損害を被るため、他者認知においては社会性次元が能力次元よりも重要とされる（Abele & Wojciszke, 2014; Wojciszke, 2005）。そのことは、裏を返せば、社会性次元は能力次元に比べて自己評価を肯定的に偽ること（i.e., 自己呈示）によって得られる利益が損失を被るリスクより大きいと考えられ、したがっ

て社会性次元の自己の特性水準を高いものとしてふるまうほうが適応的ということになるだろう。つまり、ポジティブ・イリュージョンは、社会性次元においては適応的と考えられる。

6．モハメド・アリ効果と AOC 効果

　以上のように、エラー管理理論の観点から考えると、社会性次元は Type I エラーの側、すなわち高いほうにバイアスをかけて自己を評価するほうが適応的と考えられ、一方、能力次元は Type II エラーの側、すなわち低いほうにバイアスをかけて自己を評価するほうが適応的と考えられる。この傾向は、モハメド・アリ効果（Allison et al., 1989）と一致する。Allison et al.（1989）は、能力次元（intelligent-unintelligent）と社会性次元（good-bad）の平均以上効果について検討を行い、平均以上効果は能力次元よりも社会性次元のほうが表れやすいことを見出した。Muhammad Ali の自伝（Ali, 1975）によれば、ボクシングのチャンピオンであった Ali が、徴兵検査に失格した理由を、真に試験に失敗したのか、それとも徴兵を逃れるために故意に失敗したのかと問われた際に、私は最も偉大であっても最も賢いわけではないとだけ答えたという。Allison et al.（1989）はこれを、自己が他者より人格的にすぐれていることが大事で、他者より賢くなくてもよいという一般的傾向と指摘し、このような傾向をモハメド・アリ効果と称した。モハメド・アリ効果は Wojciszke（2005）や Wojciszke et al.（2011）でも認められている他、伊藤（1999）でもそのような傾向がみてとれ、幅広く一般的にみられる傾向と考えられる。

　モハメド・アリ効果がみられる理由について Allison et al.（1989）は、社会性次元は、能力次元に比べ、抽象性が高く評価基準が曖昧であるため、自己高揚傾向やユニークネス（uniqueness）欲求が反映されやすいからではないかと述べている。この Allison et al.（1989）の解釈は、所属欲求および自己呈示を考慮しない点で本稿の主張と異なるが、能力次元よりも社会性次元に自己高揚傾向が表れやすいとする点において一致する。しかし、これを自己高揚傾向の表れと考えると、自己認知においては能力次元こそが重要とする DPM の観点とは必ずしも一致しない。特に、自尊心の水準がいずれも有能性の自己評価のみによって説明され道徳性の自己評価によって説明されないという AOC 効果（e.g., Wojciszke et al., 2011）は、モハメド・アリ効果と矛盾するようにみえる。このことについて Abele & Wojciszke（2014）は、望ましく自己呈示する動機づけは能力次元より社会性次元で強いことと、能力次元に比べて社会性次元は自己評価が日常の出来事に随伴的ではないことによるものであり、社会性次元の重要性によるものではない

と説明している。Abele & Wojciszke（2014）の主張の中心はあくまでも DPM であり、自己評価において社会性次元より能力次元のほうが重要という DPM の妥当性を維持するための説明に留まっている。

AOC 効果とモハメド・アリ効果の関係についても、エラー管理理論とソシオメーター理論を援用したこれまでの観点から説明することは可能である。能力は高いほうがよいものであり、その自己評価が実際の自己の能力をある程度反映するならば、高い能力水準を示唆する出来事に応じてより高く自己を評価し、ひいては望ましく自己呈示する根拠を常に待っていると考えられる。ただし、能力次元は水準を高く偽ることが困難であり、偽りが明らかになるリスクが高いため、低い能力水準を示唆する出来事にも随伴する。そのため、社会性次元に比べて能力次元の自己評価は随伴性が高くなる。出来事に随伴して総体的な自尊心も変動するため（e.g., Crocker & Luhtanen, 2003; Kernis et al., 1989）、能力次元の自己評価は総体的な自尊心と相関がみられやすいと考えられる。一方、社会性次元は評価基準が能力次元ほど厳密ではなく曖昧なために、出来事にあまり随伴的ではないと考えられる（cf. Blackhart et al., 2009）。たとえば、自己への脅威となる出来事が生じ総体的自尊心が低下しても、社会性次元の自己評価は高く維持することが可能なため、両者の間に相関がみられにくいと考えられる。そして社会性次元の自己評価を高く維持する動機づけをもたらすのは、所属欲求と考えられる。この解釈は Abele & Wojciszke（2014）の説明とも概ね一致し、Allison et al.（1989）の抽象性による説明とも矛盾しないが、社会性次元にみられる自己評価の維持・高揚傾向をもたらすものを単なる評価基準の曖昧さに求めるのではなく、所属欲求を前提として社会性次元での自己高揚傾向が他者からの受容を促すという意味で適応的であることを論じる点が異なるといえる。

DPM は自己認知を能力次元と社会性次元に分け、社会性次元に比べた能力次元の重要性を強調した。しかしそれは、これまでの議論をふまえると、自己の能力次元の水準は社会性次元よりも慎重に判断するほうがよい、偽らないほうがよいという点での重要性であり、自己防衛や自己高揚としての自己評価における重要性は、所属欲求充足とのかかわりから能力次元より社会性次元にあると考えられる。

7．自己防衛動機による補償

以上のように、ソシオメーター理論、DPM、エラー管理理論を援用すると、平均以上効果やモハメド・アリ効果に典型的に示される自己高揚傾向は、能力次元に比べて社会性次元が、所属欲求充足と強くかかわり、そして自己高揚傾向を示すことが適応的なた

めにと考えられる。Alicke & Sedikides（2009）は、自我脅威を受けた（自尊心が脅かされる）場合に自己の価値（e.g., 自尊心）を回復・維持しようとする動機を自己防衛動機、自我脅威がなくても日常的に自己の価値を高く保とうとする動機を自己高揚動機とし、本研究もこの区分に則っている。次に、脅威を受けた場合に喚起される自己防衛動機に基づく対処方略の一つである補償[2]について、ソシオメーター理論、DPM、エラー管理理論をふまえて論じる。

　これまで述べてきたように、自我脅威に直面したときの自己評価維持方略やその理論は数多くが知られている。たとえばSEM モデルや（e.g., Tesser, 1988）、社会的アイデンティティ理論（e.g., Tajfel & Turner, 1986; Turner, 1978）などである。そして、冒頭で述べたように、これら数ある自己防衛方略は相互に代替可能と考えられている（e.g., Tesser, 2000）。自己防衛方略の代替可能性をふまえると、拒絶や排斥といった社会性次元の自我脅威に対する防衛方略は能力次元の自我脅威にも対処しうると考えられる。たとえば、Brown & Smart（1991, Study 1）は能力次元（知的能力）の課題の結果をフィードバックすることで脅威を操作し、フィードバック後の能力次元（e.g., 知的な、有能な）と社会性次元（e.g., 優しい、思いやりのない）の自己評価を検討している。その結果、能力次元では成功条件（大学内上位 15% 以内）と失敗条件（同下位 30% 以内）の間に差が認められなかったが、社会性次元では成功条件より失敗条件のほうが自己評価が高く、能力次元の脅威が社会性次元で補償されることが示された。ただし、これは高特性自尊心者に限られていた。さらに、高特性自尊心者は、失敗条件のほうが成功条件よりも向社会的行動意図（実験に無償で協力）を強く示し（Study 2）、社会性次元での補償が行動意図にも及ぶことを明らかにした。なお、成功条件と失敗条件の間に能力次元で差がみられなかったことから、失敗条件の実験参加者は課題での失敗を何らかの形で埋め合わせていることがうかがえる。ただし、成功条件を上回るほど過大な自己評価はしていないことから、能力次元においては補償的自己評価が比較的起こりにくかったといえる。また、Jordan & Monin（2008）はサクラを使った実験を行い、自分は他者に比べて有能ではないが道徳的であると評価する "sucker-to-saint effect"、いわば "お人好し－聖者効果" を検証している。実験では、実験参加者が単調で無意味な作業を行った後に、サクラがその作業に従事するのを断ってみせることで、実験参加者が自分はお人好しではないかと、自己の合理性と自律性（能力次元）に疑念を抱くように操作している。そのあと、サクラと自己について評価させたところ、能力次元での評価は両者に差はなかったが、道徳性（社会性）次元での評価に差がみられ、サクラよりも自己の道徳性（社会性次元）を高く評価する傾向が、統制条件に比べ顕著に認められている

（Experiment 1）。これは Brown & Smart（1991）と同じように、能力次元の脅威に対抗して社会性次元で補償を行ったといえる。しかも、自分がお人好しではないかと感じさせる操作を行う前に自己肯定化の操作を行うと、お人好し－聖者効果は表れなかった（Experiment 2）。一方、社会性次元の脅威に能力次元で対処することをうかがわせる研究もある。Sommer & Baumeister（2002）は、文章完成課題を用いたプライミング操作により潜在的に拒絶・排斥（社会性次元）を喚起された高特性自尊心者が、受容を喚起される場合と変わりない水準で自己を評価し（Study 1）、言語能力（能力次元）を測定すると教示された課題により熱心に取り組むことを見出した（Study 2, 3）。Sommer & Baumeister（2002）は、拒絶や排斥の脅威を喚起された実験参加者のうち、高特性自尊心者は受容されるための方略として高い能力を示そうとしたと述べている。これらの結果は、自己防衛方略の代替可能性（e.g., Tesser et al., 2000）を支持する結果といえる。

　上述したように、能力次元への脅威は、当該脅威と直接関係しない社会性次元で対処する傾向がみられるのに対して、社会性次元の脅威（拒絶や排斥）には、同じ社会性次元で対処する方略を用いやすいことが示唆されている（Knowles et al., 2010）。これは、社会性次元での自己評価の低下は、他の次元では補償されにくいことを意味している。社会性次元の代替可能性の低さは、人間にとって所属欲求の充足が最重要課題であるからだと説明されているが、ソシオメーター理論を踏まえれば、能力次元での評価を高めることを通じて受容されるように対処してもよいはずである。上記の Sommer & Baumeister（2002）の結果はその可能性を示唆している。それにもかかわらず社会性次元の代替可能性の低さ（Knowles et al., 2010）がみられるのは、一つは、能力次元よりも社会性次元が所属欲求充足と直接的にかかわるからであろう。また、上で考察したように、能力次元は評価基準の客観性が高いため、保持していないものを保持しているようにみせかけることが困難であるからだと考えられる。

8．自己防衛動機に基づく補償と特性自尊心

　一般に、自己評価が脅威にさらされた場合の補償行動は、特性自尊心の低い者より高い者においてみられやすいことが知られている（e.g., Baumeister, 1982）。Dodgson & Wood（1998）は、言語能力課題において失敗した（悪い結果をフィードバックされた）参加者は、自己の肯定的な情報（e.g., 身体能力、知的能力）へのアクセシビリティが高まりやすいことを見出しているが、それは特性自尊心の高い者に限られていた。それから、Seta, Seta, & McElroy（2006）では、社会的認知能力課題の結果を平均以上とフィー

ドバックするとともに、二つの実験群の参加者には、さらに高い水準（i.e., 2 ランク上位か 1 ランク上位）の成績を取った別の実験参加者の結果について知らせ、残りの統制群の参加者には、そのような上位の他者の結果について知らせなかった。その上で、再度類似の課題を行った場合の自分の成績を予想するように求めた。その結果、高特性自尊心者のみが自分より 2 ランク上位の他者と比較することを示唆されてもなお、他者との比較を教示されなかった統制群より高い水準の成績を予想した（"better than better-than-average effect"）。また、Sommer & Baumeister（2002）においても、他者からの拒絶や排斥に対しても特性自尊心の高い者のほうが積極的に対処することが示されている。Leary（2004）は、特性自尊心を過去の経験に基づく他者にとっての自己の価値を暗黙裡に反映する指標であるとし、価値の残量を示すメーターと位置づけている。もしそうであれば、他者にとって自分との対人関係には価値がある、自分は他者から受容される人間であるという信念の表れが高い特性自尊心に反映されているといえ、拒絶や排斥に際して関係促進的に対処する傾向は低特性自尊心者よりも高特性自尊心者が強いことも首肯できよう（cf. Murray et al., 2006）。このことは、Brown & Smart（1991）において、高特性自尊心者においてのみ、能力次元での脅威を社会性次元で補償する傾向がみられたこととも符合する。総じて、高特性自尊心者は、過去の経験により形成された自己の望ましさ、高い価値といった、自己防衛のための資源となる情報にアクセスしやすいことが考えられる。

　もっとも、特性自尊心の高さが他者からの受容経験の多寡を示すとしても、高特性自尊心者が補償資源として能力次元の情報を用いないことにはならないであろう。なぜなら、高特性自尊心者は、能力の高さから他者に認められ受容された可能性があるからである。高特性自尊心者は、社会性次元での自己肯定的情報と合わせて、能力次元での自己肯定的情報も豊富に保有していると考えられる。しかし、すでに述べたように、能力次元の評価は基準が明白で主観的解釈の余地が少ないために、高特性自尊心者であっても、基準が曖昧でバイアスをかけた自己高揚的評価を行いやすい社会性次元において補償がみられやすいと考えられる。

　自己防衛動機の根底にあるのは、ソシオメーター理論が述べるような所属欲求の充足であろう。それを達成するのは、自己の能力次元でも社会性次元でも、いずれの水準の高さをもってしても達成可能と考えられる。しかし、所属欲求と直接的にかかわるのは社会性次元である。そして、自己防衛のための方略とそれを可能にする資源の利用可能性は、能力次元よりも社会性次元のほうが高く、また、低特性自尊心者よりも高特性自尊心者のほうが高いだろう。日常的に自己の価値を高く保とうとする自己高揚動機は、

以上のような傾向が自動的に表れたものではないだろうか。

9．本稿の構成

　本稿の目的は、自己高揚動機と自己防衛動機に基づく評価的反応が、自己評価の基本2次元においてどのように表出されるかを検討することを通して、適応機制としての自己評価機構の特徴を、ソシオメーター理論、DPM、エラー管理理論の観点をふまえながら統合的に理解することにある。以降の章では、本目的の下に実施された7つの実証的研究について報告する。

　第1章では、自己高揚動機の発露とみなされている平均以上効果が、自己評価の基本2次元である能力次元と社会性次元のうち、前者より後者において認められやすいか否かを検討した。その際、平均以上効果の調整要因として、評価される特性の望ましさ、統制可能性、抽象性を考慮した検討を行った（研究1）。さらに、平均以上効果が自己高揚動機に基づいていることを確認するために、自己評価が脅威に晒された場合に生起する平均以上効果の表れ方について能力次元と社会性次元でどのように異なるか検討を行った。しかし、自己全体が脅威を受けた場合について検討した研究2では、補償的自己高揚はみられなかった。第2章では、脅威を与える次元を能力次元もしくは社会性次元に限定して、脅威を受けなかった次元での補償的平均以上効果の生起の様相を検討した（研究3、4、5）。ボーガスフィードバック法を用いて能力次元に脅威を与えた研究3では、補償的自己高揚は認められなかった。これに対し、想起法を用いて能力次元に脅威を与えた研究4では、社会性次元で補償的自己高揚が認められた。しかし、同じく想起法を用いて社会性次元に脅威を与えた研究5では、能力次元での補償的自己高揚は認められず、両次元の代替可能性が非対称であることが確認された。第3章では、能力次元の脅威に対してみられた社会性次元での補償反応が、所属欲求の充足にかかわるものであるかを検討した。研究6では、所属欲求の充足反応の指標として所属集団の集団実体性（i.e., 集団のまとまり）の認知を取り上げたところ、能力次元の脅威操作を想起法によって行った場合（研究6-a）でも、ボーガスフィードバック法を用いて行った場合でも（研究6-b）、補償的に所属集団の集団実体性の評価が高揚することが認められた。さらに、所属欲求の充足反応の指標として、ノスタルジア（自分の過去の社会的絆と関連する記憶を懐かしむ感情）を取り上げた研究7においても、能力次元への脅威に対して、補償的にノスタルジアが高まることが確認された。終章では、本稿で得られた知見に基づき、所属欲求充足機制としての自己評価維持機構のダイナミクスについて論考した。

序章　注

1) 林（1978）は、第三の次元として活動性も挙げているが、これは個人的親しみやすさに含めることが可能としている。そして社会的望ましさは知性、個人的親しみやすさは社会性に対応すると解釈できる。

2) Adler（1926, 1973 岸見訳 2008）は、劣等感を解消するために、他者よりも劣っていると感じる自己の側面以外の何かについて優越感をもつことを補償と称した。また、Adler（1931 岸見訳 2010）は、直接的に問題に取り組むことで劣等感を解消できない場合は劣等コンプレックスを生じ、それがもたらす不安や緊張の解消策として他者よりも優れているようにみせようとし続ける優越性コンプレックスに至るとしている。A. Adler はこれらの概念を不適応的な行動、症状（神経症）の解釈に用いた。本研究では補償を、病理的症状ととらえるのではなく、日常的な脅威に対して認知レベルで適応的に対処するための自己評価維持方略として位置づけ考察する。

自己評価の2次元における自己高揚バイアスの様相

　序章で述べたように、人間には基本的に自分を良き者とみなしたいという自尊欲求があり、自己を肯定的に評価しようとする傾向のあることが多くの論者によって指摘されてきた（レビューとして、Alicke, Zell, & Guenther, 2013）。このような傾向の代表例として、自分の能力や性格を平均（自分の所属する集団の平均）よりは上である、自分は平均的他者よりはすぐれていると認知する平均以上効果がある。平均以上効果について系統的に検討した研究としてAlicke（1985）が挙げられる。彼は、望ましさの水準の異なるさまざまな特性語を多数用意し、大学生を対象に各特性が自分自身と平均的大学生にどのくらいあてはまるか評定するよう求めた。そして、自己に対する評定値から平均的大学生に対する評定値を減じた値を算出し、この差得点が特性語の望ましさの水準（水準は高、中高、中低、低の4段階設けられた）によってどのように変化するかを分析している。その結果、概して望ましい特性語（e.g., 協調的な）については、得点が正の値をとり、望ましくない特性語（e.g., 非情な）については負の値をとることが見出された。すなわち、大学生は、望ましい特性は平均的大学生より自分によくあてはまり、望ましくない特性は自分より平均的大学生によくあてはまると評価したことになる。なお、彼は、特性を本人の意志や努力によって獲得可能かどうかという統制可能性の観点から分類し比較しているが、上述の自己高揚的な評価傾向は、統制可能性の低い特性より高い特性において顕著に認められている。これは、統制可能な特性ならば自分の意志や努力によって獲得可能と判断されるためと考えられている。

　さらに、平均以上効果は、特性の評価基準が曖昧である場合に認められやすいことが、Dunning, Meyerowitz, & Holzberg（1989）によって明らかにされている。たとえば、自分は他者に比べて指導者としてすぐれているかどうか判断するとき、もし指導力の内容を多様な観点から評価することが可能であれば、評価者は自分に都合のよい解釈を行い、自己を高く評価することができる。これは、換言すれば、解釈の余地の広がりやすい、抽象性の高い特性ほど平均以上効果が表れやすいこと意味している。彼らの研究では、特性を評価基準の曖昧さの高低によって分類し比較しているが、望ましい特性を他

者より自分が保持し、望ましくない特性は自分より他者のほうが保持していると認知する傾向は、評価基準の曖昧な特性においてしか認められなかった。

なお、当初、平均以上効果は自己高揚動機の発露とみなされたが（Alicke, 1985; Brown, 1986）、その後、認知的要因による説明（自己高揚動機によらない説明）も可能とする議論が隆盛する（cf. Alicke & Govorun, 2005）。これに対して、Brown（2012）は、評価対象となる特性を備えることがどのくらい重要であると考えるかという観点から特性を分類し、重要度の低い特性より高い特性において、一貫して平均以上効果がより明確にみられたこと、また、自己評価が脅威に晒されたとき（知的能力を測るとされる課題での失敗を経験したとき）に平均以上効果が増大したことから、自己高揚動機の関与を主張している。

また、本論文の目的と関連する重要な研究が、平均以上効果（自己高揚バイアス）は、能力次元より社会性次元において表れやすいことを示した Allison et al.（1989）の研究である。この研究では、能力次元として知性、社会性次元として道徳性を取り上げ、各次元に関連する望ましい行動や望ましくない行動を提示し、自分や他者が各行動をどのくらい頻繁にとっているか、頻度を評定するよう求めている。その結果、自己高揚的な傾向は、知性次元の行動評定ではみられなかったが、道徳性次元の行動評定では認められた。序章でも言及したとおり、Allison らはこれをモハメド・アリ効果と称し、このような現象の起こる理由を社会性次元が能力次元に比べ抽象性が高いためではないかと考察している。これは、裏を返せば、能力次元は評価基準が具体的で客観性が高いため、実際より高く自己を評価しにくいうえに、他者の目を欺くことも困難であることを意味し、それゆえ、そのような自己高揚的評価を行うことに伴うリスクが大きいという序章における議論とも符合する。しかし、Alicke（1985）とは異なり、Allison et al.（1989）では行動の頻度評定を求めており、Alicke（1985）のような特性評定は行われていない。Wojciszke（2005）、Wojciszke et al.（2011）では能力次元と社会性次元それぞれの複数の特性について評定が行われているが、自己評価のみを測定しており、平均的他者についての評定は求めていない。もし Alicke（1985）のように自己評価と平均的他者評価の特性評定を求め、平均以上効果を指標として用いた場合に同様の結果が得られるかどうかは確認する必要があろう。

Van Lange & Sedikides（1998）は、自己評価と平均的他者評価を行い、さらに、特性の望ましさの他に、特性の統制可能性と検証可能性の評定も求めて、モハメド・アリ効果の生起要因の検討を行った。この検証可能性とは他者の行為から知性と道徳性を推測できる程度の評価であり、抽象性、曖昧さが低ければ検証可能性が高くなる。Van

Lange & Sedikides（1998）では、道徳性より知性のほうが検証可能性の評定が高いという結果が示されており、序論で述べた Wojciszke（2005）の主張と一致する結果が得られている。そして Van Lange & Sedikides（1998）では、モハメド・アリ効果の生起には、特性の検証可能性や統制可能性は寄与せず、道徳性のほうが知性よりも望ましいという特性自体の望ましさの差により生じることが示されている。しかし、Van Lange & Sedikides（1998）と Allison et al.（1989）は、知性と道徳性といった比較的限定された次元についてしか検討していない。もっと多様な特性を含めて、能力次元と社会性次元の比較を行うことによって、その一般性を検討する必要がある。加えて、Van Lange & Sedikides（1998）では抽象性に関連する検証可能性の影響が認められなかったが、そのことをもってモハメド・アリ効果の生起に抽象性がかかわっていないと結論するのは尚早と思われる。検証可能性は、Dunning et al.（1989）が検討した抽象性（i.e., 曖昧さ、特性が指し示す行動の多様性）とは関連はあっても同一ではないからである。Dunning et al.（1989）の定義をふまえた特性の抽象性を用いて、より幅広い特性について検討し、能力次元と社会性次元の間の差としてのモハメド・アリ効果が、抽象性の差異に帰せられるかを明らかにする必要がある。さらに、Alicke（1985）の知見を踏まえれば、両次元の違いは、統制可能性の相違を反映している可能性も否定できない。なぜなら、社会性次元に比べ能力次元の評価は、実際の水準を偽ることが困難であるという序章での議論に鑑みれば、社会性次元にかかわる諸特性（親切、誠実など）のほうが、能力次元にかかわる諸特性（頭のよさ、知性、身体能力など）より、本人の意志と努力によって獲得することが容易であると考えられなくもないからである。

　一方、序章でも言及した所属欲求仮説の観点に立てば、能力次元より社会性次元において自己高揚的評価がみられやすいのは、社会性次元の諸特性が他者との関係維持に直接関連しているからということになる。つまり、人間にとってより根源的な欲求である所属欲求の充足に役立つ特性次元において自己を高く評価しようとする心性が反映されているととらえることも可能である。これは、本論文の仮説でもある。したがって、第1章では、特性の抽象性と統制可能性の影響を統制してもなお、能力次元より社会性次元において自己高揚的な評価がなされやすいという傾向（モハメド・アリ効果）がみられるかどうかを確認し、モハメド・アリ効果の背景に所属欲求が関与している可能性を探ることとする。

　ところで、一般に日本人は西洋人に比べて自己高揚バイアスを示しにくいことがこれまで繰り返し指摘されてきた（e.g., Brown & Kobayashi, 2002; Heine & Lehman, 1999; 唐澤, 2001）。平均以上効果についても、日本人の場合、限定された特性においてしか

見出されていない（伊藤, 1999；外山・桜井, 2001；Yik, Bond, & Paulhus, 1998）。たとえば、伊藤（1999, 研究1）では、優しさについては平均以上効果が特性自尊心の高低にかかわらずみられたものの、知性では高特性自尊心者においてしか平均以上効果がみられなかったと報告している。外山・桜井（2001）では、思いやりなどを含む調和性については平均以上効果を見出しているが、頭の回転の速さなどを含む経験への開放性では、平均以上効果とは反対の平均以下効果を見出している。さらに、特性の獲得容易性と平均以上効果の関係を検討した工藤（2004）の結果をみると、平均以上効果（自己高揚的評価）の表れやすい獲得の容易な特性には、"良心的"、"いじわる"といった特性が、平均以上効果の表れにくい獲得が容易でないとされた特性には、"知的"、"頭が悪い"が含まれていた。これらの研究結果を総合すると、日本人の場合、どちらかといえば、社会性次元（優しさ、思いやりなど）では平均以上効果が表れやすいが、能力次元（知的、頭の回転の速さなど）では表れにくいことがうかがえる。このような日本人の傾向は、西洋は相互独立的自己観が優勢であるのに対して日本を含む東洋では相互協調的自己観が優勢であると論じる文化心理学の見地（Markus & Kitayama, 1991）から、日本に特徴的とされる文化が反映された結果と解釈することも可能である。そして、他者との関係性を重視する相互協調的文化の下で、能力次元より社会性次元において自己高揚的評価傾向がみられやすいとすれば、所属欲求説に基づく説明とも整合する。ただし、これら日本人を対象とした研究においては、能力次元と社会性次元を明確に対比させた分析は行われておらず、また、各特性の統制可能性や抽象性の影響を統制したうえでの分析もなされていない。

　上述の議論に基づき、第1章では、二つの実証的研究の結果を報告する。まず、研究1では、自己評価の2次元それぞれに含まれる望ましさの水準の異なる特性を幅広く収集し、各特性の統制可能性と抽象性を考慮したうえで、いずれの次元において平均以上効果がみられやすいかを比較検討した。また、Brown（2012）は、平均以上効果の生起に自己高揚動機が関与していることを示す一つの証拠として、自己が脅威に晒された場合に、この効果が増大することをあげている。そこで、研究2では、自己に脅威が与えられると、そうでない場合に比べ、自己評価の2次元における平均以上効果の出現の様相にどのような変化がみられるかを検討した。

1．研究1

●目的

　研究1の目的は、能力次元より社会性次元において平均以上効果が表れやすいかどう

第1章　自己評価の2次元における自己高揚バイアスの様相　|　*33*

かを検討することである。また、モハメド・アリ効果と称されるこうした傾向が能力次元と社会性次元の諸特性の統制可能性や抽象性の違いにどの程度起因しているのか、これらの要因を統制してもなお、モハメド・アリ効果がみられるかどうかを明らかにする。Alicke（1985）の用いたパラダイムを踏襲し、大学生を対象に望ましさの水準が異なるさまざまな特性について、自分自身と平均的大学生にどのくらいあてはまるかを評定してもらい、両者の評定値の差得点を平均以上効果（自己高揚バイアス）の指標とする。予測は次の通りである。

　　予測1：望ましい特性については、平均的大学生より自分にあてはまり、望ましくない特性については、自分より平均的大学生にあてはまるとする傾向がみられるであろう。
　　予測2：上記の傾向は、能力次元より社会性次元において顕著に認められるであろう。

●方法

〈予備調査1〉

　本調査に使用する特性語の望ましさと統制可能性を測定するため予備調査1を実施した。
　参加者　京都市内にある私立大学の学生52名（女性37名、男性15名）が調査に参加した（平均年齢22.46歳（$SD=4.57$, 20-53））。
　調査手続き　心理学の講義時間の一部を利用して集合状況で質問紙を配布して回答を求めた。質問紙冊子は、順に、回答にあたっての注意事項と年齢と性別の回答欄が記されたフェイスシート、望ましさの評定ページ、統制可能性の評定ページによって構成された。順序効果を相殺するため望ましさと統制可能性の評定順序を入れ替えた質問紙冊子を2種類用意して無作為に配布した。
　特性評定項目　Alicke（1985）で使用された特性語154語を邦訳し、邦訳後の意味が重複するものを除いた93語を予備調査に使用した。望ましさ（一般的な良さ、望ましさ）と統制可能性（一般的な創出しやすさ、変えやすさ）についてそれぞれ7件法（1.非常に悪い〜7.非常に良い、1.非常に統制できない〜7.非常に統制できる）で評定を求めた。
　結果　望ましさは$M=3.96$（$SD=1.85$, 1.89-6.27）、統制可能性は$M=4.05$（$SD=1.77$, 2.06-5.65）となった。本調査用の項目選定のために、まず、特性語の意味がわからないために無回答が多かった2語を除いた。そして、Alicke（1985）のように望ましさ4水準×統制可能性2水準に分割した[1]。計6語を除いた87語を本調査で使用することとした。望ましさと統制可能性の水準ごとの平均値と標準偏差を Table 1.1 に示した

Table 1.1 望ましさと統制可能性の水準ごとの評定値

水準	低	中低	中高	高
望ましさ	2.31 （0.83）	3.20 （0.63）	4.82 （0.49）	5.78 （0.69）
水準ごとの最小値と最大値	1.89　2.48	2.62　3.77	3.86　5.48	5.50　6.27

水準	低	高
統制可能性	3.54 （0.72）	4.56 （0.68）
水準ごとの最小値と最大値	2.06　4.10	4.12　5.65

Note. （ ）内は *SD*。項目数は望ましさの水準高から中低まで 22 項目ずつ、低は 21 項目、統制可能性の水準高が 44 項目、低が 43 項目。

（具体的な項目と評定値は付表1.1に示した）。望ましさと統制可能性の相関は、$r(85)$ = .15（*ns*）となり、Alicke（1985）と同じように両者の独立性が確認された（Alicke（1985）では、望ましさと統制可能性を別々の回答者が評定しているが、両者の相関は、$r(153)$ = − .02 であった）。

〈予備調査 2 〉

予備調査1に基づき、本調査に使用することになった87語の特性語について、抽象性を測定するため予備調査2を実施した。

参加者　大阪市内にある公立大学の学生 35 名（女性 21 名、男性 14 名）が調査に参加した（平均年齢 22.37 歳（*SD* = 2.04, 20-29））。全員心理学を専攻する学生であった。

調査手続き　大学の授業の合間に学生に質問冊子を配布して回答を求めた。質問冊子は、順に、回答にあたっての注意事項と年齢並びに性別の回答欄が記されたフェイスシート、抽象性の評定ページで構成された。特性語の評定順は、能力次元の項目か社会性次元の項目いずれかが2項目以上連続しないように配置した。

抽象性評定項目　本調査と同じ 87 語について評定を求めた。各特性の抽象性について、Dunning et al.（1989）を参考に、特性語が指し示す行為の幅を 7 件法（1. 非常に狭い〜 7. 非常に広い）で評定するよう求めた。

〈本調査〉

参加者　京都市内にある私立大学の学生 76 名（女性 55 名、男性 21 名）が調査に参加した（平均年齢 23.80 歳（*SD* = 9.32, 18-60））。

調査手続き　心理学の講義時間の一部を利用して集合状況で質問紙を配布して回答を求めた。質問冊子の構成は、順に、回答にあたっての注意事項と年齢および性別の回答

欄が記されたフェイスシート、自己へのあてはまりの評定ページ、平均的他者へのあてはまりの評定ページで構成された[2]。自己と平均的他者の評定順序を入れ替えた質問冊子を2種類用意して順序効果のカウンタバランスをはかった。

特性評定項目　予備調査により選択された87語を使用した。自己へのあてはまりと平均的他者へのあてはまりについてそれぞれ7件法（1.非常に当てはまらない〜7.非常に当てはまる）で評定を求めた。平均的他者の表記は"平均"という言葉が否定的な意味を含意する可能性を考慮して"一般的な大学生"とした。

●結果と考察

特性語の分類　本調査で使用した特性語を2次元に分類するにあたり、Wojciszke（2005）とWojciszke et al.（2011）を参考にして、能力次元を自己の well-being に直接的により強く関係する"agency"、社会性次元を他者の well-being により強く関係する"communion"と設定し、筆者と、研究計画を知らない大学院生の協力者が個別に分類を行った。筆者と協力者の分類の一致率は83.91%であった。分類が一致しなかった項目について二人で協議を行い決定した。能力次元は48項目（e.g., 機知に富んだ、無能な）、社会性次元39項目（e.g., 協調的な、不親切な）となった。そして、87の特性語を、予備調査1で得た統制可能性の評定値に基づき、評定値が高いほうの半数の特性語を高統制可能性群、評定値が低いほうの半数の特性語を低統制可能性群の2群に分類した。また、予備調査1で得た望ましさの評定値に基づき、評定値が高いほうから4分の1ずつ特性語を4群（低望ましさ群、中低望ましさ群、中高望ましさ群、高望ましさ群）に分類した。ただ、望ましさの水準によって4群に区切ると、評価次元（能力・社会性）×望ましさ（高・低）×統制可能性（高・低）と3要因の組み合わせによる分類を行った場合は1セルあたりの項目数が2項目と少ないセルが生じたため、分析を行う際は、高望ましさ特性と中高望ましさ特性を高望ましさ特性、低望ましさ特性と中低望ましさ特性を低望ましさ特性としてまとめ2水準に区切ることにした。自己評価の2次元ごとに特性の望ましさと統制可能性の記述統計を Table 1.2 に示した。

分類の妥当性の検討　能力次元と社会性次元の間で、特性の望ましさ、統制可能性それぞれに差がないか確認するために、特性の望ましさ得点について評価次元（能力・社会性）×望ましさ（高・低）、統制可能性得点について評価次元（能力・社会性）×統制可能性（高・低）の分散分析を行った。その結果、特性の望ましさ得点については、望ましさの水準の主効果のみが有意であり（$F(1, 83) = 389.75$, $p < .001$）、低望ましさ特性（$M = 2.73$, $SD = 0.58$）よりも高望ましさ特性（$M = 5.32$, $SD = 0.63$）のほうが望まし

Table 1.2　評価次元ごとの望ましさ、統制可能性、語数

評価次元	社会性次元		能力次元	
望ましさ	3.99（1.49）		4.08（1.40）	
望ましさの水準別	低	高	低	高
	2.77（0.68）	5.41（0.68）	2.69（0.48）	5.26（0.59）
語数	21	18	22	26
統制可能性	4.16（0.71）		4.00（0.62）	
統制可能性の水準別	低	高	低	高
	3.56（0.49）	4.67（0.40）	3.53（0.44）	4.51（0.30）
語数	18	21	25	23

Note. （　）内は *SD*

Table 1.3　評価次元、特性の望ましさの水準および統制可能性の水準ごとの抽象性、語数

評価次元	社会性次元		能力次元	
望ましさ	高		高	
統制可能性	低	高	低	高
語数	8	10	9	17
抽象性	4.52（1.03）	4.69（0.58）	4.39（0.64）	4.25（0.63）
望ましさ	低		低	
統制可能性	低	高	低	高
語数	10	11	16	6
抽象性	3.99（0.45）	3.83（0.60）	4.40（0.53）	3.92（0.85）

Note. （　）内は *SD*

さ得点が高かった。評価次元の主効果および評価次元×望ましさの交互作用は有意ではなかった（$F(1, 83) = 0.75$; $F(1, 83) = 0.06$; いずれも *ns*）。特性の統制可能性についても、統制可能性の水準の主効果のみが有意であり（$F(1, 83) = 141.56$, $p < .001$）、低統制可能性特性（$M = 3.54$, $SD = 0.45$）よりも高統制可能性特性（$M = 4.59$, $SD = 0.34$）のほうが統制可能性が高かった。評価次元の主効果および評価次元×統制可能性の交互作用は有意ではなかった（$F(1, 83) = 1.20$; $F(1, 83) = 0.53$; いずれも *ns*）。よって、能力次元と社会性次元の間で均等に、望ましさ、統制可能性の各水準が区切られていることが示された。

　さらに、本研究で用いた特性語について、予備調査2の結果に基づき、自己評価の2次元、特性の望ましさの水準、特性の統制可能性の水準ごとの抽象性の得点を算出した（Table 1.3）。自己評価の2次元、特性の望ましさの水準、統制可能性の水準による特性の抽象性の差を確認するために、特性の抽象性得点について、評価次元（能力・社会

性）×望ましさ（高・低）×統制可能性（高・低）の分散分析を行った。その結果、望ましさの水準の主効果が有意であり（$F(1, 79) = 8.52, p < .01$）、低望ましさ特性（$M = 4.09, SD = 0.61$）よりも高望ましさ特性（$M = 4.43, SD = 0.71$）のほうが抽象性が高かった。また、評価次元×望ましさの交互作用が有意傾向だったので（$F(1, 79) = 3.34, p < .10$）、参考までに単純主効果を検討した結果、社会性次元における望ましさの単純主効果のみが有意であり（$F(1, 79) = 11.03, p < .01$）、低望ましさ特性（$M = 3.91, SD = 0.53$）よりも高望ましさ特性（$M = 4.62, SD = 0.79$）のほうが抽象性が高かった（他の単純主効果については $F(1, 79) = 0.61; F(1, 79) = 1.40; F(1, 79) = 1.97;$ いずれも ns）。その他に有意な主効果、交互作用はみられなかった（$F(1, 79) = 0.02; F(1, 79) = 1.09; F(1, 79) = 1.14; F(1, 79) = 1.30; F(1, 79) = 0.00;$ いずれも ns）。しかし、評価次元の主効果が有意ではなかったことから、本研究で用いた特性の抽象性に能力次元と社会性次元の間に全体として差はないといえる。

特性語の属性間の相関分析　特性語の属性の間に相関がみられるか検討した。望ましさと統制可能性の相関は、能力次元が $r(47) = .14$（ns）、社会性次元が $r(38) = .14$（ns）となり、両者の独立性が示された。抽象性と望ましさ、抽象性と統制可能性のそれぞれの相関関係は、能力次元では抽象性と望ましさが $r(47) = .04$（ns）、抽象性と統制可能性が $r(47) = -.03$（ns）となり、抽象性は望ましさと統制可能性とは独立であることが示された。社会性次元では抽象性と望ましさが $r(47) = .43$（$p < .01$）、抽象性と統制可能性が $r(47) = .22$（ns）となり、抽象性と望ましさの間にのみ中程度の相関が示され、抽象性と統制可能性の間では独立性が示された。相関関係の分析結果が示すように、社会性次元では特性の望ましさと抽象性に中程度の相関が示された一方、能力次元では特性の望ましさと抽象性に有意な相関関係は認められなかった。Van Lange & Sedikides（1998）では道徳性についてのみ、望ましさと統制可能性（$r(156) = .30$）、統制可能性と検証可能性（$r(156) = .34$）の間に有意な相関関係が認められている。Dunning et al.（1989, Study 1）では自己評価の2次元は区別されていないが、特性の望ましさと抽象性を同一の調査対象者が回答しているにもかかわらず、特性の望ましさと抽象性に有意な共変関係は認められていないのに対して、特性の望ましさと抽象性を別々の調査対象者が回答した本研究では、自己評価の2次元をまとめた場合、$r(86) = .24, p < .05$ と有意な正の相関がみられた。他方、本研究では特性の統制可能性と抽象性には評価次元にかかわらず有意な相関関係は認められなかった。このように、用いられる特性により、その属性間の関係がいくらか異なることが示唆された。

Alicke（1985）との比較　仮説を検討する前に、本研究の結果と Alicke（1985）の

Table 1.4 評価次元ごとの抽象性、語数

評価次元	社会性次元		能力次元	
抽象性	4.24 (0.74)		4.29 (0.63)	
抽象性の水準別	低	高	低	高
	3.73 (0.40)	4.96 (0.47)	3.76 (0.39)	4.77 (0.35)
語数	23	16	23	25

Note. (　) 内は SD

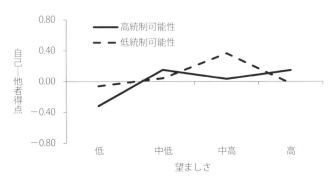

Figure 1.1　特性の望ましさと統制可能性水準ごとの自己－他者得点

結果を比較して、自己高揚バイアスの表れについて両者の異同を確認することにした。能力次元と社会性次元を込みにし、また、望ましさの水準は Alicke (1985) に倣い4水準とした。自己の評定値と平均的他者の評定値を望ましさと統制可能性の水準別に Table 1.4 に示した。自己の評定値から平均的他者の評定値を引いた自己－他者得点を算出し、その得点を従属変数として、望ましさ（高望ましさ・中高望ましさ・中低望ましさ・低望ましさ）×統制可能性（高統制可能性・低統制可能性）の分散分析を行った（Figure 1.1）。その結果、望ましさの主効果（$F(3, 225) = 6.27$, $p < .001$）、統制可能性の主効果（$F(1, 75) = 5.09$, $p < .05$）、望ましさ×統制可能性の交互作用（$F(3, 225) = 13.38$, $p < .001$）のいずれも有意だったため、望ましさ×統制可能性の交互作用について下位検定を行った（望ましさ間の多重比較は Bonferroni 法による）。まず、統制可能性の水準ごとにみると、高統制可能性特性について望ましさの単純主効果が有意であった（$F(3, 450) = 8.83$, $p < .001$）。望ましさ水準間の多重比較の結果は、高望ましさ特性が低望ましさ特性よりも自己－他者得点が高く（$p < .001$）、中高望ましさ特性も低望ましさ特性よりも自己－他者得点が高く（$p < .01$）、そして中低望ましさ特性が低望ましさ特性よりも自己－他者得点が高かった（$p < .001$）。すなわち特性の統制可能性が高い場合、

自己－他者得点は低望ましさ特性で他の望ましさ水準の特性よりも低くなっていた。その他に有意な差はみられなかった。低統制可能性特性についても望ましさの単純主効果が有意であり（$F(3, 450) = 6.81$, $p < .001$）、望ましさ水準間の多重比較の結果は、中高望ましさ特性が、高望ましさ特性（$p < .01$）、中低望ましさ特性（$p < .05$）、低望ましさ特性（$p < .001$）のいずれよりも自己－他者得点が高かった。その他の組合せに有意な差はみられなかった。次に望ましさの水準ごとにみると、まず、高望ましさ特性について統制可能性の単純主効果が有意であり（$F(3, 300) = 6.35$, $p < .05$）、低統制可能性特性よりも高統制可能性特性のほうが自己－他者得点が高かった。中高望ましさ特性についても統制可能性の単純主効果が有意であったが（$F(3, 300) = 22.95$, $p < .001$）、予測とは反対に高統制可能性特性よりも低統制可能性特性のほうが自己－他者得点が高かった。中低望ましさ特性については統制可能性の単純主効果が有意ではなかった（$F(3, 300) = 2.56$, ns）。低望ましさ特性については統制可能性の単純主効果が有意であり（$F(3, 300) = 13.81$, $p < .001$）、予測と一致して低統制可能性特性よりも高統制可能性特性のほうが自己－他者得点が低かった。

　したがって、自己－他者得点が、高望ましさ特性について低統制可能性特性よりも高統制可能性特性のほうが高く、低望ましさ特性については低統制可能性特性よりも高統制可能性特性のほうが低いという点は Alicke（1985）と類似していた。しかし、Alicke（1985）にみられたような、望ましい特性ほど平均的他者よりも自己に、望ましくない特性ほど自己より平均的他者にあてはまり、統制可能性が高い場合にその傾向が強まるという直線的な関係はみられなかった。まず、高統制可能性の中低望ましさ特性が、高統制可能性の高望ましさ特性と同程度に自己－他者得点が高く、低統制可能性の中低望ましさ特性と差がみられなかった。この点だけならば、Alicke（1985）に比べて望ましさが高い側に偏った特性が用いられたためとも考えうる。しかし、特性の望ましさによって自己－他者得点が直線的に変化していない点は、特性語の偏りでは説明できない。中低望ましさ特性の結果については、日本人が西洋人（e.g., アメリカ人）よりも示しやすい自己卑下的傾向（e.g., Heine & Lehman, 1999; 唐澤, 2001）の表れと考えるべきかもしれない。また、中高望ましさ特性について、低統制可能性特性よりも高統制可能性特性のほうが自己－他者得点が低いという点は Alicke（1985）と一致していても、低統制可能性の場合に中高望ましさ特性が高望ましさ特性よりも自己－他者得点が高いという点が異なった。総じてみると、低望ましさ特性と高望ましさ特性については自己高揚バイアスが明確にみられたといえる。そして、中高望ましさ特性について高統制可能性の場合よりも低統制可能性の場合に自己が平均的他者よりもあてはまっているとする点は、

Table 1.5 評価次元ごとの自己・他者評定値

評価次元	社会性次元		能力次元	
統制可能性	高		高	
望ましさ	低	高	低	高
自己	3.85 (0.79)	4.54 (0.68)	4.12 (0.74)	4.20 (0.55)
平均的他者	4.01 (0.64)	4.34 (0.60)	4.09 (0.69)	4.17 (0.49)
統制可能性	低		低	
望ましさ	低	高	低	高
自己	4.00 (0.78)	4.57 (0.60)	4.24 (0.71)	4.24 (0.61)
平均的他者	4.01 (0.66)	4.39 (0.56)	4.19 (0.60)	4.15 (0.62)

Note. （ ）内は SD

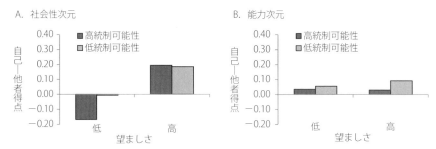

Figure 1.2　評価次元、特性の望ましさ、統制可能性水準ごとの自己－他者得点

日本人に固有の自己卑下と自己高揚の複合した複雑な表れであるのかもしれない。日本人は、やや望ましい特性は他者より自分のほうに備わっているが、それは自分の努力によるものではなく運などによるものであると謙遜していることがうかがえるからである。

モハメド・アリ効果の検討　能力次元よりも社会性次元で自己高揚バイアスが表れやすいモハメド・アリ効果がみられるとする仮説1を検討した。仮説1の検討にあたっては、望ましさの水準は2水準にまとめた。自己の評定値と平均的他者の評定値を自己評価の2次元ごとに、望ましさと統制可能性の水準別に Table 1.5 に示した。自己－他者得点を標準化した得点について評価次元（能力・社会性）×望ましさ（高・低）×統制可能性（高・低）の3要因分散分析を行った（Figure 1.2）。その結果、評価次元×望ましさの交互作用が有意（$F(1, 75) = 10.33, p < .01$）、そして評価次元×望ましさ×統制可能性の2次の交互作用が有意傾向となった（$F(1, 75) = 3.78, p < .10$）。他の主効果および交互作用は有意ではなかった（$F(1, 75) = 2.21; F(1, 75) = 2.75; F(1, 75) = 0.00; F(1, 75) = 1.30; F(1, 75) = 0.34; F(1, 75) = 0.78$; いずれも ns）。そこで、有意傾向で

はあるが、2次の交互作用について下位検定を行った。まず、社会性次元（Figure 1.2.A）について望ましさ×統制可能性の単純交互作用が有意傾向だった（$F(1, 150) = 3.52, p < .10$）。社会性次元の高統制可能性特性について望ましさ水準の単純・単純主効果が有意であり（$F(1, 300) = 9.78, p < .01$）、高望ましさ特性について平均的他者より自己のあてはまりが高く（$M = 0.19, SD = 0.62$）、低望ましさ特性については反対に自己より平均的他者のあてはまりが高かった（$M = -0.17, SD = 0.62$）。低統制可能性特性において望ましさ水準の単純・単純主効果は有意傾向であり（$F(1, 300) = 2.74, p < .10$）、高統制可能性特性における望ましさ水準の効果ほどの差はみられなかった（高望ましさ特性 $M = 0.19, SD = 0.48$; 低望ましさ特性 $M = -0.01, SD = 0.70$）。そして、高望ましさ特性における統制可能性の単純・単純主効果は有意ではなかったが（$F(1, 300) = 0.02, ns$）、低望ましさ特性では統制可能性の単純・単純主効果が有意であり（$F(1, 300) = 6.18, p < .05$）、低統制可能性特性よりも高統制可能性特性のほうが自己よりも平均的他者にあてはまると評価された。よって、社会性次元では、低統制可能性特性よりも高統制可能性特性において、望ましい特性は平均的他者よりも自己に、望ましくない特性は自己よりも平均的他者にあてはまるという自己高揚バイアスとしての平均以上効果が生起していることが示唆された。一方、能力次元（Figure 1.2.B）は社会性次元に比べて自己と平均的他者の差が総じて小さく、望ましさと統制可能性の単純交互作用も有意ではなかった（$F(1, 150) = 0.21, ns$; 高統制可能性・高望ましさ特性 $M = 0.30, SD = 0.61$; 高統制可能性・低望ましさ特性 $M = 0.04, SD = 0.70$; 低統制可能性・高望ましさ特性 $M = 0.09, SD = 0.66$; 低統制可能性・低望ましさ特性 $M = 0.06, SD = 0.64$）。この結果は、能力次元よりも社会性次元で自己高揚バイアスがみられやすいという仮説1が支持されることを示唆している。

　知性と道徳性に限らない幅広い特性について、行動の頻度評定ではなく特性評定を指標とした場合にも、能力次元と社会性次元の2次元間に自己高揚バイアスの表れに差があることが確認されたことは、Allison et al.（1989）がモハメド・アリ効果と称した、社会性次元のほうが能力次元に比べて自己高揚バイアスが示されやすいという現象が、比較的一般性の高い傾向であることが示されたといえる。また、これまで日本人を対象とした研究において、能力次元に含まれるとみなされる特性より社会性次元に含まれると考えられる特性において平均以上効果がみられやすいという、散発的に報告されていた傾向が比較的頑健で一般化可能性の高いものであることが改めて示されたことになる。

　より重要なことは、研究1の調査に用いた諸特性の望ましさ、統制可能性、および抽象性に関して、能力次元と社会性次元の間に差がなかった点である。すなわち、能力次

元に比べ社会性次元において自己高揚的バイアスが表れやすかったのは、少なくとも、社会性次元の諸特性が、能力次元の諸特性に比べて、総じて望ましさが高かったからではなく、また、統制可能性や抽象性が高かったからでもないことが推察される。ただし、社会性次元では抽象性と望ましさの間に正の相関関係がみられたのに、能力次元でみられなかった点は留意する必要があろう。なぜなら、これは、社会性次元の場合、能力次元に比べ、望ましい特性のなかに抽象性の高い特性が含まれている比率が高いことを意味し、その結果、望ましい特性において自己高揚バイアスが生起しやすかったとも考えられるからである。しかし、両者に相関がみられたことは、一方で、望ましくない特性に抽象性の低い特性が含まれている比率が高いことを意味し、その場合は、社会性次元では望ましくない特性において自己高揚バイアスは生起しにくくなると考えられる。しかし、結果は、望ましくない特性においても、能力次元より社会性次元のほうが、自己高揚バイアスはよりはっきりと生起していた。本研究においてみられたモハメド・アリ効果の生起には、抽象性はあまり関係していないといえる。これらは、社会性次元の諸特性が、所属欲求の充足に直接かかわるゆえに自己高揚バイアスが示されやすいという本論文の仮説を間接的に支持するものととらえられる。

●結論

　従来、日本人は自己高揚動機が弱いことが指摘されており、平均以上効果もみられにくいことが予想された。実際、Alicke（1985）の結果と本研究の結果を比較したところ、日本の大学生を対象とした本研究の場合、自己高揚的評価傾向は西欧の大学生を対象としたAlicke（1985）の場合ほど、明確には認められなかった。しかしながら、特性語を自己評価の2次元に分けて分析したところ、自己卑下傾向がみられやすい日本人においても、モハメド・アリ効果自体は比較的明確に認められた。このことは、能力次元よりも社会性次元に自己高揚バイアスが表れやすいという心的機構の通文化的普遍性を示唆するといえるだろう。

　最後に、本研究の限界と今後の課題について述べる。本研究で用いた特性語はAlicke（1985）で用いられた154語の特性語を和訳し、その約半数の87語に絞り込んで使用している。本研究の結果の一般性を確認するためには、特性語の数をさらに増やし、満遍なく幅広い特性について望ましさ、統制可能性、抽象性を測定したうえで検討を加える必要があるだろう。また、自己評価の2次元の分類は調査者と協力者による質的な判断に基づいている。分類基準の客観性を高めるためには、各特性がどのくらい能力次元や社会性次元に関連しているか、多数の回答者に評定を求め、その結果得られた数値デー

タに基づき分類することが求められる。調査対象者数について、Alicke（1985）では88名、Allison et al.（1989）では、Study 1 が 112 名、Study 2 が 122 名、Van Lange & Sedikides（1998）では 156 名であったのに対し、本研究の本調査対象者は 76 名と比較的少数であった。したがって、対象をより多くの、そして大学生に限定されない幅広い年齢層の人々に広げて、調査を実施すべきであろう。さらに、モハメド・アリ効果をもたらす心的機構に通文化的普遍性があると結論づけるには、複数の文化間の直接的な比較を行う必要があろう。

2．研究2

●目的と仮説

研究1では、自己評価の2次元における自己高揚バイアスが、能力次元よりも社会性次元で表れやすく、それがある程度の一般性をもつことが認められた。平均以上効果をめぐるもっとも重要な論点は、この効果のもつ適応的意義に関するものであろう。序章で述べたように、Taylor & Brown（1988）は、平均以上効果を含むポジティブ・イリュージョン全般を、自己高揚動機の発露ととらえ、精神的健康（well-being）の維持に資するものであると述べている（Taylor & Brown, 1994; 遠藤，1995 も参照）。事実、平均以上効果は特性自尊心の高い人ほど認められやすく（Brown, 1986; Suls, Lemos, & Stewart, 2002; 伊藤，1999）、抑うつ傾向の高い人には表れにくいといった知見がある（Tabachinik, Crocke, & Alloy, 1983）。ただし、平均以上効果については、必ずしもそれが自己高揚動機を反映しているとは限らず、非動機的要因によって解釈可能であるとする論者も多い（e.g., Klar, 2002; Kruger, 1999; 工藤，2004; Weinstein, 1980; Windschitl, Kruger & Simms, 2003）。しかしながら、いずれの主張も、非動機的要因によっても平均以上効果が生起する可能性を指摘しているのであって、平均以上効果の生起機序に自己高揚動機が関与している可能性を否定したり、その適応的意義をただちに覆したりするものではないと考えられる（cf. Alicke & Govorun, 2005; Chambers & Windschitl, 2004）。

けれども、平均以上効果を自己高揚動機の表れとみなし、その適応的意義を主張する研究は、主に横断研究によって平均以上効果と抑うつやストレスなどの精神的健康の指標との相関を検討するか（e.g., Tabachnik, Crocker, & Alloy, 1983; Taylor et al., 2003; 外山・桜井，2000）、縦断研究によって平均以上効果の精神的健康への予測力を検討しているものが多い（Zuckerman & O'Loughlin, 2006）。そのため、観察された平均以上効果が、自己高揚動機の表れであるのか、それとも、適応や精神的健康の状態の良さを

反映した結果として生じた平均以上効果であるのかを区別できていない。たとえば、Taylor & Brown（1988）は、ポジティブ・イリュージョンが適応的であるとする根拠の一つに、自己を肯定的に見なす癌患者は癌にうまく対処できたという研究結果（Taylor, 1983）を挙げている。このことは癌の発症という苦境に陥ってもなお生起する平均以上効果こそが適応をもたらす可能性を含意していると考えられる。だが、これまでの研究は、この点を考慮した検討が十分なされていない。平均以上効果が自己高揚動機によって引き起こされ適応や精神的健康をもたらすならば、低下した自己評価を再び高揚させうる心理的レジリエンス（弾力性）が必要と考えられる。つまり、何らかの脅威にさらされ自己高揚動機（i.e., 自己防衛動機）が喚起されたときの平均以上効果について検討しなければ、その適応的意義が十分に検討されたとは言えない。既述したように、Brown（2012）は、平均以上効果の生起に自己高揚動機が関与していることを示す一つの証拠として、自己が脅威に晒された場合に、この効果が増大することをあげている。

　そこで、研究2では、自己が脅威に晒されたとき（i.e., 自尊心が低下するような自我脅威状況に置かれたとき）も同様に、あるいはそれ以上に、能力次元より社会性次元において平均以上効果が生起しやすくなるかを実験的に検討し、自己防衛方略において自己評価の2次元が果たす機能的差異を明らかにする。

　本研究では、自我脅威をもたらすために、抑うつ気分と想起バイアスの関係における自己注目の役割を検討したPyszczynski, Hamilton, Herring, & Greenberng（1989）の知見から示唆を得て、自己の否定的側面に注目させる方法を用いた。その際、脅威の内容を自己評価の特定の次元に限定することなく、自己全般に及ぶように留意した。脅威が自己評価の2次元のいずれかに対応する場合、その脅威と同じ領域では対処を行いにくくなると考えられるからである。脅威の内容が特定の次元に限定されなければ、限定される場合に比べて、脅威に対処する自己評価の次元の選択の幅が広がり、評価次元本来の性質（基準の曖昧さ、所属欲求との関連性等）に基づき、対処を行いやすい次元が選択されると予測できる。

　ところで、本研究のように自我脅威を与え状態自尊心を低下させる方法は、気分の悪化を伴う。一般に、気分の影響を検討した研究では、気分と一致する方向に思考や判断が変化する気分一致効果が生起しやすいことが知られている（Bower, 1981）。しかし、否定的気分が喚起されたときは、気分修復動機が喚起され、気分と反対方向に認知や行動が変化する気分不一致効果が生起する場合がある（Clark & Isen, 1982）。

　これまで示されてきたように、能力次元よりも社会性次元のほうが自己高揚バイアスを表しやすい。それは社会性次元が能力次元よりも評価基準が曖昧であるため自己につ

いて肯定的な解釈を行いやすくするからだとも考えられる。そのため、自我脅威により否定的な気分に陥ったときも社会性次元のほうが自己を肯定的に再解釈する枠組みを提供しやすいと考えられる。要するに、否定的気分からの脱却という自己防衛においても能力次元よりも社会性次元のほうが対処を行いやすいといえよう。したがって、気分不一致効果は社会性次元でみられやすく、能力次元ではむしろ気分に一致する望ましくない情報が想起されやすくなるために（Bower, 1981）、自己評価が低下するのではないかと予想される。

　本実験では自我脅威を生じる条件として否定的気分条件、統制（対照）条件として気分操作を行わない中性気分条件、さらに自己高揚的気分に誘導する肯定的気分条件を設けた。肯定的気分条件では、気分に一致する望ましい情報が想起されやすくなる気分一致効果（Bower, 1981）により、中性条件に比べ社会性次元でも能力次元でも自己評価が高まると考えられる。肯定的気分条件でも気分不一致効果が生じる可能性も考えうるが（榊, 2006）、自発的な反応にみられる気分不一致効果は、肯定的気分よりも否定的気分のときに生じやすいとの指摘もあり（Erber & Erber, 1994）、肯定的気分では気分一致効果のほうが表れやすいと考えた。つまり肯定的気分条件では気分一致効果によって、そして否定的気分条件では気分不一致効果によって、社会性次元において自己評価の高揚がみられると予測できる。したがって、第1の仮説は次のとおりとした。社会性次元では、否定的気分条件と肯定的気分条件において中性気分条件よりも自己評価が高くなり、能力次元では、否定的気分条件では中性気分条件より自己評価が低く、肯定的気分条件では中性気分条件より自己評価が高くなる。

　また、序章でも述べたように、特性自尊心の低い者より高い者のほうが、自我脅威に対して積極的に対処することが知られている。したがって、特性自尊心の水準の高い者のほうが否定的気分条件における防衛的反応を示しやすいと考えられる。もっとも、低自尊心者の場合、脅威と直接関係しない次元において自己を高揚させる間接的な対処方略を取る傾向にあることが指摘されており、その観点から考えると低自尊心者も脅威にさらされていない次元で補償的に自己高揚を示すこともありうる。しかし、本研究では、脅威を与える次元が全般にわたるため、脅威を受けない次元が少なく、間接的な対処方略を取る可能性が低い。よって、第2の仮説は次のとおりとした。第1の仮説で述べた気分条件間の違いは、低特性自尊心者よりも高特性自尊心者にみられやすい。

　上述したように、本研究では自我脅威の水準を操作するために、Pyszczynski et al.（1989）を参考に、自己に注目する自己焦点化を伴う課題を考案して用いた。脅威を生じる否定的気分条件では自己の否定的な側面について記述してもらった。比較のために

設けた肯定的気分条件では自己の肯定的な側面について記述してもらい、中性気分条件では自己について特に記述を求めなかった。要因計画は評価次元（能力・社会性）×気分（否定的・中性・肯定的）×特性自尊心（連続変量）であり、評価次元は参加者内要因、気分条件は参加者間要因だった。自己防衛方略が用いられたことを示す指標は研究1と同様に平均以上効果とした。

　なお、気分の影響は他者評価にも及ぶ可能性がある。Forgas & Bower（1987）は、参加者に心理テストと称する課題を実施し、結果の良否について偽のフィードバックを与えることによって気分を操作した上で、架空の人物の特徴を記述した文章を提示し印象判断を求めた。その結果、他者の評価において気分一致効果が生じることを確認している。また、Ikegami（2002a）も、自己の肯定的側面に注目することによって喚起された自己高揚的気分が、架空の人物の評価を肯定的にすることを示している。その一方で、Ikegami（2002b）では、自己の否定的側面に注目することによって喚起された自己卑下的気分は、必ずしも他者の否定的評価に結びつかないことが明らかになっている。これらのことをふまえると、平均的他者の評価自体が気分の影響を受け、仮説に沿うような形で平均以上効果が検出されにくくなる可能性も考えられる。しかし、Guenther & Alicke（2010）は、自他を比較する場面では、平均的他者の評価は自己防衛動機に応じて自己をより望ましく位置づける方向に、つまり望ましい特性ならば自己の評価に平均的他者の評価をあまり接近させないように調整されると述べている。したがって、少なくとも否定的気分条件における社会性次元での評価は、自己防衛動機に基づく平均以上効果の増大がみられることが予想できよう。

　以下に研究2の仮説を再掲する。

　　仮説1：社会性次元では、否定的気分条件と肯定的気分条件において中性気分条件
　　　　　　より自己評価が高くなり、能力次元では、否定的気分条件は中性気分条件
　　　　　　より自己評価が低くなり、肯定的気分条件では中性気分条件より自己評価
　　　　　　が高くなる。

　　仮説2：仮説1で述べた気分条件間の違いは、低特性自尊心者よりも高特性自尊心
　　　　　　者において明確にみられやすい。

● **方法**

　参加者　西宮市内にある私立大学の学生107名（女性のみ）が実験に参加した（平均年齢19.82歳（$SD = 0.60$, 19-22））。

　手続き　心理学の講義時間の一部を利用して集合状況で質問紙実験を実施した。実験

の実施は、当該授業の担当者である実験協力者が実施した。回答にあたっての注意と年齢及び性別の回答欄が設けられたフェイスシート、気分を操作するために構成されたページ、各特性項目について自己へのあてはまりと平均的他者（"平均的大学生"）へのあてはまりの評定を求めるページで構成される実験用冊子を用意し、気分条件の割り当てがランダムになるように配布して回答を求めた。否定的気分条件では"私の短所は"、"私の嫌いなものは"、"私の将来に関する不安は"、"私の一番つらく感じる（感じた）ことは"に続く自己についての記述を求めた。肯定的条件では"私の長所は"、"私の好きなものは"、"私の将来に関する夢は"、"私の一番楽しく感じる（感じた）ことは"に続く自己についての記述を求めた。中性気分条件の参加者は自己についての記述を求めなかった。自己と平均的他者の評定順は自己、平均的他者の順とし、項目ごとにその評定欄である数直線を左から自己、平均的他者の順で併記した。特性自尊心は実験を行う1週間前の講義時に集合状況で測定した。

特性自尊心尺度　Rosenberg（1965）のSelf-Esteem Scaleの日本語版である自尊感情尺度（押見，1992）の10項目を使用した。各項目について自己へのあてはまりを4件法（1. 全くあてはまらない〜4. 非常にあてはまる）で評定を求めた。

評定項目　伊藤（1999）でも使用された、自己認知の諸側面（山本・松井・山成，1982）のうち"性"の側面を除いた10側面にわたる32項目を使用した。いずれの側面も大学生に重視される望ましい側面を表す。このうち、分析に用いたのは"知性"、"優しさ"、"社交"の3側面であり、残りの7側面はダミー項目とした。自己へのあてはまりと平均的他者へのあてはまりをそれぞれ7件法（1. 非常に当てはまらない〜7. 非常に当てはまる）で評定を求めた。

●結果と考察

気分の影響　"優しさ"と"社交"の評点を合成して社会性次元の評価の指標とした。能力次元の評価の指標は、"知性"の評点を用いた。能力次元と社会性次元における、自己の項目平均評定値と平均的他者の項目平均評定値を気分条件別にTable 2.1に示した。仮説1を検討するため、自己の評定値から平均的他者の評定値を引いた自己−他者得点を標準化した得点を算出し（Figure 2.1）、その得点を従属変数として評価次元（能力・社会性）×気分条件（否定的・中性・肯定的）の2要因分散分析を行った。その結果、気分条件の主効果（$F(1, 104)=1.27$, ns）、評価次元の主効果（$F(1, 104)=0.00$, ns）、気分×評価次元の交互作用（$F(2, 104)=0.94$, ns）のいずれもが有意ではなかった。したがって、自己評価の次元にかかわらず自己−他者得点に有意な気分の影響は認められ

Table 2.1 側面ごとの自己と平均的他者条件別評定値

評価対象	否定的 $N=34$	気分条件 中性 $N=35$	肯定的 $N=38$	信頼性 α
		能力次元（知性）		
自己	3.50 (1.10)	3.52 (1.07)	3.77 (1.07)	.75
平均的他者	4.07 (0.70)	3.98 (0.65)	4.18 (0.67)	.68
		社会性次元（優しさと社交）		
自己	3.74 (0.82)	3.78 (0.88)	4.20 (0.91)	.75
平均的他者	4.55 (0.39)	4.61 (0.55)	4.62 (0.49)	.58
		優しさ		
自己	4.22 (0.96)	4.18 (1.12)	4.61 (0.94)	.71
平均的他者	4.30 (0.44)	4.33 (0.63)	4.45 (0.75)	.48
		社交		
自己	3.26 (1.11)	3.39 (1.10)	3.79 (1.21)	.74
平均的他者	4.80 (0.56)	4.89 (0.67)	4.78 (0.62)	.61

Note. （ ）内は SD

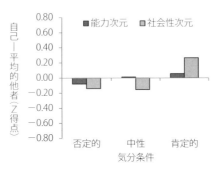

Figure 2.1 評価次元、気分条件ごとの自己－他者得点

ず、仮説1は支持されなかった。

特性自尊心得点　特性自尊心を考慮した分析は、測定を行う日の授業に欠席した1名（肯定的気分条件）を除いた106名について行った。特性自尊心尺度の合計評定値を項目数で割った項目平均値を特性自尊心得点とした（$M=2.30, SD=0.54$）。特性自尊心尺度への回答は授業の一環として行い、10項目の回答の合計値のみを提出してもらったため、尺度の信頼性は算出できない。そこで、仮説2を検討するための特性自尊心を含めた分析は参考としての報告とする。

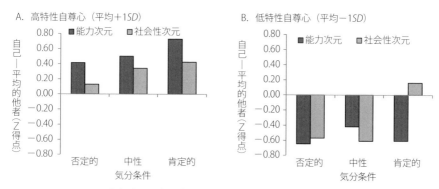

Figure 2.2 評価次元、気分条件、特性自尊心の水準ごとの自己−他者得点

特性自尊心を考慮した気分の影響 仮説2を検討するため、標準化した自己−他者得点（Figure 2.2）を従属変数として、評価次元（能力・社会性）×気分（否定的・中性・肯定的）×特性自尊心（連続変量、平均値により中心化）の一般線形モデルによる分析を行った。その結果、気分条件の主効果（$F(1, 100) = 2.23, ns$）、評価次元の主効果（$F(1, 100) = 0.00, ns$）、気分条件×評価次元の交互作用（$F(2, 100) = 1.13, ns$）、気分条件×評価次元×特性自尊心の交互作用（$F(2, 100) = 2.00, ns$）が有意ではなく、特性自尊心の主効果が有意（$F(1, 100) = 46.87, p < .001$）、評価次元×特性自尊心の交互作用が有意傾向だった（$F(1, 100) = 3.51, p < .10$）。気分条件×評価次元×特性自尊心の交互作用が有意ではなかったため、仮説2は支持されなかった。

仮説は支持されなかったが、評価次元×特性自尊心の交互作用が有意傾向だったので、特性自尊心と自己評価の2次元の関係を検討するため、参考までに下位検定を行った。その結果、特性自尊心の水準ごと（平均±1SD）の次元の違いによる単純主効果は有意ではなかったが（$F(1, 100) = 1.80, ns; F(1, 100) = 1.74, ns$）、能力次元において特性自尊心の水準による単純主効果（$F(1, 200) = 40.18, p < .001$）が有意であり、特性自尊心が高い場合（平均+1SD: $\hat{M} = 0.55$）のほうが低い場合（平均−1SD: $\hat{M} = −0.56$）よりも自己−他者得点が高かった。また、社会性次元においても特性尊心の水準による単純主効果（$F(1, 200) = 14.68, p < .001$）が有意であり、特性自尊心が高い場合（平均+1SD: $\hat{M} = 0.33$）は低い場合（平均−1SD: $\hat{M} = −0.34$）よりも自己−他者得点が高かった。以上、下位検定の結果は、能力次元と社会性次元のいずれにおいても、高特性自尊心者のほうが低自尊心者に比べ、自己高揚的評価を行うことを示すものであったが、交互作用効果が有意傾向であったことからわかるように、自尊心の水準による違いは、ど

ちらかといえば、社会性次元より能力次元において明瞭に認められる。

この結果は、研究1で言及した、特性自尊心の高さには社会性次元ではなく能力次元の自己評価の高さが寄与するというAOC効果を反映したものと考えられる。能力次元は社会性次元よりも特性自尊心に強く寄与するために、その裏返しとして特性自尊心の高低による違いが、社会性次元よりも能力次元で強く表れやすいという傾向が示唆されたのではないかと考えられる。ただし、本実験の参加者について特性自尊心尺度の信頼性を確認できていないため、特性自尊心の影響については改めて検討が必要だろう。

●結論

特性自尊心の水準を考慮しても、予測したような社会性次元における気分不一致効果はみられなかった。その理由は、次のように考えられる。まず、分析結果において気分条件の主効果や気分条件の要因を含む交互作用がみられなかったことから、気分操作の影響が気分による差を検討するには十分ではなかった可能性がある。もう一つの可能性として、本実験では脅威の次元を特定せずに効果の検討を行ったことが影響した可能性も推測される。元来、気分不一致効果の生起には、気分の影響が及んでいない自己の側面が存在することが必要であるが、否定的気分が自己防衛を行いやすいと考えられた社会性次元にも自己評価を低下させる気分の影響がもたらされ、防衛的反応と拮抗したのかもしれない。

一方、能力次元においても予測したような気分一致効果が認められなかった。これは、能力次元は抽象性が低く、評価基準が客観的で明確であるがゆえに、漠然とした気分に影響されにくかったのかもしれない。なお、今回、実験参加者が女性のみであった点についても考慮する必要があるかもしれない。しかし、本研究と同じ自己側面について特性自尊心を考慮した調査研究を行った伊藤（1999, 研究1）では、平均以上効果と性別の交互作用効果がみられたのは "スポーツ" と "生き方" のみであり、本研究で対象とした知性、優しさ、社交では認められていない。したがって、今回の結果が女性に固有の結果であるとは考えにくい。

以上のように、研究2では、自我脅威状況下での自己防衛方略における自己評価の2次元が果たす機能の差異を十分に明らかにできなかった。特性自尊心の水準が社会性次元より能力次元の自己評価と関連するといった両次元間の差異は示唆されたが、本実験における特性自尊心尺度の信頼性は不明であり、さらなる検討を要する。また、優しさの平均的他者評定について、信頼性が$\alpha = .48$と低かったことも改善の必要がある。しかし、最も再考が必要なのは脅威の操作と考えられる。Brown & Smart（1991）などに代

表されるように自我脅威状況下での自己防衛的補償反応を検討した研究では、与えられる脅威が能力次元や社会性次元など、ある程度領域が特定されている場合が少なくない。脅威に対して対処するためには、脅威の影響を受けていない自己の領域が保持されていることが前提条件として必要なのかもしれない。本研究のように脅威がすべての次元に及ぶ可能性のある脅威操作を行うと、対処のための心的資源を得ることが困難になり自己防衛反応が生起しなくなる恐れがある。加えて、個人によって、脅威を受けた自己の領域が異なり、対処を行う次元がまちまちになる点も結果を曖昧にする一因となろう。

　そこで次章では、能力次元と社会性次元のうちいずれか一方の自己評価次元に対応する脅威を与える実験を行い、他方の次元での補償反応の生起の様相を検討し、自己防衛方略における自己評価の2次元が果たす機能の差異を明らかにする。

第1章　注

1) 分割の基準は語数で等分し、できるだけ多くの項目を用いるために Alicke（1985）では除かれていた統制可能性の中程度の特性語も含めることにした。肯定語とその否定語（対義語ではない語　e.g., 倫理的な・非倫理的な、ユーモアのある・ユーモアのない）の両方がある語は語数がより多いカテゴリから除いた。この基準により4語が除かれた。

2) この後に自尊心について測定する尺度のページがあったが、分析には用いないため報告は割愛する。

第1章 Appendix A

付表 1.1.a　特性項目の分類と性質の平均値

社会性次元

高望ましさ・高統制可能性

	望ましさ	統制可能性	抽象性
協調的な	5.50	5.27	5.40
誠実な	6.20	4.46	3.80
礼儀正しい	6.10	5.65	3.83
ほがらかな	6.17	4.56	5.20
厳しい	4.33	4.69	4.23
思いやりのある	6.27	4.87	5.06
我慢強い	5.48	4.71	5.00
きれい好きな	5.04	4.29	4.43
友好的な	5.79	5.25	5.00
公正な	5.60	4.94	5.00

低望ましさ・高統制可能性

	望ましさ	統制可能性	抽象性
とげとげしい	1.92	4.56	3.80
過激な	3.46	4.27	3.51
不親切な	1.90	4.69	3.97
従順な	3.86	4.75	4.29
おせっかいな	3.33	4.15	4.74
臆病な	2.88	3.29	4.17
意地悪な	2.21	4.42	4.26
好みがうるさい	3.71	4.17	3.20
無責任な	2.06	4.23	3.31
自己中心的な	2.65	4.56	2.66
もったいぶった	2.69	4.35	4.20

高望ましさ・高統制可能性

	望ましさ	統制可能性	抽象性
人がいい	5.12	3.77	6.00
風変わりな	4.42	3.23	4.69
(他人の気持ちに)敏感な	5.52	3.77	5.83
正々堂々とした	5.90	4.06	3.71
倫理的な	4.90	4.08	4.43
幸運な	5.69	2.06	3.17
感動しやすい	5.25	3.23	4.77
ユーモアのある	5.63	3.58	3.57

低望ましさ・高統制可能性

	望ましさ	統制可能性	抽象性
気まぐれな	3.15	3.38	3.71
プライドの高い	3.77	3.33	4.74
おとなしい	3.73	4.06	3.74
嫉妬深い	2.46	3.10	3.63
信用できない	2.08	3.98	4.20
内気な	3.27	3.73	4.74
陰気な	2.38	3.71	3.74
権威的な	2.98	3.96	4.17
心が狭い	2.17	3.42	3.74
薄情な	2.06	3.62	3.51

第1章 Appendix B

付表 1.1.b 特性項目の分類と性質の平均値

能力次元			

高望ましさ・高統制可能性

	望ましさ	統制可能性	抽象性
慎重な	5.12	4.65	5.49
自分に満足した	4.73	4.17	4.34
控えめな	4.27	4.63	4.94
博識な	5.57	4.57	3.94
注意深い	4.83	4.85	4.43
粘り強い	5.50	4.52	4.17
大胆な	5.04	4.35	3.46
正確な	5.40	4.71	3.97
我慢強い	5.48	4.71	3.06
思慮深い	5.83	4.12	3.57
流行に敏感な	4.10	4.42	4.00
自分に気を配る	4.49	5.00	4.71
理解力のある	5.87	4.54	3.89
活発な	5.88	4.60	4.63
節約ができる	4.92	5.31	4.34
進歩的な	5.41	4.18	4.00
知的な	5.83	4.21	5.29

高望ましさ・低統制可能性

	望ましさ	統制可能性	抽象性
想像力のある	5.65	2.92	4.97
哲学的な	4.40	3.38	4.69
魅力的な	6.08	3.08	4.29
独創的な	5.54	2.79	4.49
多才な	5.83	2.96	3.80
冷静な	5.12	3.92	4.71
夢見がちな	4.27	3.54	3.83
柔軟な	5.85	4.10	3.37
機知に富んだ	5.80	3.37	5.40

低望ましさ・高統制可能性

	望ましさ	統制可能性	抽象性
教養のない	1.98	4.73	4.91
不満そうな	2.40	4.37	4.14
怠惰な	2.35	4.21	2.66
用心深すぎる	2.79	4.40	4.57
ぐちっぽい	2.33	4.23	3.20
消極的な	2.85	4.29	4.06

低望ましさ・低統制可能性

	望ましさ	統制可能性	抽象性
くよくよした	2.46	3.88	3.94
見る目のない	2.29	2.67	4.17
恥ずかしがりな	3.23	3.37	3.83
無能な	2.04	3.31	3.63
分別のない	1.92	3.86	5.17
落着きのない	2.62	4.04	4.80
臆病な	2.88	3.29	4.80
うぬぼれた	2.48	3.73	3.77
平凡な	3.65	3.87	5.40
適応力のない	2.75	3.67	4.60
俗っぽい	3.45	3.92	4.74
未熟な	2.83	4.12	4.51
あさはかな	2.43	4.06	4.40
衝動的な	3.48	3.88	4.66
忘れっぽい	2.77	3.23	4.26
だまされやすい	3.15	3.19	3.69

第 2 章

能力次元への脅威に対する社会性次元での補償的自己防衛 (1)

第1章では、人間には自分を良き者とみなしたいという志向性である自己高揚動機が普遍的に備わっているという前提に立ち、自己高揚動機の発露の一つと目されている平均以上効果を取り上げ、人々がいかにしてこの動機を充足させようとするか検討を行った。その際、自己評価の基本2次元である能力次元と社会性次元における平均以上効果の発現過程の差異に注目した。そして、研究1では、自己評価の2次元における自己高揚バイアスが、能力次元よりも社会性次元で表れやすく、それがある程度の一般性をもつことが示唆された。自己高揚バイアスが、能力次元より社会性次元で発現しやすい理由として二つの可能性が考えられる。一つは、社会性次元は評価基準が曖昧であるため、主観的解釈の余地が大きく、バイアスのかかった評価を行いやすいからというものである。第2は、社会性次元の評価は、人間にとって根源的とされる所属欲求の充足に資するため、人は数ある特性次元の中でも、他者との関係性の維持に関係する社会性次元の評価を維持高揚させることを究極の目標としているからというものである。従来の研究では、前者の理由が有力視されていたが、研究1において、能力次元と社会性次元の諸特性の抽象性が両次元間で差がなかったにもかかわらず、モハメド・アリ効果が認められたことから、後者の可能性も否定できないものとなった。しかしながら、研究1の結果から、抽象性による評価基準の曖昧さが関与することを全面的に否定することはできない。研究1では、抽象性を特性が含意する行動の多様性の観点から操作的に定義したが、抽象性の定義はこれに限定されないからである。加えて、Reeder & Brewer (1979) による因果スキーマ理論が示唆するように、実際以上に社会的に望ましく見えるように振舞うことは可能だが、実際の能力以上の遂行成績を示すことは容易ではないからである (cf. Reeder, 1985; 他に Wojciszke, 2005)。したがって、本研究では、社会性次元のもつ二つの特質、評価基準の曖昧性と所属欲求との関連性の両要因の関与を念頭におきながら研究を進めることにする。

加えて、研究2では、平均以上効果の発現に自己高揚動機が関与しているならば、状態自尊心が低下するような自我脅威状況に置かれたとき、その効果が増大し、かつ能力

次元より社会性次元において自己防衛方略としての自己高揚バイアスが認められやすくなるという予測を立て検証を試みた。しかし、気分操作の手法に倣い自己注目により脅威を与える方法を用いた研究2では、自己への脅威が平均以上効果の増大をもたらすことを示す有意な効果は認められず、したがって、能力次元より社会性次元において自己防衛方略が用いられやすいという予測も検証することはできなかった。理由としては、まず単に脅威の操作が十分に機能しなかったことが考えられる。あるいは、脅威がもたらされる領域が実験参加者によって異なることになりその対処が一様ではなかったために特定の次元での防衛的反応が示されにくくなった可能性もある。さらには、脅威の次元が特定されていなかったことから、自己のあらゆる側面が脅威にさらされることになり、補償のための心的資源を得ることが困難となった可能性も考えられる。

　一般に、何らかの困難や失敗は、特にそれが重要な自己の側面に関係するものであれば、自己評価への脅威となり、自尊心（状態自尊心）を低下させる。そして、低下した状態自尊心を回復するように、さまざまな対処が生じるとされる（e.g., Leary & Baumeister, 2000）。その一つに、脅威を受けた次元とは異なる次元での自己評価を強化することにより脅威に対処することが知られている。たとえば、Wicklund & Golwitzer（1982）は、自己定義にかかわる領域で十分役割を果たせないとき、人は、別の領域でそれを代替させようとすると述べているし、Steele（1988）による自己肯定化理論に基づく研究でも、自己の特定の側面における脅威に対し、人はそれと無関連な側面での自己を肯定化することで対処することが明らかにされている。脅威を受けた側面と同一の側面で対処しようとすれば、再度、脅威が喚起される恐れがあるからである。さらに、Brown & Smart（1991）は、知的能力検査の成績が低かったと伝えられ知性側面の自己評価が低下した実験参加者が、知性とは異なる側面である優しさや思いやりなどについてはむしろ自己を高く評価することを見出している。これは脅威を受けた側面とは異なる自己の望ましい側面に自ら焦点化することで自己評価が補償された可能性を示唆している。彼らの研究は、平均以上効果を検討したものではないが、平均以上効果についても、もしそれが自己防衛動機によってもたらされるのであれば、脅威を受けた次元での平均以上効果が低減しても、別の次元では平均以上効果が増大すると考えられる。そこで本研究では、自我脅威状況下での補償的な平均以上効果の生起について検討することを第一の目的とした。

　第2章では、自己評価の各2次元に対応する領域特定的な脅威を用いて、脅威がもたらされる自己評価の次元を限定する二つの研究を行う。まず、研究3では能力次元に脅威を与え、それが社会性次元で補償されるかをみる実験を行う。研究4では実験1とし

て能力次元の脅威に対して社会性次元で補償反応がみられるか、実験2として社会性次元の脅威に対して能力次元で補償反応がみられるかを観測し、実験1の結果と比較することで脅威に対する防衛的補償反応について自己評価の2次元の間の対称性について検討する。序章や第1章の議論を踏まえれば、自己高揚バイアスは能力次元より社会性次元において示されやすいと考えられ、したがって、社会性次元の脅威に対する能力次元での補償反応より、能力次元の脅威に対する社会性次元での補償反応のほうが生起しやすいことが予想されるからである。

　自我が脅威にさらされ、一旦低下した自己評価を再び高揚させようとする心理機制は人一般に備わっていると考えられるが、その働き方には個人差がある。Dodgson & Wood（1998）は、自尊心の高い人ほど失敗を経験したとき、自己の良い側面の情報の想起可能性が高いことを報告している。上述のBrown & Smart（1991）の研究でも、自己評価の補償は、特性自尊心が高いほど表れやすいことが確認されている。また、より最近の研究において、自分より優れた他者との比較により脅威にさらされた個人が、別の他者との比較において自己高揚的に評価する傾向を示すことが見出されているが、そのような傾向も特性自尊心の低い人たちよりも高い人たちに顕著に認められることが示されている（Seta, Seta, & McElroy, 2006）。Seta et al.（2006）は、特性自尊心による自我脅威状況における回復力の差は、補償を行うための資源（自己についての肯定的情報）へのアクセス可能性の違いを反映していると述べている。したがって、本研究で検討する脅威を受けた次元とは別の次元での補償的な平均以上効果の生起にも特性自尊心が関係すると推測される。特性自尊心の高い人たちは、低い人たちより、脅威を受けていない側面での自己に関連する好ましい情報へアクセスする能力が高いと考えられるからである。この点を検討することを本研究の第二の目的とした。

　本研究の仮説は以下の通りである。

　　仮説1：自己の特定の側面が脅威を受けると、別の側面での平均以上効果が増大する。

　　仮説2：上記の補償的平均以上効果は、自尊心の低い者より高い者において顕著に認められる。

　　仮説3：上記の補償的平均以上効果は、能力次元への脅威を社会性次元で対処する場合のほうが、社会性次元への脅威を能力次元で対処する場合より顕著となる。

1．第2章の研究の概要

　第2章は二つの研究から構成される。まず研究3では、実験室実験により能力次元の

脅威を操作して、社会性次元における防衛的反応の検討を行う。脅威の操作は課題フィードバック法（知能検査の結果について偽のフィードバックを与える方法）を用いる。

研究4では、研究2では確認できなかった社会性次元にみられる自己防衛方略の特異性を再度検討する。研究4a（実験1）として能力次元（知的能力）の脅威、研究4b（実験2）として社会性次元（対人関係）の脅威を操作して、自己防衛方略の生起の度合いを自己評価の2次元間で比較する。脅威の操作には、想起法（脅威となるような経験を想起してもらう方法）を用いる。

2．研究3

●目的と仮説

研究3の目的は、能力次元の自己評価が脅威を受けたとき、社会性次元において補償的平均以上効果が生じるか否かを確認することである。脅威の操作には課題フィードバック法を用いる。課題フィードバック法とは、何らかの能力を測定するという名目で課題を実施し、結果の良否について偽のフィードバックを与えることで自我脅威を操作する方法である。研究2で使用した想起法では参加者によって想起する脅威体験の内容が異なるが、課題フィードバック法は、体験される脅威の内容を統制できる利点がある。課題フィードバック法は、Brown（2012, Study 5）、Brown & Smart（1991）、Dodgson & Wood（1998）、Seta et al.（2006）といった先行研究で用いられ、その有効性が確認されている。本研究の脅威操作では、Brown & Smart（1991）で行われたように、能力検査の結果について、実験参加者の所属集団内（大学）での偽の順位情報を伝える。実験条件として3条件を設ける。一つは、所属集団内で下位10％以内であったと伝える下位条件、所属集団内の中位（真ん中）であったと伝える中位条件と、所属集団内の上位10％以内であったと伝える上位条件の三つである。下位条件が自我脅威を、上位条件は自己高揚をもたらし、中位条件ではいずれももたらさないことを想定した。また、補償的自己防衛の生起量の指標として平均以上効果を用いた。ただし、研究3では、研究1、2のように自己と平均的他者それぞれについて各特性の評定を求めるのではなく、フィードバックの表現様式に対応させて、所属集団（大学）内での自己の位置づけ（パーセンタイル）を評定してもらうことにした（伊藤，1999）。

下位条件では、能力次元の脅威への自己防衛的反応として、社会性次元の自己評価が中位条件に比べて高くなると考えられる。上位条件では、第1章でも論じたように、特に肯定的気分では気分一致効果（Erber & Erber, 1994）が生じる可能性が考えられる。すなわち、能力次元で優れているというフィードバックにより気分が高揚して、その影

響が社会性次元の自己評価に波及するかもしれない。そのため、上位条件では、社会性次元の自己評価が中位条件に比べて高くなり、結果的に下位条件と差がみられなくなることが予想される。

研究3でも、研究2と同様に特性自尊心による自己防衛的反応の調整効果を検討する。上述したように、特性自尊心の高い者は、低い者に比べ、総じて自己を肯定的に評価するための認知資源を多く保有しているため、脅威への対処能力が高いことが指摘されてきた。特に、ソシオメーター説の観点からは、特性自尊心の高さは、他者から受容された経験の多寡を反映していると考えられ、社会性次元における自己を肯定的に評価するための認知資源が豊富であるといえる（Leary & Baumeister, 2000）。加えて、特性自尊心は自己複雑性と相関する（特性自尊心の高い者は自己複雑性が高い）という知見（Campbell, Chew, & Scratchley, 1991）にも留意する必要がある。自己複雑性が高い場合、特定の領域での出来事の影響が他の領域に波及しにくいが、自己複雑性が低いと容易に波及する（Linville, 1987）。したがって、自尊心の高い者は自己複雑性も高いゆえに、能力次元で脅威を受けても、その影響が社会性次元に及びにくく、補償のための資源を維持することができるが、自尊心の低い者は、自己複雑性が低いために、能力次元での脅威が社会性次元にも波及し補償のための資源を用いにくくなる。事実、上述のBrown & Smart（1991）においても、能力次元での脅威に対して、社会性次元で補償的に対処する傾向は、低特性自尊心者ではみられず、高特性自尊心者においてのみ観測されている。よって、研究3の場合、下位条件が中位条件に比べ、社会性次元での平均以上効果が高くなる傾向は、低自尊心者より高自尊心者において顕著となることが予想される。一方、上位条件は、自己高揚的気分の影響を受けて中位条件に比べ社会性次元での平均以上効果が増大すると考えられるが、この傾向にも自尊心の水準による差が生ずる可能性がある。なぜなら、自己複雑性は肯定的気分の効果の波及にも影響するからである（榊, 2006）。自己複雑性の高い者より低い者のほうが、能力次元での自己高揚的出来事の影響が社会性次元にも及びやすいと考えられる。したがって、社会性次元における平均以上効果が中位条件に比べ上位条件で増大する傾向は、高特性自尊心者より低特性自尊心者において顕著になると考えられる。

ところで、Brown & Gallagher（1992）は、公的状況での失敗の後では私的状況で失敗した場合に比べて、失敗者の特性自尊心の水準にかかわりなく自己を他者より優れていると評価する傾向が抑制されやすいことを見出している。これは、自己防衛的対処は現実的制約の範囲を逸脱しない（客観的にみて過度に非現実的な自己評価はしない）ように行われるという主張と符合する（Alicke & Sedikides, 2009）。Brown & Smart

（1991）においても、フィードバックは実験者により行われているが、その後、実験者は実験室を退室して参加者が一人だけになる状況の下で自己評価質問紙に回答させている。これは、自己防衛的な自己評価は他者の目がないほうが行いやすいという理由によるものと推察される。そこで、個別に実験を行う本研究でも、参加者が実験者の視線を意識して、非現実的な自己評価による自己防衛方略を用いることを抑制しないように、自己評価質問紙への回答時には実験者は同席せず、かつ回答結果の匿名性が保証される状況で行ってもらうようにした。

以上、研究3の実験計画に沿って仮説をまとめると次の通りとなる。

　　　仮説1：下位条件では中位条件よりも社会性次元の自己評価が高くなり、また、上
　　　　　　　位条件も中位条件より自己評価が高くなる。

　　　仮説2：上記に述べた下位条件と中位条件の差は、特性自尊心が低い者より高い者
　　　　　　　において顕著となり、上位条件と中位条件の差は、特性自尊心が高い者よ
　　　　　　　り低い者において顕著になる。

●方法

参加者の選出　実験参加者を選定するため、大阪市立大学の学生400名（女性220名、男性180名、平均年齢19.22歳（$SD = 1.55$, 18-32））に大学の授業時間を利用して質問紙を配布し特性自尊心尺度（後述）への回答を求めた。併せて実験参加者の募集を行った。特性自尊心尺度はRosenberg（1965）のSelf-Esteem Scaleの日本語版である自尊感情尺度（山本ら，1982）の10項目を使用し、各項目について自己へのあてはまり度を5件法（1.あてはまらない～5.あてはまる）で評定するよう求めた。信頼性分析の結果から、信頼性を低下させていた1項目（もっと自分自身を尊敬できるようになりたい）を除いた9項目（$\alpha = .82$）の平均値を特性自尊心得点とした（$M = 3.25$, $SD = 0.77$）。

参加者　事前調査により選出された学生120名（女性69名、男性51名、平均年齢18.85歳（$SD = 0.95$, 18-23））が実験に参加した。実験に協力してもよいと回答した171名の対象者の中から、特性自尊心尺度の得点が上位の者60名、下位の者60名を抽出し、実験条件間で特性自尊心の水準と男女比ができるだけ等しくなるように配慮して参加者を各条件に割り当てた。

実験手続き　実験は一人ずつ個別に実施した。まず、実験参加への同意を文書により得た後、次の手順で実験を進めた。

⑴　自我脅威の操作

　既存の知能検査改訂のためのデータを集めているので協力してほしいと虚偽の説明を行い、知能検査課題への参加を求めた。検査課題は、新訂京大 NX15 - 知能検査第 2 版（苧阪・梅本, 1984）から本実験に適していると考えた五つの検査（第 2、3、5、6、7 検査）を順に、実施マニュアルに準じて実施した。知能検査課題を終えると、成績を入力するので少しだけ待つようにと参加者に指示し、実験者は回答済みの検査冊子をもってパーソナルコンピュータとプリンターが備えられた隣室に移動した。実験者は実験室と隣室を隔てるドアを閉めてパーソナルコンピュータに回答を入力し、予め用意しておいた偽の結果を印刷した。そして参加者がいる部屋に戻り、検査冊子を回収箱に入れて、偽の結果が印刷されている A4 判用紙 1 枚（結果シート）を先ほどの知能検査の結果であると告げて参加者に呈示した。結果シートの上半分には、その時点までの参加者全員の成績分布を表すグラフがカラーで印刷されており、参加者の順位がその図の中に表示されていた。シートの下半分には、知能検査の名称、知能は安定的で将来にまでかかわること、参加者の知的能力の所属大学における水準の記述、参加者と同水準の知的能力の人たちの多くが過去に就いた職業について偽の説明が記載されていた。結果シートは三つの実験条件に合わせて内容の一部が異なっていた。下位条件では、参加者の成績は 751 人中 683 位だったとされ、参加者の所属大学内の知的能力水準は "下位"、同水準の能力の人たちが就いた職業は中小企業の社員等とされた。中位条件では、参加者の成績は 751 人中 374 位だったとされ、参加者の所属大学内の知的能力水準は "中位"、同水準の能力の人たちが就いた職業は中堅企業の社員等とされた。上位条件では、参加者の成績は 751 人中 70 位だったとされ、参加者の所属大学内の知的能力水準は "上位"、同水準の能力の人たちが就いた職業は大手企業の社員等とされた。実験者は結果シートの見方を説明するとともに参加者の順位に言及し、解説文を読み上げた。

⑵　脅威操作の確認

　次に、課題の感想を求める形で、操作確認のための質問項目に回答してもらった。まず、フィードバックの内容を正確に認識していたかを確認するため、自分の課題成績の水準を 5 件法（1. 下位〜5. 上位）で回答してもらった。さらに、3 項目の感想を問うダミー項目に続けて、フィードバックによる操作の有効性を確認するために状態自尊心尺度に回答してもらった。状態自尊心尺度の項目は、Heatherton & Polivy（1991）の State Self-Esteem Scale から、特に自己の有能性評価にかかわる下位尺度である "Performance" のうち本実験に適していると考えた 3 項目を邦訳して使用した（e.g., "自分の出来の悪さ

に失望を覚える”）。各項目について自己へのあてはまり度を5件法（1.あてはまらない〜5.あてはまる）で評定するよう求めた。回答を終えたら記入済み質問紙を自身の手で回収箱に入れるように参加者に教示して、実験者は隣室で回答終了が知らされるのを待った。

　続いて、別の研究者の調査であると教示して、平均以上効果を測定する質問紙（後述）に回答を求めた。回答を終えたらその質問紙を回収用の封筒に自ら入れるように参加者に教示して、実験者は隣室で回答終了が知らされるのを待った。

⑶　平均以上効果の測定

　研究2でも使用した自己認知の諸側面（山本ら，1982）のうち、社会性次元と考えられる“優しさ”と“社交”の2側面の項目、フィラー項目として“まじめさ”の側面の項目を使用した。いずれの側面も大学生に重視される望ましい側面であることが確認されている。回答形式に合わせて、評定項目は山本ら（1982）の短文形式（e.g.,“優しさ”側面：“思いやりがある”、“社交”側面：“交際範囲が広い”）を名詞形式（e.g.,“優しさ”側面：“思いやり”、“社交”側面：“交際範囲の広さ”）に改変した。また、山本ら（1982）の“社交”の項目のうち、“異性の誘い方がうまい”は、山本ら（1982）の調査前の仮定では“性的能力”に分類されていた項目であり、“社交”側面の4項目の中で最も因子負荷量も低く、“社交”側面としてやや一般性に欠け、回答者も高い自己評価を示しにくいと懸念されたために除いた。したがって、社会性次元の自己評価を測定する項目は“優しさ”と“社交”それぞれ3項目だった。回答方法は伊藤（1999, 研究2）を参考にして、参加者が各特性について所属大学の学生全体の中での自己の水準を10段階（“下位10%以内”、“下位11〜20%”と、順に10パーセンタイル刻みで“上位10%以内”まで設定）から選択するようにした。

⑷　実験後アンケートとディブリーフィング

　参加者が上記の回答を終えたら、実験全体を通して気づいたことや感想を自由記述によって回答してもらった。回答用紙は回収箱に自身で入れるように参加者に教示して、実験者は隣室で回答終了が知らされるのを待った。最後に、ディブリーフィングを行い、実験の目的や知能検査について虚偽の説明を行ったことについて謝罪した。

●結果と考察

　実験後のアンケートにおいて、実験の目的を疑う内容を記述した参加者はいなかったため、全ての参加者のデータを分析対象とした。

(1) 特性自尊心

各フィードバック条件の参加者の間に特性自尊心の水準に差がないかを確認するため、下位条件（$M=3.18, SD=0.84$）、中位条件（$M=3.16, SD=0.78$）、上位条件（$M=3.23, SD=0.83$）の特性自尊心得点について1要因3水準の分散分析を行った。その結果、各フィードバック条件間に有意な差は認められなかった（$F(2, 117)=0.19, ns$）。

(2) 操作確認

知能検査の結果がフィードバック操作どおりに認知されたかを確認するため、フィードバック内容の認知（下位条件 $M=1.08, SD=0.47$; 中位条件 $M=3.00, SD=0.00$; 上位条件 $M=4.31, SD=0.66$）についてフィードバック条件（下位・中位・上位）×特性自尊心（連続変量、平均値によって中心化）の一般線形モデルによる分析を行った（回答漏れがあった中位条件、下位条件各1名を除く）。その結果、フィードバック条件の主効果のみが有意であり（$F(2, 112)=466.85, p<.001$）、特性自尊心の主効果（$F(1, 112)=0.02, ns$）、フィードバック条件×特性自尊心の交互作用（$F(2, 112)=0.05, ns$）は有意ではなかった。フィードバック条件の主効果が有意だったため、Bonferroni の方法により多重比較を行ったところ、全ての条件間に有意差が認められた（$p<.001$）。下位条件の参加者は中位条件、上位条件のそれぞれの参加者よりも知能検査の結果を下位と認知しており、上位条件の参加者は中位条件、下位条件それぞれの参加者よりも知能検査の結果を上位と認知していた。したがって、フィードバックは参加者の特性自尊心にかかわらず実験者の意図したとおりに認知されていたことが確認された。

次に、フィードバック操作によりフィードバック条件間で状態自尊心の水準に差が生じているかを確認するため、状態自尊心尺度の3項目（$\alpha=.71$）を平均して状態自尊心得点を算出した（下位条件 $M=2.37, SD=0.85$; 中位条件 $M=2.71, SD=0.74$; 上位条件 $M=3.68, SD=0.81$）。

状態自尊心得点についてフィードバック条件（下位・中位・上位）×特性自尊心（連続変量、平均値によって中心化）の一般線形モデルによる分析を行ったところ、フィードバック条件の主効果（$F(2, 114)=31.30, p<.001$）、特性自尊心の主効果が有意であり（$F(1, 114)=22.69, p<.001$）、フィードバック条件×特性自尊心の交互作用（$F(2, 114)=0.38, ns$）は有意ではなかった。フィードバック条件の主効果が有意だったため、Bonferroni の方法により多重比較を行ったところ、上位条件と中位条件（$p<.001$）、上位条件と下位条件（$p<.001$）の間に有意差が認められたが、中位条件と下位条件の間の差は有意ではなかった。中位条件と下位条件では有意な状態自尊心の差はみられなかっ

たが状態自尊心得点の大小関係が逆転しているわけではないことから、フィードバックは参加者の特性自尊心にかかわらず概ね実験者の意図したとおりに影響していたと考えた。

(3) 補償としての平均以上効果

平均以上効果を測定した各項目について、選択された選択肢が示す範囲の中央の値を回答値とした（e.g., "下位11〜20%"ならば回答値は15）。回答値から尺度全体の中央値であり理論上の平均と考えられる50を引き、その値を平均以上効果の指標とした（値が0より大きければ平均以上効果の生起を表す）。そして、"優しさ"の側面と"社交"の側面を合成して社会性次元の平均以上効果得点とした（Table 3.1）。特性自尊心の水準ごとの平均以上効果得点をFigure 3.1に示した。仮説を検討するため、平均以上効果得点についてフィードバック条件（下位・中位・上位）×特性自尊心（連続変量、平均値によって中心化）の一般線形モデルによる分析を行ったところ、フィードバック条件の主効果（$F(2, 114)=1.87, ns$）、フィードバック条件×特性自尊心の交互作用（$F(2, 114)=0.02, ns$）は有意ではなく、特性自尊心の主効果だけが有意であった（$F(1, 114)=11.04, p<.01$）。よって、下位条件での補償的平均以上効果は特性自尊心にかかわら

Table 3.1　側面ごとの自己と平均的他者条件別評定値

フィードバック条件	下位 N=41	中位 N=40	上位 N=39	信頼性 α
社会性次元（優しさ・社交）	−3.86（16.24）	−0.17（10.03）	1.92（11.03）	.72
優しさ	−0.20（19.86）	6.67（13.90）	7.91（13.00）	.82
社交	−7.52（20.97）	−7.00（16.57）	−4.06（15.97）	.83

Note. （ ）内はSD

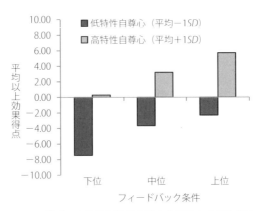

Figure 3.1　フィードバック条件と特性自尊心水準ごとの平均以上効果得点

ず示されず、仮説は支持されなかった。また、上位条件は中位条件に比べ自己高揚的気分の影響により平均以上効果得点が高くなり、その傾向は特性自尊心の高い者より低い者において認められやすいという仮説も支持されなかった。以上より、能力次元への脅威を社会性次元において補償するという仮説1、そのような補償的反応は補償資源の豊富な高特性自尊心者にみられやすいという仮説2はいずれも支持されなかったことになる。仮説が支持されなかった理由として大きく四つの理由が考えられる。

　まず、フィードバック操作が不十分だった可能性がある。特に下位条件のフィードバックが仮説の検討に必要な脅威を十分に生じなかったのかもしれない。もちろん、操作確認では、フィードバックの内容は操作したとおり認知されており、下位条件の参加者は自身の順位を明らかに"下位"と認知していた。しかし、状態自尊心得点をみると、中位条件よりも下位条件のほうが値は低かったものの、中位条件と下位条件の間で状態自尊心得点の差が有意ではなかった。このことは、下位条件が脅威として十分に機能しなかったことを示唆する。しかしながら、フィードバックの内容は下位と認知されていたので、脅威が弱かったというよりも、脅威に対する抵抗が状態自尊心に反映されていたのかもしれない。あるいは、中位条件の値が尺度の中点3を下回っているか同程度であることから、中位条件のフィードバックもどちらかといえば否定的な結果としてとらえられた可能性がある。これまで述べてきたように能力次元は社会性次元に比べて平均以上効果が表れにくいが、一般に平均以上効果は重要な特性ほど示されやすいため（Brown, 2012; 伊藤，1999）、知的能力を重視する人々はそうではない人々に比べ自己の知的能力を平均以上と評価し、実際にそのようなフィードバックを期待するのではないかと考えられる。本実験のフィードバック操作では平均値は示していないが、中位というフィードバックは上位でも下位でもないという点で平均に近いととらえられるだろう。もし本実験の参加者が知的能力を重視する傾向をもっていたならば、中位フィードバックは、平均以上というよりは平均程度という意味合いにとらえられるため、平均以上の自己評価を期待する者は自己の価値を脅かすものとして受けとったかもしれない。その結果、中位条件の参加者の状態自尊心も幾分低下し下位条件の参加者の状態自尊心との差が小さくなったとも考えられる。したがって、下位条件のフィードバック自体は有効に機能していたとみなしてよいと思われる。

　第2の理由として、spillover effect が生じた可能性が考えられる。Figure 3.1 をみる限り、特性自尊心の高低にかかわらず社会性次元の平均以上効果得点は、上位、中位、下位の順に低下しており、能力次元への脅威が脅威を直接受けなかった社会性次元にも波及したかに見えるからである。もっとも、条件間の差は有意には至っていないが、そ

れは自我脅威を感じた下位条件と中位条件の参加者が、それほど強力ではなかったとしても一定程度自己防衛的評価を行おうとしたためかもしれない。換言すれば、補償的自己高揚反応が spillover effect によって相殺されたといえる。なお、spillover effect が起きた原因の一つとしてフィードバックの内容に就職先の情報が含まれていたことが関係しているかもしれない。知能検査の結果が純粋に知的能力を反映しているだけでなく、社会的成功（優良企業への就職）に結びつく社会的有能性（他者と良好な関係を形成し、それを維持する能力等）を含意していたために社会性次元の評価にも影響が及んだといえなくもない。

第3の理由として、本実験の参加者の学業にかかわる自己価値随伴性が低く自己防衛動機が十分喚起されなかった可能性が考えられる。自己価値随伴性（Crocker, Luhtanen, Cooper, & Bouvrette, 2003; 内田, 2008）とは、自己のさまざまな側面にかかわる成功、失敗事象に伴い、状態自尊心の水準が変動することをいい、どの側面の自己価値随伴性が高いかには個人差がある。たとえば、"学業能力"の自己価値随伴性が高い学生は低い学生に比べて、状態自尊心が日々の学業にかかわる成功や失敗に伴って大きく変動しやすい（Crocker, Sommers, & Luhtanen, 2002）。さらに、Park, Crocker, & Kiefer（2007）によれば学業の失敗に伴って状態自尊心が低下しやすいのは、"学業能力"の自己価値随伴性が高い低特性自尊心者であり、"学業能力"の自己価値随伴性が高い高特性自尊心者はむしろ状態自尊心を維持するように抵抗することが示されている。本実験で用いた脅威操作のための知能検査は学業的能力と密接に関係していることから、もし本実験の参加者が比較的"学業能力"の自己価値随伴性が高く、特性自尊心が総じて低かったならば、そのために自己防衛動機があまり喚起されず、補償的平均以上効果が示されなかった可能性もある。しかしながら、本実験の参加者全体が Park et al.（2007）における低自尊心群に相当するほどサンプルに偏りがあったかどうかは議論の余地があろう。

第4の理由が、評価懸念が十分低減されなかった可能性である。本実験では Brown & Smart（1991）に準じ、評価懸念の影響を除くために、参加者が操作確認や平均以上効果測定のための質問紙に回答する間、実験者は隣室に控え、回答済み質問紙は参加者自身の手で回収箱や封筒に入れてもらうようにし回答結果が実験者の目に触れないように配慮した。他者の視線を意識し評価懸念が喚起される状況では、自己高揚的評価は抑制されやすいからである。しかし、本実験のように個別に実施する実験室実験では匿名性の保証にも限度があり、評価懸念を十分に低減できなかった恐れがある。

以上を総合すると、研究3において仮説を支持する結果が得られなかったのは、脅威操作自体はある程度有効に機能したが、脅威の及ぶ範囲が能力次元に留まらず社会性次

元に及んだこと、また、自己高揚的反応を引き起こすのに必要とされる匿名性の保証が十分なされえない実験状況であったことが考えられる。そこで、研究4では、これらの点が改善されるように方法論上の工夫をして、あらためて仮説を検討する。

3．研究4

●目的と仮説

研究4では、二つの実験を行った。まず実験1において能力次元の脅威（i.e., 学業での失敗）に対して社会性次元での自己防衛的補償が行われるかを、実験2において社会性次元の脅威（i.e., 対人関係で拒絶や排斥をされた経験）に対して能力次元での自己防衛的補償が行われるかを検討する。

自己注目による脅威操作を用いた研究2では自己評価の2次元について自己防衛方略の検討を行ったが、自己防衛方略における社会性次元の優位性は認められなかった。これは、自己注目により喚起される脅威が参加者によって能力次元にも社会性次元にもなりうることから、その防衛的反応も社会性次元を通じたものと能力次元を通じたものが混在したために、防衛的反応における社会性次元の優位性が認められなかったと考えた。そこで、脅威を受ける自己の側面をいずれかの次元に特定して検討することとした。研究3では実験室実験により能力次元への脅威を用い社会性次元における防衛的反応の検討を行ったが、社会性次元での補償的自己防衛反応は認められなかった。これは、実験室実験では匿名性を十分保証できないために、非現実的な自己評価を表明しにくかったことが一因と考えられた。そこで、研究4では実験室実験よりも匿名性が高いと考えられる集合状況で検討を行う。

能力次元の脅威に対する自己防衛的反応を検討する実験1はBrown & Smart（1991, Study 1）の概念的追試といえるが、集合状況で検討するという点と脅威の操作に想起法を用いる点が異なる。想起法は、実験参加者に自分自身の体験を想起してもらうことにより、その内容に伴って気分や状態自尊心を変動させる方法であり、否定的な出来事（e.g., 学業での失敗、他者からの拒絶）を想起すれば、状態自尊心が低下する。その方法の有効性は多くの先行研究で認められている（e.g., Baker & Guttfreund, 1993; Knowles & Gardner, 2008, Study 3; Leary, Hupt, Strausser & Chokel, 1998）。なお、実験1では能力次元の脅威を、実験2では社会性次元の脅威を想起法によって喚起するが、想起内容が社会的拒絶や社会的排斥を受けた経験の場合は他の経験に比べて状態自尊心を低下させる効果が大きいことがメタ分析により確認されている（Blackhart et al., 2009）。また、Koch & Shepperd（2004, Study 4）では、社会性次元の脅威のもつ特異性によ

り、社会性次元の脅威が能力次元のそれよりも強く状態自尊心に影響することが示されている。しかし、同じ想起法を用いて被拒絶経験（社会性次元）と学業での失敗経験（能力次元）を想起することによる脅威の影響を検討した Pickett et al.（2004, Study 2）では、出来事の評価や気分に社会性次元と能力次元の間に差は認められていない。本研究では脅威操作の影響を確認するために状態自尊心を測定するが、もし状態自尊心に及ぼす影響が社会性次元の脅威のほうが強くみられた場合は、その影響を統制しても、自己防衛的補償反応における自己評価の2次元間の差異がみられるかを検討する。

　自己防衛的補償反応を検討する測度には、研究3と同じく所属集団（大学）内での自己の位置づけを評定してもらう方法（伊藤，1999）による平均以上効果指標を用いる。ただし、研究3とは異なり、Brown & Smart（1991）に倣い、社会性次元と能力次元のいずれの自己評価も測定して、脅威の次元とは異なる次元のみで自己評価が高まるという補償的自己防衛方略が使用されていることをより明確に示すことを目指す。

　Brown & Smart（1991）の概念的追試といえる実験1では、能力次元の脅威に対して自己防衛的補償反応として、脅威を受けた自己の能力次元ではなく社会性次元の自己評価が高まりやすく、その傾向は高特性自尊心者にみられやすいと考えられる。本章の冒頭で述べたように、社会性次元に比べて能力次元は具体性が高く、脅威を否認しにくいために能力次元では抵抗を示しにくいが、その影響は能力次元の側面に特定的と考えられる。一方、能力次元に比べ社会性次元の抽象性の高さは自己防衛方略を行いやすくすると考えられることから、社会性次元において補償的自己防衛方略がみられやすいだろう。そして、特性自尊心が高いほど脅威の影響は直接的な影響に留まって他に波及しにくく、自己の望ましさを示す情報へのアクセシビリティが高いために、補償的自己防衛方略を行いやすいと予想される。

　社会性次元の脅威の場合は具体性が低い（抽象性が高い）ために脅威は能力次元に及ぶ可能性があり、直接的に脅威を受けた自己の社会性次元だけではなく能力次元でも対処を行いにくくなる可能性が考えられる。しかし、抽象性が高いゆえに、脅威を受けた自己の社会性次元で対処を行いやすいとも考えられる。実際、Knowles et al.（2010）は、社会性次元の脅威は能力次元の脅威に比べて脅威と同一次元（社会性次元）で対処されやすいことを示している。Knowles et al.（2010）は、その結果を基本的で根源的な所属欲求は他の欲求充足で代替できないためであると説明している。ただし、自己防衛方略を行う次元を自由に選択させた場合（Study 2-4）は、社会性次元の脅威に対して自己防衛的対処を行う次元が能力次元より社会性次元のほうが有意に多くなることはなかった。これは防衛的対処を行う次元の選択の幅が広がったためと考えられる。本研

第2章　能力次元への脅威に対する社会性次元での補償的自己防衛 (1)　|　69

究の場合は、防衛的対処を行う次元を参加者に自由に選択させるのではなく、実験者の側で能力次元と社会性次元に限定するため、結果は異なることが予想される。加えて、研究1の結果にも示されたように、能力次元は非現実的に望ましい自己評価を示しにくいという点で、自己高揚的な防衛的対処を行いにくいと考えられる。したがって、実験2で検討する社会性次元の脅威に対しては能力次元よりも社会性次元において防衛的反応がみられやすいと予想される。そして、社会的拒絶、社会的排斥といった社会性次元の脅威に対して望ましい自己の情報に基づく対処を行いやすいのは低特性自尊心者よりも高特性自尊心者であることが示されていることから（e.g., Sommer & Baumersiter, 2002; レビューとして Leary, 2004）、特性自尊心が高いほど社会性次元の脅威に対して自己防衛的反応を示しやすいだろうと予測できる。

よって、研究4全体の仮説は次のとおりとなる。

仮説1：脅威を受ける自己評価の次元が能力次元か、社会性次元かにかかわらず、脅威がない場合に比べて、自己の能力次元ではなく社会性次元において平均以上効果の高まりがみられやすい。

仮説2：その傾向は特性自尊心が低い者よりも高い者にみられやすい。

3-1.　実験1

自己の能力次元に対する脅威（i.e., 学業での失敗）を想起法により生じる能力次元脅威条件と、日常的な大学生活を想起する統制条件を設け、自己防衛的対処における自己評価の2次元間の差異を検討した。

●方法

参加者　大阪府内にある三つの大学の学生（大阪市内の公立大学、大東市内の私立大学、枚方市内の私立大学）、合計244名に実験用質問紙を配布した。そのうち、回答に不備があった参加者を除いた199名（能力次元脅威条件90名、統制条件109名、男性122名、女性72名、性別無回答5名、平均年齢18.74（$SD = 1.10$、18-24、年齢無回答1名））の回答を有効回答として分析の対象とした[1]。

手続き　心理学の講義時間の一部を利用して集合状況で実施した。大阪市内の公立大学と大東市内の私立大学では実験者が実施し、枚方市内の私立大学では実験協力者が実施した[2]。質問紙の冊子は、順に、回答にあたっての注意が書かれたフェイスシート、特性自尊心尺度のページ、能力次元脅威条件または統制条件として求められる想起内容を記述するページ、全体的な自尊心が統制条件に比べて能力次元脅威条件で低下したかを

確認するための状態自尊心尺度のページ、平均以上効果を測定する項目のページ、年齢と性別を回答してもらうページという構成であった。質問紙への回答は強制ではなく自由意志によること、回答者の匿名性を保証することを説明し、"大学生の日常的な意識の調査"という名目で参加を求めた。参加者は、実験者の教示に従って1ページずつ回答し、実験者は参加者の回答の進み具合を確認しながらページをめくる合図の教示を行った。想起内容の記述は5分間であり、実験者が時間を計って回答開始と終了の教示を行った。全員の回答の終了を確認して質問紙の冊子を回収した後、ディブリーフィングを行い、不快な体験を想起させたことなどについて謝罪し、実験への協力に対する謝意を述べた。実験の所要時間は30分程度だった。

特性自尊心尺度　研究3と同じ、Rosenberg（1965）の Self-Esteem Scale の日本語版である自尊感情尺度（山本ら，1982）の10項目を使用した。各項目について自己へのあてはまり度を5件法（1. あてはまらない～5. あてはまる）で評定するよう求めた。

脅威操作　能力次元脅威条件では、能力次元の自己評価への脅威を喚起する操作として、学業での最もつらかった、嫌悪的失敗経験（e.g., 入学試験での不合格、平均より低い点数をとる、学業で負けたくない他者に成績が劣るなど）について想起してもらい、その内容を詳述するように求めた。統制条件では、自己評価への脅威を喚起しないように、普段大学の授業に出席する日の、起床から帰宅までの典型的な自分の行動を詳述するように求めた。

状態自尊心尺度　能力次元脅威条件で嫌悪的出来事を想起したことにより状態自尊心が統制条件に比べて低下したことを確認するために状態自尊心を測定した。Heatherton & Polivy（1991）の State Self-Esteem Scale から、研究3で使用した、自己の有能性評価にかかわる下位尺度である "Performance" のうち本実験に適していると考えた3項目にさらに1項目を加えた4項目（e.g., "自分の出来の悪さに失望を覚える"）、他者からみた自己評価にかかわる下位尺度である "Social" のうち本実験に適していると考えた4項目（e.g., "自分が他人の目にどう映っているのか心配である"）を、邦訳して使用した。各項目について自己へのあてはまり度を5件法（1. あてはまらない～5. あてはまる）で評定するように求めた。

平均以上効果の測定項目　自己認知の諸側面（山本ら，1982）のうち、能力次元と考えられる "知性" の側面の3項目と、研究3でも使用した社会性次元と考えられる "優しさ" の側面の3項目、フィラー項目として "社交" と "まじめさ" の側面の各3項目を使用した。いずれの側面も大学生に重視される望ましい側面を表すが、伊藤（1999）によれば "優しさ" の側面は他の側面に比べて平均以上効果がみられやすく、自己防衛

第 2 章　能力次元への脅威に対する社会性次元での補償的自己防衛（1）　|　*71*

動機が反映されやすいと考えられたため、"優しさ"の側面の項目を社会性次元の測定項目とした。研究 3 と同じく、評定項目は山本ら（1982）の短文形式（e.g.,"知性"側面："頭の回転が速い"）を名詞形式（e.g.,"知性"側面："頭の回転の速さ"）に改変した。また、"知性"の側面の項目"物事を知っている"は、参加者である大学生により馴染みやすい表現にするため"知識の豊富さ"と言い換えた。回答方法も研究 3 と同様に、伊藤（1999, 研究 2）を参考にして、参加者が所属大学の学生全体の中での自己の水準を 10 段階（"下位 10% 以内"から順に 10 パーセンタイル刻みで"上位 10% 以内"まで）から選択するものであった。

●結果と考察

特性自尊心　特性自尊心尺度の全 10 項目の平均値を特性自尊心得点とした（$\alpha = .72$, $M = 3.11$, $SD = 0.64$）。各条件の参加者の間に特性自尊心の差がないかを確認するため、能力次元脅威条件（$M = 3.11$, $SD = 0.71$）と統制条件（$M = 3.11$, $SD = 0.57$）の特性自尊心得点について t 検定を行った。その結果、各条件の参加者の特性自尊心得点に有意な条件差は認められなかった（$t(168) = 0.08$, ns）。

操作確認　状態自尊心尺度の全 8 項目の平均値を状態自尊心得点とした（$\alpha = .79$, $M = 2.85$, $SD = 0.81$）。能力次元脅威条件の参加者の状態自尊心が統制条件よりも低下したかを確認するため、状態自尊心得点について脅威条件（能力次元脅威・統制）×特性自尊心（連続変量、平均値によって中心化）の一般線形モデルによる分析を行った。その結果、脅威条件の主効果が有意であり（$F(1, 195) = 8.61$, $p < .01$）、能力次元脅威条件（$M = 2.71$, $SD = 0.86$）は統制条件（$M = 2.96$, $SD = 0.75$）に比べ状態自尊心得点が低かった。特性自尊心の主効果も有意であり（$F(1, 195) = 128.69$, $p < .001$）、高特性自尊心者（平均 $+1SD$: $\hat{M} = 3.34$）のほうが低特性自尊心者（平均 $-1SD$: $\hat{M} = 2.33$）よりも状態自尊心得点が高かった。しかし、能力次元脅威条件×特性自尊心の交互作用は有意ではなかったことから（$F(1, 195) = 0.98$, ns）、脅威の操作は参加者の特性自尊心の水準にかかわらず影響したと考えられる。

補償としての平均以上効果　平均以上効果を測定した各項目について、選択された選択肢が示す範囲の中央の値を回答値とした（e.g.,"下位 11 〜 20%"ならば回答値は 15）。その値から尺度全体の中央値であり理論上の平均と考えられる 50 を引き、0 より高ければ平均以上効果を表すように平均以上効果の指標として、"優しさ"の側面（$\alpha = .81$）と"知性"の側面（$\alpha = .84$）の平均以上効果得点を算出した（Table 4.1）。仮説を検討するため、標準化した平均以上効果得点について脅威条件（能力次元脅威・統制）×評

Table 4.1 "知性" と "優しさ" の各側面の平均以上効果得点

自己の側面	能力次元脅威条件 （学業での失敗） $N = 90$	統制条件 （日常生活） $N = 109$
知　性	-3.63　（19.66）	-2.66　（19.70）
優しさ	12.41　（16.57）	7.06　（17.68）

Note. （　）内は *SD*

価側面（優しさ・知性）×特性自尊心（連続変量、平均値によって中心化）の一般線形モデルによる分析を行った。その結果、脅威条件×評価側面の交互作用（$F(1, 195) = 5.61$, $p < .05$）の他に、特性自尊心の主効果（$F(1, 195) = 26.81$, $p < .001$）、評価側面×特性自尊心の交互作用（$F(1, 195) = 4.91$, $p < .05$）が有意だった。脅威条件の主効果（$F(1, 195) = 1.18$, *ns*）、評価側面の主効果（$F(1, 195) = 0.05$, *ns*）、脅威条件×特性自尊心の交互作用（$F(1, 195) = 2.30$, *ns*）、脅威条件×評価側面×特性自尊心の交互作用（$F(1, 195) = 0.10$, *ns*）は有意ではなかった。脅威条件×評価側面×特性自尊心の交互作用が有意ではなかったため、仮説2は支持されなかった。脅威条件×評価側面の交互作用が有意だったことから、仮説1を検討するために、脅威条件×評価側面の交互作用を下位分析した。側面ごとにみると、"優しさ" の側面において脅威条件の単純主効果が有意であり（$F(1, 390) = 4.89$, $p < .05$）、平均以上効果得点は能力次元脅威条件（$M = 0.16$, $SD = 0.99$）のほうが統制条件（$M = -0.14$, $SD = 0.99$）よりも高いことが示された。一方、"知性" の側面では能力次元脅威条件（$M = -0.03$, $SD = 1.00$）と統制条件（$M = 0.02$, $SD = 1.00$）の間に有意な差は認められなかった（$F(1, 390) = 1.05$, *ns*）。社会性次元である "優しさ" の側面で統制条件よりも能力次元脅威条件に高い平均以上効果がみられ、能力次元である "知性" の側面では統制条件と能力次元脅威条件に有意な差がみられなかったことから、仮説1は支持された。

　Brown & Smart（1991）は実験室実験によりフィードバック法を用いて能力次元の脅威に対する補償的自己評価を示した（ただし高特性自尊心者のみ）。本実験はそれを集合状況で想起法を用いて再現したといえる。Brown & Smart（1991, Study 2）では、補償的な自己評価の高揚が、その後の高特性自尊心者の援助行動意図の高まりにつながっていたため、補償的な自己評価の高揚が、望ましい自己像を確認する自己確証動機だけではなく自己呈示動機によるものである可能性が指摘されていた。Brown & Smart（1991）の実験は実験室実験であり、自己評価尺度の回答は参加者一人で行うようになされていたが、実験者に対して匿名性が十分保証されていたとはいえないため、補償的

な自己評価には自己呈示動機も関与した可能性は捨てきれない。しかし、本実験では集合状況で実施し、無記名で回答を求めたため、実験者に対する匿名性は保たれていることから、自己呈示動機ではなく、自己防衛動機により、望ましい自己像の自己確証を認知レベルで行った結果として補償的な平均以上効果が示されたと考えられる。いいかえれば、Brown & Smart（1991）では補償的方略の機序について直接的に問題に取り組む直接的対処と内面で認知的に対処する認知的対処を弁別できなかったが、本実験では認知的対処だけでも補償的方略が生じることを示したといえるだろう。そして、認知的対処が能力次元ではなく社会性次元の自己評価でみられたのは、能力次元の脅威の影響が社会性次元の自己評価に波及しにくく、また、研究1で示されたように社会性次元は能力次元に比べ非現実的に高い自己評価を示しやすいためと考えられる。

　Brown & Smart（1991）では高特性自尊心者だけに補償的自己防衛方略がみられたが、本実験では特性自尊心の水準にかかわらずそれがみられた。本実験と Brown & Smart（1991）は、自己評価への脅威を喚起する方法、補償的自己防衛方略の測度などいくつかの点で異なるため、結果が異なる理由は複数考えられるが、最も有力な要因として、特性自尊心を測定した尺度の違いが挙げられる。本実験では特性自尊心尺度として Rosenberg（1965）の Self-Esteem Scale の邦訳版である自尊感情尺度（山本ら，1982）を用いたが、Brown & Smart（1991）では Texas Social Behavior Inventory（TSBI; Helmreich & Stapp, 1974）が用いられている。Rosenberg（1965）の自尊感情尺度は自己総体に対する評価的感情を測定するとされる（Rosenberg, 1965）。それに対して TSBI は、項目内容をみると、社会的場面における有能性や適応の自己評価を測定する項目が数多くみられ（e.g., "I am a good mixer"、"I feel confident of my social behavior"）、尺度名に "Social Behavior" が含まれていることが示すように自己総体についての評価というよりは、いわば社会的有能感を反映する尺度といえる。TSBI に反映されるその社会的有能感と、Brown & Smart（1991）で補償的自己防衛方略の測度として使用された社会性次元の自己評価の関係が、本実験で用いた尺度で測定される総体的な特性自尊心と社会性次元の平均以上効果の関係よりも密接であったため、Brown & Smart（1991）では高特性自尊心者において社会性次元での補償的自己防衛方略が表れやすかったのかもしれない。また、第2章の序文の最後に、特性自尊心の影響は認知的対処よりも直接的対処で表れやすいのではないかと論じたが、本実験と Brown & Smart（1991）の結果はその議論と矛盾しない。ただし、上でも述べたように、脅威の操作方法や補償的自己防衛方略の測度の違いがもたらした結果である可能性も考えられるため、この点については さらなる検討が必要である。

自己評価の2次元と特性自尊心　自己評価の2次元と特性自尊心の関連性について検討するため、評価側面×特性自尊心の交互作用について下位分析を行った。その結果、高特性自尊心者（平均+1SD）の場合は"優しさ"（$\hat{M}=0.22$）と"知性"（$\hat{M}=0.37$）の側面間で平均以上効果得点の差が有意ではなかった（$F(1, 195)=1.99, ns$）。低特性自尊心者（平均-1SD）の場合は有意傾向であり（$F(1, 195)=3.00, p<.10$）、"優しさ"の側面（$\hat{M}=-0.20$）が"知性"の側面（$\hat{M}=-0.38$）よりも高いことが示唆された。また、"優しさ"と"知性"いずれの側面においても、高特性自尊心者（平均+1SD）のほうが、低特性自尊心者（平均-1SD）よりも有意に自己評価が高かった（順に$F(1, 390)=9.60, p<.01; F(1, 390)=30.72, p<.001$）。この評価側面×特性自尊心の交互作用は、"優しさ"の側面より"知性"の側面において特性自尊心による差が表れやすいこと、そして、その傾向は特性自尊心が低いほど"優しさ"の側面よりも"知性"の側面の自己評価が低いために生じることを示唆している。この傾向は、研究2でも示唆された、AOC効果（Wojciszke et al., 2011）を反映していると考えられる。すなわち、特性自尊心の高さには社会性次元ではなく能力次元の自己評価の高さが寄与するため、本実験や研究2では、その裏返しとして特性自尊心の差が能力次元である"知性"の側面に反映されたのではないだろうか。研究2では特性自尊心尺度の信頼性が確認できなかったが、本実験では特性自尊心尺度にある程度の信頼性（$\alpha=.72$）が認められており、その上で研究2と同様の結果がみられたので、この傾向がある程度頑健であることが示されたといえるかもしれない。そして、本実験において特性自尊心が社会性次元における補償的自己防衛方略につながらなかったのは、TSBIとは異なって総体的な特性自尊心は社会性次元の自己評価よりも能力次元の自己評価を高めることに寄与するためとも考えられる。上に述べた特性自尊心の影響が認知的対処方略にみられやすい可能性も含めて、さらなる検討が必要である。

3-2. 実験2

　社会性次元における自己評価に脅威をもたらす経験（i.e., 社会的拒絶や社会的排斥）を想起する社会性次元脅威条件と、日常の大学生活を想起する統制条件を設け、自己防衛方略における自己評価の2次元の差異を検討した。

●方法

参加者　大阪府内にある三つの大学（大阪市内の公立大学、大東市内の私立大学、枚方市内の私立大学）の学生、合計242名に実験用質問紙を配布した。そのうち、回答に

不備があった参加者を除いた192名（社会性次元脅威条件84名、統制条件108名、男性122名、女性70名、平均年齢18.71（$SD=0.94$、18-23））の回答を有効回答として分析の対象とした[3]。

手続き　実験1では能力次元脅威条件だった実験条件が社会性次元脅威条件となる点、実験1では"優しさ"の側面だった社会性次元の平均以上効果の測定項目が"社交"の側面となる点を除き、実験1と同一であった[4]。

特性自尊心尺度　実験1と同一であった。

脅威操作　統制条件は実験1と同一であった。社会性次元脅威条件では、社会性次元の自己評価への脅威を喚起する操作として、対人関係における最もつらかった、嫌悪的経験（e.g., 失恋、親友から嫌われた経験、仲間はずれにされた経験など）について想起してもらい、その内容を詳述するように求めた。

状態自尊心尺度　実験1と同一であった。

平均以上効果の測定項目　能力次元の側面が"知性"の3項目であること、および回答方法は実験1と同一であった。被拒絶経験や被排斥経験によって自己の優しさの評価が脅かされるとは限らないことから、社会性次元の側面を実験1と同じ"優しさ"とすると社会性次元脅威条件で想起された内容と十分に対応しない懸念があったため、"優しさ"の側面よりも幅広く社会性次元の脅威に対応すると考えられる"社交"の側面の3項目を使用した。"優しさ"の側面と"まじめさ"の側面をフィラー項目とした。

●結果と考察

特性自尊心　実験1と同じく、特性自尊心尺度の全10項目の平均値を特性自尊心得点とした（$\alpha=.72, M=3.12, SD=0.65$）。各条件の参加者の間に特性自尊心の差がないかを確認するため、社会性次元脅威条件（$M=3.14, SD=0.71$）と統制条件（$M=3.10, SD=0.60$）の特性自尊心得点についてt検定を行った。その結果、各条件の参加者の特性自尊心得点に有意な差は認められなかった（$t(190)=0.41, ns$）。

操作確認　実験1と同じく、状態自尊心尺度の全8項目の平均値を状態自尊心得点とした（$\alpha=.79, M=2.84, SD=0.81$）。社会性次元脅威条件の参加者の状態自尊心が統制条件よりも低下したかを確認するため、状態自尊心得点について脅威条件（社会性次元脅威・統制）×特性自尊心（連続変量、平均値によって中心化）の一般線形モデルによる分析を行った。その結果、脅威条件の主効果が有意であり（$F(1, 188)=20.13, p<.001$）、社会性次元脅威条件（$M=2.63, SD=0.83$）は統制条件（$M=3.00, SD=0.75$）に比べて状態自尊心得点が低かった。特性自尊心の主効果も有意であり（$F(1, 188)=133.92$,

$p<.001$）、高特性自尊心者（平均 + 1SD: $\hat{M}=3.32$）のほうが低特性自尊心者（平均 −1SD: $\hat{M}=2.31$）よりも状態自尊心得点が高かった。しかし、社会性次元脅威条件×特性自尊心の交互作用は有意ではなかったことから（$F(1, 188)=0.34, ns$）、脅威の操作は参加者の特性自尊心の水準にかかわらず影響したと考えられる。

　実験1と同様に実験2においても、嫌悪的体験を想起することで生じた脅威によって特性自尊心にかかわらず統制条件よりも状態自尊心が低くなることが確認された。しかし、社会性次元脅威条件の参加者の状態自尊心が能力次元脅威条件の参加者の状態自尊心よりも低ければ、本研究において社会性次元の脅威が能力次元の脅威よりも総体的な自己評価への影響が強いことになる。そこで、実験2の社会性次元脅威条件の参加者に求めた被拒絶経験や被排斥経験の想起がもたらした脅威の程度と、実験1の能力次元脅威条件の参加者に求めた学業失敗経験の想起がもたらした脅威の程度を比較検討するために、状態自尊心得点について、脅威の質（実験1の能力次元・実験2の社会性次元）×脅威条件（脅威喚起・統制）×特性自尊心得点（連続変量：実験1と実験2の参加者全体の平均値により中心化）の一般線形モデルによる分析を行った。その結果、脅威条件の主効果が有意であり（$F(1, 383)=27.44, p<.001$）、統制条件（$M=2.98, SD=0.75$）よりも脅威喚起条件（$M=2.67, SD=0.84$）の状態自尊心が低かった。また、特性自尊心の主効果が有意であり（$F(1, 383)=27.44, p<.001$）、低特性自尊心者（平均 −1SD: $\hat{M}=2.32$）より高特性自尊心者（平均 + 1SD: $\hat{M}=3.33$）のほうが総じて状態自尊心が高かった。しかし、脅威の質の主効果は有意ではなく（$F(1, 383)=0.26, ns$）、また、交互作用効果はいずれの要因の組合せについても有意ではなかった（$F(1, 383)=1.18$; $F(1, 383)=0.02$; $F(1, 383)=1.25$; $F(1, 383)=0.10$; いずれも ns）。以上、脅威の質の要因による状態自尊心の差は認められなかったことから、能力次元の脅威（実験1）と社会性次元の脅威（実験2）が状態自尊心に及ぼした影響の大きさに差はなかったといえる。

　自己防衛的反応としての平均以上効果　実験1と同じく、0 より高ければ平均以上効果を表すように平均以上効果の指標として、"知性"の側面（$\alpha=.86$）と"社交"の側面（$\alpha=.84$）の平均以上効果得点を算出した（Table 4.2）。仮説を検討するため、標準化した平均以上効果得点について脅威条件（社会性次元脅威・統制）×評価側面（知性・社交）×特性自尊心（連続変量、平均値によって中心化）の一般線形モデルによる分析を行った。その結果、特性自尊心の主効果のみが有意であり（$F(1, 188)=54.50, p<.001$）、高特性自尊心者（平均 + 1SD: $\hat{M}=0.39$）は低特性自尊心者（平均 −1SD: $\hat{M}=-0.40$）よりも平均以上効果得点が高かった。脅威条件の主効果（$F(1, 188)=0.02$,

第2章　能力次元への脅威に対する社会性次元での補償的自己防衛（1）　｜　77

Table 4.2　"社交"と"知性"の各側面の平均以上効果得点

自己の側面	社会性次元脅威条件 （被拒絶や被排斥） $N=84$	統制条件 （日常生活） $N=108$
社　交	-6.23　（20.15）	-7.93　（21.39）
知　性	-2.18　（18.57）	-0.94　（19.83）

Note. （　）内は *SD*

ns）、評価側面の主効果（$F(1, 188)=0.00$, *ns*）、脅威条件×評価側面の交互作用（$F(1, 188)=0.77$, *ns*）、脅威条件×特性自尊心の交互作用（$F(1, 188)=0.01$, *ns*）、評価側面×特性自尊心の交互作用（$F(1, 188)=0.33$, *ns*）、脅威条件×評価側面×特性自尊心の交互作用（$F(1, 188)=2.26$, *ns*）は有意ではなかった。したがって、社会性次元における自己防衛方略は特性自尊心の水準にかかわらず表れず、仮説1、仮説2はいずれも支持されなかった。また、実験1でみられたような、脅威を受けた自己評価の次元ではないもう一つの次元（本実験では能力次元である"知性"の側面）での補償的自己防衛方略も認められなかった。実験2において実験1のような補償的自己防衛方略が認められなかったのは、"知性"の側面は抽象性が低いために、実験1の"優しさ"とは異なり非現実的に自己評価を高揚させることが困難であったのかもしれない。

　なお、評価側面×特性自尊心の交互作用が実験2では有意ではなかったことから、実験1でみられた、特性自尊心の高さが社会性次元の自己評価ではなく能力次元の自己評価に反映されるという関係性は再現されなかったことになる。特性自尊心と両次元での自己評価との関係については、さらなる検討が必要だろう。

　補償的自己高揚の非対称性　上記にみたように、実験2では、実験1と同じように脅威操作によって状態自尊心が同程度低下したにもかかわらず、予想したような知性次元における補償的自己防衛反応の生起を示す結果が得られなかった。このことは、能力次元への脅威に対して社会性次元での補償は行われやすいが、社会性次元への脅威に対して能力次元での補償が行われにくいことを示唆している。そこで、実験1と実験2の補償的自己高揚反応の生起量を直接比較することとした。すなわち、能力次元の脅威への対処方略と社会性次元の脅威への対処方略の異同を明らかにするため、実験1と実験2の条件ごとの平均以上効果得点を直接比較した。比較にあたり、実験1と実験2の参加者の間に特性自尊心の差がないかを確認した。特性自尊心得点について、脅威の質（実験1の能力次元・実験2の社会性次元）×脅威条件（脅威喚起・統制）の分散分析を行った結果、いずれの主効果も交互作用も有意ではなく（$F(1, 387)=0.02$; $F(1, 387)=$

0.13; $F(1, 387) = 0.06$）、二つの実験の参加者の間に特性自尊心得点の差は認められなかった。そこで、実験1と実験2それぞれにおいて、自己防衛的補償が行われると予測された脅威を受けていない次元（実験1では"優しさ"、実験2では"知性"）の平均以上効果得点（標準化した得点を使用）について、脅威の質（実験1の能力次元・実験2の社会性次元）×脅威条件（脅威喚起・統制）×特性自尊心得点（連続変量：実験1と実験2全体の平均値により中心化）の一般線形モデルによる分析を行った。その結果、特性自尊心の有意な主効果（$F(1, 383) = 35.30, p < .001$）が認められ、高特性自尊心者（平均+1SD: $\hat{M} = 0.31$）のほうが、低特性自尊心者（平均−1SD: $\hat{M} = -0.27$）より自己評価得点が高かった。さらに、脅威の質×脅威条件の交互作用が有意だったため（$F(1, 383) = 4.00, p < .05$）、実験ごとに脅威条件の単純主効果を検討した結果、実験1における脅威条件の単純主効果は有意となったが（$F(1, 383) = 5.00, p < .05$）、実験2では有意ではなかった（$F(1, 383) = 0.37, ns$）。すなわち、実験1の能力次元の自我脅威に対しては社会性次元で補償的自己高揚が生じるが、実験2の社会性次元の脅威に対しては能力次元で補償的自己高揚が生じないという非対称性が統計的に確認された。

　このような結果になった理由の一つとして、自我脅威の性質の違いが考えられる。他者から拒絶されることは、学業上の失敗に比べ、他の側面での補償が生じにくいのかもしれない。この点については、次の総合考察で実験1との関連において検討する。

3-3. 研究4の総合考察

　研究4では、想起法を用いて、能力次元の脅威を生じる実験1と、社会性次元の脅威を生じる実験2の二つ質問紙実験を集合状況で行った。いずれの実験でも、脅威を受けた次元とは異なる次元において自己防衛的補償が行われるという前提を置いた。ただし、社会性次元の脅威に対する能力次元での補償的反応は能力次元の脅威に対する社会的次元での補償反応に比べ生起しにくいことも予測した。また、全体に自己防衛的補償は特性自尊心が低い者より高い者において顕著に認められると予測した。Brown & Smart（1991）の概念的追試といえる実験1では、予想したとおり能力次元の脅威に対して能力次元ではなく社会性次元において平均以上効果の高まりがみられたが、Brown & Smart（1991）とは異なり、その補償的自己防衛方略は特性自尊心にかかわらず表れた。一方、社会性次元の脅威を喚起した実験2では予測が支持されず、社会次元への脅威を受けた場合に能力次元において平均以上効果が増大することを示す結果は得られなかった。加えて、実験1と実験2の平均以上効果得点を直接比較することによって、能力次元への脅威に対しては社会性次元で補償的に対処するが、社会性次元への脅威に対する能力次

元で補償的対処はなされにくいという非対称性が確認された。これは、自己防衛方略における社会性次元の代替不可能性を主張したKnowles et al.（2010）やKoch & Shepperd（2004）をある程度支持する結果だといえる。ただし、Knowles et al.（2010）やKoch & Shepperd（2004）では、代替不可能性が、所属欲求充足を妨げる脅威の影響力の特異性にあるのか、所属欲求充足手段の特異性にあるのかは不明であった。一方、本研究は、操作確認の指標として用いた状態自尊心について、実験1と実験2の間に差が認められず、能力次元の脅威と社会性次元の脅威それぞれが状態自尊心にもたらした影響の強さに違いがないことが確認されていることから、本研究の結果は、社会性次元の脅威に対する自己防衛の手段としての代替不可能性を示唆しているものと解釈できる。

　実験2の結果は、社会性次元への脅威（社会的拒絶等）を能力次元（本研究では"知性"の側面）において補償することを示したSommer & Baumeister（2002）の結果と一見すると矛盾する。ただ、Sommer & Baumeister（2002, Study 2, 3）で示された知的課題への取組みおよび遂行成績の促進が、脅かされた所属欲求を充足するために他者からの受容を促進しようと自己の望ましい姿を示す自己呈示行動を反映していたと考えれば理解できる。このような対処は問題を実際に解決しようと試みる直接的対処といえ、一方、本研究で取り扱っているのは知的能力の自己評価を主観的に高めるという認知的対処にあたるからである。本研究の結果とSommer & Baumeister（2002）の結果を合わせて考えると、能力次元は認知的対処方略を行使して自己評価を高めることが困難だが、実際に能力次元の自己の高い価値を他者に示すことが可能な自己呈示の機会があれば、相応の心的資力をもつ高特性自尊心者はその機会を利用しやすいのかもしれない。ただし、Seta et al.（2006）の結果をみると、高特性自尊心者は能力次元での"平均以上"以上効果を示しており認知的対処方略の行使も選択可能であることを示唆している。これには次のような理由が考えられる。Seta et al.（2006）では、フィードバックを受けた課題と類似する課題を行った場合の成績の予測によって行っていた。これは、現在の自己評価だけではなく、将来の自己評価を含む評価といえる。Taylor & Brown（1988）はポジティブ・イリュージョンとして、非現実的なまでに肯定的な自己評価、コントロール幻想、非現実的楽観主義の三つを挙げているが、Seta et al.（2006）で測定された自己評価は、非現実的なまでに肯定的な自己評価だけではなく、いわば、直前の遂行結果を軽視して"次回は失敗しない、前回よりうまくやれる"と考えるような、非現実的楽観主義を含みうる自己評価となっていた可能性がある。一方、本研究の実験1で"知性"の側面において自己防衛的な反応がみられなかったのは、能力次元の抽象性の低さによるものだけではなく、学業の失敗体験の想起によって喚起された自己の知的能力の低さが

現在の自己の知的能力の評価にまで般化したためとも考えうる。したがって、たとえば、以前失敗したときの課題と類似した課題を行った場合の成績を予測するという Seta et al.（2006）と同様の方法で自己評価を測定したならば、能力次元でも自己防衛的反応がみられたかもしれない。研究1から本研究まで、現在の自己評価を検討してきたが、将来の予測を明示的に含む非現実的楽観主義の指標を用いた場合は、現在の自己評価と全く同じ傾向がみられるとは限らないかもしれない。

　本研究では実験1、実験2を通じて、Brown & Smart（1991）ではみられた特性自尊心による自己防衛方略の調整効果が全く認められなかった。これは、実験1でも考察したように特性自尊心の測度の違いによるものと考えられる。Brown & Smart（1991）で用いられた TSBI（Helmreich & Stapp, 1974）は、本実験で用いた総体的な特性自尊心を測定する尺度とは異なり、社会性次元（i.e., 社会的有能感）を反映する尺度であったために社会性次元における自己防衛方略との関連性がみられたと考えられる。

　研究4の実験1では、研究3でみられなかった補償的自己防衛反応の生起を確認することができた。これは、集合状況で実験を実施したため、研究3の実験室実験に比べ匿名性が保証されたために非現実的な自己評価を表出しやすかったからだと考えられる。また、実験環境の違いだけではなく、想起法を用いた脅威操作において想起内容を学業領域に限定したことで先述した spillover effect（能力次元の脅威が社会性次元にも波及すること）を防止できたことが自己防衛的反応の生起を促したとも考えられる。

　本研究の限界と今後の課題について述べる。本研究では、想起課題において無回答だった脅威喚起条件の参加者を分析に含めてもなお2割程度の参加者のデータに不備があったために分析に含めなかった[5]。Blackhart et al.（2009）は、所属欲求を阻害する脅威を生じるさまざまな方法の中でも、想起法は個々人の体験に基づくために他の方法よりも脅威を強く生じやすいと述べている。つまり、想起法が脅威を強く生じやすく、また、回答を途中でやめやすい集合状況であったために、本研究では、回答を拒否する参加者が多くなった可能性が考えられる。換言すれば、本研究では、嫌悪的な体験を想起してもそれに対処して最後まで回答を続けることができた参加者だけが分析対象になるという、セレクション・バイアスが影響している可能性も否めない。しかし、実験2では分析から除外された脅威条件の参加者数が実験1と同程度であったにもかかわらず、自己防衛的対処と考えられる平均以上効果が認められなかったことから、セレクション・バイアスがあったとしても結果に影響するほどではなかったかもしれない。

　ただし、セレクション・バイアスは、脅威操作後の状態自尊心に影響した可能性は考えられる。本研究では能力次元の脅威を操作した実験1と社会性次元の脅威を操作した

実験2の間で脅威による状態自尊心の低下の程度に差がみられなかった。これは、想起された自伝的記憶はその内容が能力次元にかかわるもの（i.e., 遂行、達成）よりも社会性次元にかかわるもの（i.e., 対人行動、対人関係）のほうが強い脅威だったとするPillemer et al.（2007）の知見とは一致しない。本研究において状態自尊心への影響に脅威の質による差がみられなかったのは、脅威による影響を耐えがたく感じた参加者が回答しなかったために生じた結果とも考えうる。社会性次元の脅威の特異性については、さらなる検討が必要だろう。

　また、本研究では能力次元の脅威内容を学業に限定しているため結果の一般化には慎重になる必要がある。さらに、集合状況で実施したために参加者が実験課題に十分に注意を向けていなかった可能性も考えられる。能力次元の脅威に学業以外の内容も用いて、実験室実験のような匿名性が低い環境でも検討できる自己防衛方略について検討し、本研究の結果の一般性を検証する必要があるだろう。

　加えて、自己防衛反応が表れる社会性次元の自己側面として実験1では"優しさ"、実験2では"社交"と異なる側面を用いた点にも留意する必要があろう。"優しさ"と"社交"では、ともに社会性次元に属するといっても、望ましさ、抽象性、重要性といった性質が異なる可能性があり、それらの性質は序章や第1章で述べたように平均以上効果の表れやすさにかかわる。"優しさ"よりも"社交"のほうが、望ましさ、抽象性、重要性が低ければ（"知性"の側面ほど低くはないとしても）、"社交"の側面では"優しさ"の側面ほどに自己防衛的反応としての平均以上効果が表れにくいことになり、これが結果に影響したかもしれない。本研究で用いた山本ら（1982）の各自己側面について重要性を調べた伊藤（1999）では、重要性の平均評定値が"優しさ"の側面は12.59、"社交"の側面は11.22と、値は"優しさ"の側面のほうが高いため（統計検定による比較は行われていない）、少なくともこの重要性の低さのために"社交"の側面について検討した実験2では自己防衛的対処がより認められにくくなったのかもしれない。また、本研究において検討された自己側面は、社会性次元は"優しさ"と"社交"、能力次元は"知性"と三つの側面に限られた。社会性次元と能力次元のそれぞれに対応するより広い次元での自己防衛方略についてさらに検討する必要があるだろう。さらには、それらの自己評価が主に現在の評価か、将来まで含めた評価なのかを区別した検討も必要だろう。

　本研究では、少なくとも能力次元の自己評価に対する脅威がもたらした影響が社会性次元の自己評価を高める方略によって対処されうることが示された。次の研究5、6では、能力次元の脅威に対する社会性次元での補償的自己防衛方略に焦点を絞り、その一般性を検討するとともに、とりわけ社会性次元での自己防衛的補償反応が生起しやすい

傾向に、所属欲求の充足が関与しているかを明らかにする。具体的には、社会性次元の脅威（所属欲求の阻害）に対する認知的対処としての自己防衛方略に利用されることが示されている、所属集団（内集団）の集団実体性知覚（Knowles & Gardner, 2008）とノスタルジア（Wildschut, Sedikides, Routledge, Arndt, & Cordaro, 2010）が、能力次元の脅威に対する補償的自己防衛方略にも用いられるかを検討する。

第2章　注

1) 回答に不備があったために分析から除いた回答者の内訳は次のとおり。各尺度の回答に不備があった（記入漏れや、全項目で同一の回答値を記入する等）参加者が38名（能力次元脅威条件31名、統制条件7名）、脅威操作のための想起課題において参加者が記述した内容が実験者の教示（能力次元脅威条件では学業上の失敗、統制条件では日常生活）に従っていないとみなされた参加者が3名（能力次元脅威条件1名、統制条件2名）。記述内容が教示に従っているかを、実験計画を知らない大学院生が実験者と独立に判定したところ、実験者の判定との一致率は94.26%だった。各尺度の回答に不備はないが、脅威操作のための想起課題に無回答だった参加者が13名（能力次元脅威条件9名、統制条件4名）いた。このうち、能力次元脅威条件において無回答であった者は、脅威となる出来事を記述することに抵抗があったため記入しなかった可能性がある。その場合は脅威操作が有効に働いていたともいえるため、能力次元脅威条件の無回答者は分析に含めた。

2) 実験1と実験2はそれぞれの実験に対応する内容の質問紙冊子を一度に配布した。配布にあたっては、各実験の各条件への割り当ては無作為であったが人数に大学間で偏りが生じないように留意した。

3) 回答に不備があったために分析から除いた回答者の内訳は次のとおり。各尺度の回答に不備があった（記入漏れや、全項目で同一の回答値を記入する等）参加者が39名（社会性次元脅威条件30名、統制条件9名）、脅威操作のための想起課題において参加者が記述した内容が実験者の教示（社会性次元脅威条件では社会的拒絶や社会的排斥された経験、統制条件では日常生活）に従っていないとみなされた参加者が6名（社会性次元脅威条件5名、統制条件1名）。記述内容が教示に従っているかを、実験計画を知らない大学院生が実験者と独立に判定したところ、実験者の判定との一致率は91.60%だった。各尺度の回答に不備はないが、脅威操作のための想起課題に無回答だった参加者が17名（社会性次元脅威条件12名、統制条件5名）いた。このうち、社会性次元脅威条件において無回答であった者は、実験1と同じように、脅威となる出来事を記述することに抵抗があったため記入しなかった可能性がある。その場合は脅威操作が有効に働いていたともいえるため、社会性次元脅威条件の無回答者は分析に含めた。

4) 実験1と同一。

5) 実験1、2と同一。

第3章

能力次元への脅威に対する社会性次元での補償的自己防衛(2)

　第1章(研究1、2)から第2章(研究3、4)の研究を通じて、次の点が明らかになった。まず、人は能力次元より社会性次元での自己評価を高揚させることによって自尊心の維持高揚を図る傾向にある。また、自我脅威に直面したときは、脅威を受けた次元とは異なる次元で自己評価を補償的に高揚させようとするが、とりわけ能力次元での脅威(学業での失敗)に対して社会性次元で補償的に対処する傾向が強い。一方、社会性次元での脅威(社会的拒絶や排斥)に対して能力次元での補償的対処はなされにくいことがうかがわれた。これは先行研究において指摘されているように(e.g., Knowles et al., 2010)、社会性次元での自己評価の低下は、他の次元で代替されにくいこと、人は社会性次元への脅威には社会性次元で対処しようとするという主張と符合する。なお、社会性次元での脅威に対する自己防衛的補償方略には、当該特性次元での自己評価を高めるという方略だけでなく、他者との絆を含意する所属集団の表象を活性化させ、その実体性(凝集性等)を高く評価することによって(Knowles & Gardner, 2008)、また他者との絆を連想させる過去の記憶を懐かしむこと(ノスタルジア("nostalgia")の喚起)によって所属感覚を回復する方略が使用されることが明らかになっている(e.g., Wildschut, Sedikides, Arndt, & Routledge, 2006)。自尊心の維持高揚方略にみられる社会性次元での自己評価の優位性が、所属欲求の充足と関連していることによるのであれば、能力次元への脅威に対する補償的対処としてこれら集団実体性の知覚やノスタルジアの喚起も有効に機能することが予想される。なぜなら、これまで論じてきたように、社会性次元が能力次元よりも自己防衛機制として用いられやすい理由が、能力次元に比べ社会性次元の評価基準が曖昧であるゆえに自己高揚的バイアスをかけやすいからだけでなく、社会性次元の評価が人間の根源的欲求である所属感覚の維持強化と関連しているからだとすれば、能力次元への脅威に対しても他者との望ましい対人関係(i.e., 他者からの受容、他者との絆)に補償の源泉を求めると考えられるからである。そのような観点に立てば、所属集団の集団実体性評価高揚やノスタルジアこそが、自己防衛方略としてより用いられやすいと考えられる。

また、研究2から研究4では、脅威の操作として課題フィードバック法もしくは想起法を用いたが、いずれも脅威内容の統制という点で一長一短があった。また、課題フィードバック法を用いた場合は実験室での個別実験、想起法を用いた場合は集合状況での質問紙実験というように実験の実施様態も異なり、実施様態に起因する匿名性の保証や実験環境の統制度の違いが結果に影響している可能性が示唆された。そこで、第3章では、これら方法論の違いを踏まえてできるだけ結果の一般性を主張できるように、両方のパラダイムを取り入れた実験を行い、能力次元の脅威に対して所属欲求の充足と密接に結びついた認知的対処といえる上記2種類の自己防衛方略（集団実体性の知覚とノスタルジア）の機能について検討を行う。

　社会性次元の脅威（i.e., 拒絶、排斥）に直面すると、人は、未知の他者の社交性を高く見積もる（Maner, DeWall, Baumeister, & Schaller, 2007, Study 4）、社会的手がかりに選択的注意を向ける（Gardner et al., 2000）、声の調子や表情といった他者の内面を示す手がかりに敏感になる（Picket et al., 2004）、知覚課題の回答について他者の意見に同調する（Williams, Cheung, & Choi, 2000）、相互作用相手の非言語行動を模倣する（Lakin & Chartrand, 2003）、他者と協力して行う課題に注力する（Williams & Sommer, 1997）など、望ましい対人関係を回復、あるいは形成できる可能性を高く見積もったり、あるいは望ましい対人関係を実際に回復あるいは形成したりできるように反応する。しかし、相互作用できる他者がその場にいなければ、次善の策として、社会性次元の脅威により低下した状態自尊心を認知的対処によって回復するという対処が用いられると考えられている。

　Gardner, Pickett, & Knowles（2005）は拒絶、排斥といった社会性次元の脅威に対して、望ましい対人関係を回復、形成できる他者がいない場合に用いられる認知的対処を"social snacking"と称した。"social snacking"は社会的絆の表象を通じて行われる。Gardner et al.（2005）によれば、そうした表象を想起させる品物（e.g., 友人や家族、恋人等が写った写真、昔のラブレター、結婚指輪）は"social snacking"をもたらしやすい。しかし、手がかりとなる事物がなくても自発的に社会的絆の表象を生成、活性化させれば、"social snacking"は果たされると考えられる。

　Knowles & Gardner（2008）は、このようないわば内省的"social snacking"が生じる可能性を、被拒絶経験想起後の所属集団の表象（i.e., 集団アイデンティティ、集団実体性）について検討して示したといえる。Knowles & Gardner（2008, Study 2）では、被拒絶経験を想起する条件では統制条件と異なり集団関連語（e.g., feminine、Asian）へのアクセシビリティが高まることが示されている。この結果は被拒絶経験を想起したこ

とで喚起された脅威に対処する過程として集団アイデンティティが顕在化したことを示唆している。同じく想起法により被拒絶経験の脅威を操作したKnowles & Gardner（2008, Study 3）では、被拒絶経験を想起した条件では統制条件よりも、所属集団（i.e., 内集団）について集団実体性（集団凝集性、集団の重要性）の主観的評価が高まることが示された。この結果は被拒絶経験想起がもたらした脅威に対処するべく、想起された所属集団の実体性を高く評価することで所属感覚を強化して対処していると考察されている。さらには、被拒絶経験想起後に喚起された所属集団表象は状態自尊心の高揚に寄与していることも確認されている（Knowles & Gardner, 2008, Study 1, 2）。

　Knowles & Gardner（2008）が示したこの内省的"social snacking"は、いわば社会性次元の脅威に対する社会性次元の資源による対処といえる。そして、第2章の研究4で示唆されたように、自己の能力次元の脅威に対して社会性次元の方略により対処する傾向にあることをふまえると、内省的"social snacking"の一種といえる集団実体性の知覚を通じた対処方略は能力次元の脅威に対しても使用されると考えられる。

1．ノスタルジアを通じた自己防衛方略

　"social snacking"を喚起しうる品物として、Gardner et al.（2005）は、昔のラブレターといった過去の絆を想起させるものも挙げていた。ノスタルジアについての研究は、そのような過去の絆の喚起も所属感覚をもたらす"social snacking"の一つの形態であることを示している。

　ノスタルジアは郷愁、あるいは懐かしさと訳すことができ、類似した概念にホームシックがある。しかし、Sedikides, Wildschut, Arndt, & Routledge（2006）によれば、ノスタルジアは過去の、親密な他者、出来事、場所等を希求する、比較的肯定的な自己関連的情動とされ、否定的体験であるホームシックとは異なる（他に Hepper, Ritchie, Sedikides, & Wildschut, 2012）。そのようなノスタルジアの肯定性もまた"social snacking"を引き起こすと考えられる。たとえば、Wildschut et al.（2006）はノスタルジアについて幅広く検討し、次のようなことを示した。ノスタルジックな内容の叙述（ナラティブ）には、一般的に重要な他者との交流あるいは重要な出来事が含まれやすく、また否定的体験であっても後にそれを覆したといった内容が多く、ノスタルジアに伴う感情は否定的なものよりは肯定的なものが多い（Study 1, 2）。そして、気分誘導操作によりもたらされた否定的感情や孤独感がノスタルジアを喚起する（Study 3, 4）。さらには、ノスタルジアを喚起するとそれに伴って、他者との絆の感覚（e.g., 愛されている）や社会的有能性（i.e., 社会的スキル）、肯定的な自己観（e.g., 自尊心）、肯定的感情（e.g.,

幸福）が統制条件に比べて高まり、否定的な感情（e.g., 憂鬱）は統制条件と変わらない（Study 5-7）。加えて、Wildschut et al.（2006, Study 4）は、レジリエンス（精神的弾力性）が高い者ほど孤独感に応じてノスタルジアを高めやすいことも示しており、ノスタルジアの喚起は自己防衛方略であることを示唆している。また、Cheung, Wildschut, Sedikides, Hepper, Arndt et al.（2013, Study 4）では、懐かしく感じる歌詞により喚起されたノスタルジアが、他者との絆を強く感じさせ、それにより自尊心が高まり、最終的に楽観主義を高めることが示されている。また、Wildschut et al.（2010）は、対人関係の維持形成に影響する特性といえる成人愛着スタイルのうち、他者と親密になろうとせず困難時でも他者に頼ろうとしない傾向である親密性回避（cf. Mikulincer & Shaver, 2007）とノスタルジアの効果との関係を検討している。その結果、ノスタルジアによる "social snacking" 効果は、親密性回避傾向の高い者ではみられず、親密性回避傾向が低い者においてのみ認められることを見出した。さらに Wildschut et al.（2010, Study 3）は、課題フィードバック法によって社会性次元の脅威を操作する（脅威条件は将来の孤独を予言し、統制条件は将来の豊かな対人関係を予言する）ことによって、社会性次元の脅威がノスタルジアを喚起するという両者の間の因果関係を直接的に検証している。Zhou, Sedikides, Wildschut, & Gao（2008）は中国人大学生を対象に Wildschut et al.（2006）の概念的追試を行い、ノスタルジアによる "social snacking" が西洋人のみにみられるわけではないことを示しており、ノスタルジアが過去の親密な他者等を希求する比較的肯定的な自己関連的情動であることは通文化的現象であるといえる（他に、Hepper, Wildschut, Sedikides, Ritchie, Yung et al., 2014）。このように、ノスタルジアは親密な他者の記憶と結びついており、認知的対処としての "social snacking" の機能をもつと考えられる。

　以上のようなノスタルジアによる "social snacking" もまた、集団実体性高揚による "social snacking" と同様に、社会性次元の脅威に対する社会性次元の資源による対処といえる。これまで論じてきたように、自己の社会性次元を通じた対処は自己の能力次元の脅威に対しても使用されうることをふまえると、ノスタルジアを通じた "social snacking" も、社会性次元の脅威に対してだけではなく能力次元の脅威に対しても使用されうる、代替可能性をもつ方略と考えられる。Vess, Arndt, Routledge, Sedikides, & Wildschut（2012, Study 2）は、この可能性を検討するために、研究5実験2と同様の課題フィードバック法と、ノスタルジアの操作を用いた実験を、大学生を対象に行っている。それによると知的能力を調べる課題の成績が学内の平均以下であるとフィードバックされた参加者が、その後にノスタルジアを伴う記憶を想起してそれについて考えるように教示

された条件では、そのような教示を受けなかった統制条件（先週の普通の出来事を想起）に比べて、課題失敗の原因をより自己に帰属し自己奉仕バイアスが弱まることが示された。これは、能力次元への脅威に対して能力次元で直接対処する傾向がノスタルジアの喚起によって減じられたことを示唆するものである。ただ、Vess et al.（2012, Study 2）は実験操作としてノスタルジアを伴う記憶を想起するように促しており、参加者が脅威経験後に自己防衛的方略として自発的にノスタルジアを生起させるか否かの検討は行っていない。一方、能力次元の脅威ではなく存在脅威（mortality salience i.e., 死の脅威）についてはノスタルジアによって補償されることを Juhl, Routledge, Arndt, Sedikides, & Wildschut（2010）は示している。ノスタルジアを喚起しやすい傾向をもつ参加者は、ノスタルジアを喚起しにくい参加者に比べて、存在脅威（死の恐怖）を想起させられたときに自文化（所属大学の価値）を守ることで脅威に抗しようとする傾向が低く（Study 1）、また死の不安自体が高まりにくく、存在脅威に対して一時的にノスタルジアを高めていた（Study 3）（他に Routledge, Arndt, Sedikides, & Wildschut, 2008）。このように、Juhl et al.（2010）の結果は、ノスタルジア喚起による自己防衛方略が社会性次元の脅威場面に限定されず効果をもつ（他の方略との代替性をもつ）ことを示唆している。

　そこで、第3章では自己の能力次元への脅威に対して集団実体性の評価およびノスタルジアによる自己防衛方略が使用されるかどうかを検討し、社会性次元の資源を用いた対処の一般性について論じる。

2．第3章の概要

　第3章は三つの研究から構成される。研究5では実験1として研究4と同じ集合状況で想起法を用いる質問紙実験、そして実験2として研究3と同じ課題フィードバック法を用いる実験室実験を行い、自己の能力次元への脅威に対する自己防衛方略としての集団実体性知覚について検討する。研究6では研究4と同じ集合状況で想起法を用いる質問紙実験を実施し、自己の能力次元への脅威に対する自己防衛方略としてのノスタルジア喚起について検討する。これらの実験により、自己の能力次元への脅威に対する社会性次元を通じた自己防衛方略の一般性について考察する。

3．研究5

●目的と仮説

　能力次元の脅威を操作して所属集団の集団実体性の知覚がどのように変化するかを検討する三つの実験を行う。実験1では、脅威の操作として研究4の実験1で用いられた

想起法を用いて、集合状況で質問紙実験を行う。実験2では、研究3で用いた、偽の知能検査課題の結果をフィードバックする課題フィードバック法を用いて、実験室実験を行う。研究3では課題結果のフィードバックによって自己の能力次元への脅威を操作する実験室実験を行ったが、予測したような社会性次元の自己評価を通じた自己防衛的補償は認められなかった。一方、脅威の喚起に課題フィードバック法ではなく想起法を用いた研究4の実験1では自己防衛的補償が認められた。これらの結果から、研究3で予測された結果がみられなかったのは匿名性が一因だったのではないかと考えられた。実験室実験では匿名性が低いことから評価懸念が高まって非現実的な自己評価を表明しにくかったが、研究4実験1のような集合状況では匿名性が高かったために非現実的な自己評価を表明しやすかったのではないかと推測される。しかしながら、社会性次元において自己を高く評価することに比べれば、所属集団の集団実体性を高く評価することは自己防衛方略としての間接性が高いため、実験室実験でも、その匿名性の低さがもたらす評価懸念の影響を受けにくいかもしれない。また、社会性次元での自己高揚的評価が所属欲求に根ざしているのであれば、所属集団の実体性の評価において自己防衛的補償動機が反映されやすいと考えられる。

　研究5では、自己防衛方略の表れを検討する測度に自己の特性評価ではなく所属集団の実体性評価を用いる点がここまでの研究1-4と最も異なる点である。集団実体性は、所属集団がその評価者にとって意味ある集団であるという認知を表す（cf. Campbell, 1958; Correll & Park, 2005）。Knowles & Gardner（2008, Study 3）では集団実体性を、集団凝集性、成員にとっての集団の重要性、成員間の目標共有性、成員相互類似性の4項目によって測定している。社会性次元（所属）への脅威喚起に応じて評価の高揚が認められたのは四つの変数のうち集団凝集性と集団の重要性のみであったが、Knowles & Gardner（2008）はこの二つが所属欲求と関連性が特に高いために評価の高揚がみられたとしている。自己の社会性次元への脅威だけではなく能力次元への脅威に対しても"social snacking"のような社会性次元における自己防衛方略が用いられるならば、本研究でも、成員間の目標共有性や成員相互の類似性より集団凝集性と集団の重要性において脅威への対処がより顕著に表れる可能性が考えられる。よって、本研究でもKnowles & Gardner（2008, Study 3）と同じく、集団実体性の4変数間の比較を行うためこれらを参加者内要因として検討する。

　Knowles & Gardner（2008）は複数の種類の集団について検討を行っている。Johnson, Crawford, Sherman, Rutchick, Hamilton, Ferreira, & Petrocelli（2006）は充足される欲求の種類によって集団を分類し、特に所属欲求の充足に関連が強い親密集団（e.g., 家

族、友人）と、特に達成欲求の充足に関連が強い課題集団（i.e., 目標と結果を共有する人々）があるとしている。Knowles & Gardner（2008, Study 3）において集団実体性評価の対象となった集団も、この分類に従えば家族は親密集団、大学や学科・クラスといった集団は課題集団に類別できる。本研究でも親密集団として家族、課題集団として大学の学科等について検討を行う。Knowles & Gardner（2008, Study 3）の結果では集団の種類による差異はみられなかったが、本研究では集団の種類により自己防衛方略の用いられやすさが異なると考えられる。本研究の実験1では学業での失敗について想起することで自己の能力次元への脅威を喚起し、実験2では知的能力を測定すると説明される課題の結果をフィードバックすることで自己の能力次元への脅威を喚起する。そして本研究の課題集団である学科等は学業と関連が強く、親密集団である家族は学業と関連が弱い。自己の能力次元が脅威を受けたときに、学業や知的能力に関連が強い学科等の表象を活性化することは、"social snacking" につながる表象を喚起するに留まらず、能力次元への脅威も顕現化させることになりやすい。それはかえって脅威の悪影響を高めかねない。すなわち、本研究で検討を行う課題集団の表象は "social snacking" による自己防衛のための資源としては使用しにくいのではないかと考えられる。したがって、本研究では Knowles & Gardner（2008, Study 3）とは異なり、課題集団（学科等）よりも親密集団（家族）について自己防衛的な反応がみられやすいと推測した。

　研究2以降の研究では、自己防衛的反応を調整しうる要因として特性自尊心の水準を考慮してきた。Brown & Smart（1991）でもみられたように特性自尊心は、自己防衛的対処の資源へのアクセシビリティの高さと関連することが示されている（他に Dodgson & Wood, 1998; Seta et al., 2006; Sommer & Baumersiter, 2002）。しかしながら、研究4実験1では、社会性次元の自己評価において自己防衛的補償が認められたが、それは特性自尊心とは無関連だった。先行研究では、低特性自尊心者は、高特性自尊心者と異なり、脅威に対して直接対処する方略はあまりとらないが、間接的な対処方略ならばとりうることが示されている（e.g., Brown et al., 1988; 神原・遠藤, 2013）。したがって、自己の能力次元への脅威に対し社会性次元において対処するという方略の場合、能力次元において対処する方略よりも間接的であったために低特性自尊心者でも対処でき、特性自尊心の水準による調整効果がみられなかったとも考えられる。しかしながら、特性自尊心が他者から受容された経験の反映（e.g., Leary, 2004）であるならば、近しい他者との関係の表象が反映される所属集団の集団実体性評価が高まりやすいのは低特性自尊心者よりも高特性自尊心者と考えられる。また、特性自尊心の高い者ほど自己複雑性が高いという知見（Campbell et al., 1991）からも、高特性自尊心者は、脅威の影響が

能力次元に留まり別の次元（社会性次元）で補償しやすいと考えられる。そこで、本研究の実験 1 では研究 4 実験 1 と同じ集合状況で想起法を用いた質問紙実験を行うことで研究 4 実験 1 の概念的追試を行い、実験 2 では研究 3 と同じフィードバック法を用いた実験室実験を行って、特性自尊心の調整果についても改めて検討する。

よって、仮説は次のとおりであった。

　　仮説 1 ：自己の能力次元が脅威にさらされると、脅威がない場合に比べて、内・外
　　　　　　集団のうち内集団（所属集団）の集団実体性評価が高揚しやすい。

　　仮説 2 ：集団実体性評価の高揚は、課題集団（学科等）より親密集団（家族）に対
　　　　　　して認められやすい。

　　仮説 3 ：これらの傾向は特性自尊心が低い者よりも高い者にみられやすい。

3-1. 実験 1

研究 4 実験 1 で用いた手続きと概ね同じ手続きにより、自己の能力次元に対する脅威（i.e., 学業での失敗）を想起法によって生じさせる能力次元脅威条件と、日常的な大学生活を想起する統制条件を設け、自己防衛方略としての集団実体性評価を検討する。

●方法

参加者　大阪府内の大学の学生 205 名（女性 102 名、男性 101 名、性別無回答 2 名、平均年齢 18.56（$SD = 0.77$、18-21、年齢無回答 4 名））に質問紙実験のための冊子を配布した。回答に不備があった参加者を除いた 156 名（能力次元脅威条件 75 名、統制条件 81 名）の回答を有効回答として分析の対象とした[1]。

手続き　従属変数が異なることを除いて、研究 4 実験 1 とほぼ同じであった。集合状況での質問紙実験を、心理学関連の授業時間の一部を利用して実施した。実験条件に対応する内容の冊子を一度に配布し、冊子の内容に沿って実験を進めた。冊子の内容は、順に、回答にあたっての注意事項が書かれたフェイスシート、特性自尊心尺度のページ、能力次元脅威条件または統制条件として求められた想起内容を記述するページ、全体的な自尊心が統制条件に比べて能力次元脅威条件で低下したかを確認するための状態自尊心尺度のページ、集団実体性評価を測定する項目のページ、年齢と性別を回答してもらうページという構成であった[2]。質問紙への回答は強制ではなく自由意志によること、回答者の匿名性を保証することを説明し、"学生生活の意識の調査" という名目で参加を求めた。参加者は、実験者の教示に従って 1 ページずつ回答し、実験者は参加者の回答の進み具合を確認しながらページをめくる合図の教示を行った。想起内容の記述は研究 4

の5分間より短い3分間であり、実験者が時間を計って回答開始と終了の教示を行った[3]。全員の回答の終了を確認して質問紙の冊子を回収した後、不快な体験を想起させたことなどについて謝罪し、実験協力の感謝を述べ、ディブリーフィングを行った。実験の所要時間は30分程度だった。

特性自尊心尺度　研究2〜4と同じ、Rosenberg（1965）のSelf-Esteem Scaleの日本語版である自尊感情尺度（山本ら, 1982）の10項目を使用した。各項目について自己へのあてはまりを5件法（1. あてはまらない〜5. あてはまる）で評定を求めた。

脅威操作　研究4実験1と、能力次元脅威条件のいくつかの変更点を除いて同じであった。能力次元脅威条件では、能力次元の自己評価への脅威を喚起する操作として、勉学での最もつらかった、嫌悪的失敗経験（e.g., 入学試験での不合格、平均より低い点数をとる、学業で負けたくない他者に成績が劣るなど）を想起してもらい、その内容を詳述するように求めた。研究4実験1よりも短い時間で詳細に想起してもらうために、研究4実験1とは異なり、内容を記述する前に経験した時期を記入するように求めた。統制条件では、自己評価への脅威を喚起しないように、大学の授業に出席する日の起床から帰宅までの典型的な自分の日常の行動を詳述するように求めた。

状態自尊心尺度　能力次元脅威条件で嫌悪的失敗経験を想起したことにより状態自尊心が統制条件に比べて低下したかを確認するために状態自尊心を測定した。Heatherton & Polivy（1991）のState Self-Esteem Scaleから、研究4で使用した、自己の有能性評価にかかわる下位尺度である"Performance"の4項目（e.g., "自分の出来の悪さに失望を覚える"）と、他者からみた自己評価にかかわる下位尺度である"Social"の4項目（e.g., "自分が他人の目にどう映っているのか心配である"）を、邦訳して使用した。各項目について自己へのあてはまりを5件法（1. あてはまらない〜5. あてはまる）で評定を求めた。なお、本研究の分析では、能力次元により直接的にかかわると考えられた"Performance"の4項目のみを使用した。

集団実体性評価の測定項目　Knowles & Gardner（2008, Study 3）でみられたように、外集団ではなく内集団（所属集団）について集団実体性評価の高揚がみられるかを検討するために、内集団と外集団について評定を求めた。評定対象となる集団の種類について、Knowles & Gardner（2008, Study 3）では3種類の集団（family、class、university）について評定を求めていた。しかし、Knowles & Gardner（2008, Study 3）では集団の種類による差がみられなかったことから、本研究では回答者の負担を減らすために親密集団と課題集団それぞれ1種類ずつの2集団とし、親密集団は"家族"、課題集団はKnowles & Gardner（2008, Study 3）の"class"に対応すると考えられた"学部

／学科／コース等"（以下学科等とする）とした。評価対象となる具体的な各集団は、Knowles & Gardner（2008, Study 3）を参考にして、"家族"の内集団は"自分の家族"、外集団は"（特定の）友人の家族"とし、学科等の内集団は"自分の所属学部／学科／コース等"、外集団は"自分が所属していない他の学部／学科／コース等"とした。集団実体性を評定する項目は、Knowles & Gardner（2008, Study 3）の四つの測度を和訳して文章化した（e.g., 自分が所属する（または所属しない他の）学科等について"所属学生同士がまとまっている"（課題集団の凝集性）、自分（または友人）の家族について"家族みんなにとってこの家族は重要なものである"（親密集団の重要性）、自分（または友人）の家族について"家族みんながこの家族の目標を共有している"（親密集団の目標共有性）、自分が所属する（または所属しない他の）学科等について"所属学生同士が似ている"（課題集団の成員相互類似性））。各集団についてこれら4項目ずつを7件法（1. 全くそう思わない〜7. 非常にそう思う）で評定するように求めた。評定は常に内集団が先、外集団が後の順で行われ、親密集団（家族）と課題集団（学科等）の順序はカウンタバランスされた。

●結果と考察

特性自尊心　特性自尊心尺度の全10項目の平均値を特性自尊心得点とした（$\alpha = .84$, $M = 3.04$, $SD = 0.79$）。参加者の特性自尊心に条件間で差がないかを確認するため、能力次元脅威条件（$M = 3.00$, $SD = 0.81$）と統制条件（$M = 3.07$, $SD = 0.77$）の特性自尊心得点についてt検定を行った。その結果、参加者の特性自尊心得点に有意な条件差は認められなかった（$t(154) = 0.59$, ns）。

操作確認　状態自尊心尺度の8項目のうち、本実験の操作に直接的にかかわる"Performance"の4項目の平均値を状態自尊心得点とした（$\alpha = .61$, $M = 2.84$, $SD = 0.83$）。能力次元脅威条件の参加者の状態自尊心が統制条件よりも低下したかを確認するため、状態自尊心得点について脅威条件（能力次元脅威・統制）×特性自尊心（連続変量、平均値によって中心化）の一般線形モデルによる分析を行った。その結果、脅威条件の主効果が有意であり（$F(1, 152) = 7.83$, $p < .01$）、能力次元脅威条件（$M = 2.68$, $SD = 0.86$）は統制条件（$M = 2.99$, $SD = 0.77$）に比べて状態自尊心得点が低かった。特性自尊心の主効果も有意であり（$F(1, 152) = 144.78$, $p < .001$）、高特性自尊心者（平均+1SD: $\hat{M} = 3.40$）のほうが低特性自尊心者（平均−1SD: $\hat{M} = 2.27$）よりも状態自尊心得点が高かった。しかし、脅威条件×特性自尊心の交互作用は有意ではなかったことから（$F(1, 152) = 0.44$, ns）、脅威の操作は参加者の特性自尊心にかかわらず影響したと

第3章　能力次元への脅威に対する社会性次元での補償的自己防衛（2）　|　93

Table 5.1　研究5実験1における内集団と外集団の脅威条件ごとの集団実体性評価得点

集団実体性 評価項目	親密集団・内集団（自分の家族）		親密集団・外集団（友人の家族）	
	能力次元脅威条件 （学業での失敗） $N=75$	統制条件 （日常生活） $N=81$	能力次元脅威条件 （学業での失敗） $N=75$	統制条件 （日常生活） $N=81$
凝集性	4.67（1.78）	4.79（1.59）	4.53（1.26）	4.58（1.14）
重要性	5.53（1.58）	5.46（1.47）	4.89（1.32）	4.89（1.28）
目標共有性	3.55（1.69）	3.51（1.57）	4.01（1.18）	4.09（1.05）
成員相互類似性	4.35（2.00）	4.19（1.68）	4.52（1.45）	4.48（1.17）
集団実体性 評価項目	課題集団・内集団（所属学科等）		課題集団・外集団（非所属学科等）	
	能力次元脅威条件 （学業での失敗） $N=75$	統制条件 （日常生活） $N=81$	能力次元脅威条件 （学業での失敗） $N=75$	統制条件 （日常生活） $N=81$
凝集性	3.83（1.58）	4.12（1.77）	4.07（1.28）	4.09（1.28）
重要性	4.79（1.60）	4.83（1.47）	4.52（1.31）	4.25（1.18）
目標共有性	3.45（1.58）	3.77（1.43）	3.89（1.21）	3.83（1.16）
成員相互類似性	3.40（1.70）	3.38（1.71）	4.01（1.32）	3.99（1.28）

Note.（　）内は *SD*

考えられた。

　集団実体性の評価　集団実体性の項目ごとの得点を条件ごとに算出した（Table 5.1）。3つの仮説、自己の能力次元が脅威にさらされると、脅威がない場合に比べて、内・外集団のうち内集団（所属集団）の集団実体性評価が高まる（仮説1）、仮説1の傾向は課題集団（学科等）より親密集団（家族）に対して認められやすい（仮説2）、仮説1、2の傾向は特性自尊心が低い者よりも高い者にみられやすい（仮説3）、を検討するため、集団実体性評価について分析を行った。標準化した集団実体性評価の各得点について、脅威条件（能力次元脅威・統制）×集団成員性（内集団・外集団）×集団種類（親密集団・課題集団）×集団実体性の4変数（凝集性、重要性、目標共有性、成員相互類似性）×特性自尊心得点（連続変量：平均値により中心化した値を使用）の一般線形モデルによる分析を行った。その結果、脅威条件×特性自尊心の交互作用（$F(1, 152)=6.37, p<.05$）の他に、集団成員性×特性自尊心（$F(1, 152)=8.17, p<.01$）、集団実体性×特性自尊心の交互作用（$F(3, 456)=3.96, p<.01$）が有意だった。その他の主効果および交互作用は有意ではなく（Fs<1.97, *ns*）、仮説1、2は支持されなかった。しかしながら、もし特性自尊心が高い場合に能力次元脅威条件の集団実体性評価が集団成員性にかかわらず統制条件よりも高ければ、能力次元脅威条件の高特性自尊心者は低特性自尊心者よりも内集団の集団実体性評価が高まりやすいという仮説3を支持する傾向が含まれている

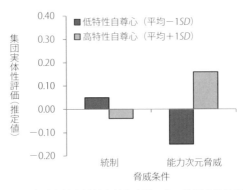

Figure 5.1　脅威条件と特性自尊心水準ごとの集団実体性評価得点

と考えうる。そこで、有意だった脅威条件×特性自尊心の交互作用効果について下位検定を行った（Figure 5.1.）。分析の結果、有意傾向ではあったが（$F(1, 152) = 3.17$, $p < .10$）、高特性自尊心者（平均+1SD）は能力次元脅威条件（$\hat{M} = 0.16$）のほうが統制条件（$\hat{M} = -0.04$）よりも集団実体性評価が高まったことが示唆された。一方、低特性自尊心者（平均-1SD）については統制条件（$\hat{M} = 0.05$）のほうが能力次元脅威条件（$\hat{M} = -0.15$）よりも集団実体性評価が高いことが示唆された（$F(1, 152) = 3.22$, $p < .10$）。したがって、自己の能力次元に脅威を受けると、集団の種類（親密集団、課題集団）や集団成員性（内集団、外集団）にかかわらず、高特性自尊心者は集団実体性評価を高めることが示唆された。反対に、低特性自尊心者は集団実体性評価を低めることが示唆された。なお、仮説とは関連しないが、脅威条件ごとに特性自尊心の単純主効果を検定したところ、能力次元脅威条件では特性自尊心の単純主効果が有意であり、高特性自尊心者（平均+1SD）のほうが低特性自尊心者（平均-1SD）よりも集団実体性評価が高かった（$F(1, 152) = 7.80$, $p < .01$）。一方、統制条件では特性自尊心の単純主効果は有意ではなく、特性自尊心による集団実体性評価の差は認められなかった（$F(1, 152) = 0.62$, ns）。

以上のように、実験参加者の特性自尊心が高ければ自己の能力次元への脅威は集団実体性評価を高めることが示唆された。この脅威条件×特性自尊心の交互作用が唯一の脅威条件の効果を含む結果であり、集団成員性（内集団・外集団）の効果と脅威条件は関係がみられなかったため、仮説は全て支持されなかったことになる。仮説2として予測した、集団種類（親密集団・課題集団）による差異もみられなかった。しかし、特性自尊心が高い実験参加者について、少なくとも、自己の能力次元への脅威に対して集団実

体性評価が高まることが示唆されたということは、内集団の集団実体性評価も高まったと考えうることから、仮説3は部分的に支持されたと考えられる。

　予測とは異なって、内集団と外集団の区別なく自己の能力次元への脅威に際して集団実体性評価の高揚が示された理由は、次のように考えられる。内集団と外集団を対比する際、社会的アイデンティティ理論（e.g., Tajfel & Turner, 1986; Turner, 1978）に基づく研究では、外集団には内集団と対立しやすい関係にある集団カテゴリが典型的に用いられる（e.g., 人種の場合は黒人 vs. 白人、性別の場合は男性 vs. 女性）。しかし、本実験で外集団として取り上げた集団は友人の家族および自分が所属していない学科等であり、家族はもちろん学科等も外集団が内集団と明らかな対立関係にはなかった可能性がある。自分が所属していない学科等の学生であっても、対立関係というよりはむしろ、同じ大学で学ぶ仲間として、所属欲求の充足に寄与する広義の内集団としてとらえられたのではないだろうか。友人の家族についても同様に、自分の仲間（友人）の家族もまた広義の自分の仲間、としてとらえられたかもしれない。Knowles & Gardner（2008, Study 3）とは異なり、このような内集団の拡張と解釈しうる結果が生じたのは、本実験の実験条件で用いた脅威の質がKnowles & Gardner（2008, Study 3）で用いられたものとは異なることが一因かもしれない。Knowles & Gardner（2008, Study 3）で用いられた脅威は社会的拒絶による所属欲求への脅威であった。一方、本実験で用いられた能力次元への脅威は直接的に集団への所属にかかわるものではないため、内集団と外集団という区別（i.e., 自分の家族と友人の家族の区別、自分が所属する学科等と所属していない学科等の区別）をKnowles & Gardner（2008, Study 3）ほどには顕在化させなかったのかもしれない。ただし、脅威とは無関係な統制条件でも本実験では内集団と外集団の区別がみられなかったことから、脅威の質以外にもKnowles & Gardner（2008, Study 3）とは異なる要因があったとも考えられる。

　このようにKnowles & Gardner（2008, Study 3）と本研究は脅威の質が異なるため、自己の知的能力に対する脅威を扱った本研究では、仮説2として、知的能力に関連性が高い課題集団（学科等）の表象は"social snacking"の資源として用いられにくいと予測した。しかし、その予測は支持されなかった。本実験でも集団の種類にかかわりなく集団実体性評価の高まりがみられたのは、学科等という集団が自己の知的能力への脅威を再び喚起しうる性質をもつにもかかわらず、所属欲求を充足する"social snacking"の表象としての性質が優先されてとらえられていたと考えうる。そのことは、所属欲求が人間の基本的な欲求であり（Baumeister & Leary, 1995）、研究4でも示されたように能力次元より社会性次元（所属）のほうが自尊心に対して強い影響力をもつ（Koch &

Shepperd, 2008）ということをふまえれば、課題集団の表象が喚起する能力次元の脅威を避けるよりも所属欲を充足させるほうを優先させたことは十分に考えうる。ただし、このほかにも理由は考えられる。たとえば、想起された学業での失敗が大学入学以前の知的能力にかかわるものであり、一方、実験参加者が現在所属している大学の学部、学科等がその実験参加者にとって知的能力の高い成員で構成される集団と捉えられていた場合は、その集団の一員である自分もまた優秀であると認知することができる。すなわち、このような内集団の表象は、大学入学以前の知的能力にかかわる失敗想起による自己評価の低下を補償しうる。これは自己の能力次元への脅威による影響を同じ能力次元の資源により補償することであり、本実験ではこのような同一次元での補償も含まれた可能性も考えられるため、本実験の結果を "social snacking" を通じた自己防衛的補償によってのみ解釈することには慎重である必要がある。

　以上のように、本実験の結果は、解釈に慎重を期す必要はあるが、自己の能力次元への脅威に対して高特性自尊心者が親密集団（家族）を含めた身近な集団の集団実体性評価を高めることを示唆するものであった。これは、高特性自尊心者が低特性自尊心者よりも自己の社会性次元の肯定的な情報にアクセスしやすいために自己の能力次元への脅威に対して所属感覚を高揚することで対処しやすいという仮説 3 が、少なくとも親密集団の内集団については支持されたと考えうる。このことは、自己の能力次元への脅威は社会性次元を通じて補償されるという研究 4 の実験 1 の知見を、特性自尊心の調整効果の点を除いて支持するものであるだけでなく、補償の方略に自己の特性評価ではなく集団実体性評価を用いているという点で知見の一般性を拡張しうる結果といえる。

　しかしながら、本実験では想起法を用いたため、研究 4 の実験 1 と同じ限界を抱えている。まず、脅威条件だけ想起された嫌悪的失敗経験や統制条件で記述を求められた日常の大学生活の内容が各条件内の参加者間で等質とは限らない。また、回答に不備があったために分析から除外した参加者が少なくなかったが、これは集合状況で実験を実施したことにより二次的要因を十分に統制できていなかったためという可能性が考えられる。これらの点は、本実験でみられた集団実体性評価高揚が高特性自尊心者についてのみみられたこととも関連するかもしれない。研究 4 では、脅威の影響を補償しうる参加者のみが不備のない回答を行いうるというセレクション・バイアスの影響を緩和するために、能力次元脅威条件の想起課題について無回答だった参加者のデータを分析に含めたが、本実験ではそのような不備があった参加者のデータ分析から除外した。その結果、本実験では特性自尊心による調整効果がみられたが、それが高特性自尊心者に回答の不備が少ないといったセレクション・バイアスの影響かどうかは、この実験 1 と研究 4 だけで

は判別できない。さらなる考察を行うには、二次的な要因がより厳密に統制された実験室実験による検討を行う必要があるだろう。したがって、上記の可能性については、実験室実験を行った次の実験2の結果を踏まえて、総合考察で再度検討する。

3-2. 実験2

自己の能力次元に対する脅威の操作を、研究3と概ね同じ課題フィードバック法により行い、自己防衛方略としての集団実体性評価を検討する。研究3では下位条件、中位条件、上位条件の3条件としたが、本実験では、下位条件を能力次元脅威条件、中位条件を統制条件と位置づけて検討する。

研究3で自己防衛的補償が認められず、研究4の実験1と本研究の実験1で自己防衛的補償が認められたのは、研究4の実験1と本研究の実験1が集合状況での質問紙実験であったのに対して、研究3が実験室実験であり匿名性の低さによる評価懸念の影響があったためと推測した。本実験も実験室実験であり匿名性は集合状況に比べて低くなるが、自己防衛方略の測定を自己の特性評価よりも間接的な集団実体性評価によって行うため、それによって評価懸念の影響を低減できるならば、実験室実験でも自己防衛的補償がみられると考えられる。また、研究4の実験1と本研究の実験1では、能力次元脅威条件で自己防衛的補償を行うことができる参加者ほど不備がない回答を行うというセレクション・バイアスの影響が推測されたが、集合状況の実験よりも二次的要因が厳密に統制された実験室実験ならば、そのようなセレクション・バイアスの影響を低減することができると考えられる。

本実験では、集団実体性の評価を行う前に、所属集団の表象へのアクセシビリティも測定する。Knowles & Gardner（2008, Study 2）は、研究4の実験2と同様に拒絶された経験の想起による脅威を喚起し、その後の所属集団の表象へのアクセシビリティを検討した。集団関連語（e.g., feminine, Asian）を用いた語彙判断課題の結果は、所属欲求への脅威が所属集団の表象へのアクセシビリティを高めることを示した。Knowles & Gardner（2008, Study 2）によれば、この結果は、自己の社会性次元への脅威に対処する過程として所属集団の表象が顕現化することを示唆する。それならば、自己の能力次元への脅威が社会性次元を通じて補償されるときもまた、所属集団の表象が顕現化する可能性が考えられる。そこで本実験では、親密集団と課題集団それぞれについての集団関連語についての語彙判断課題を行い、自己の能力次元への脅威を経験した際にも所属集団の表象へのアクセシビリティが高まるかを検討する。そこで、仮説は、実験1で検討した仮説1、2、3に、次の3つの仮説を加えた。

仮説4：自己の能力次元が脅威にさらされると、脅威がない場合に比べて、語彙判断課題における集団関連語への反応潜時が集団無関連語に比べ短くなる。

仮説5：この傾向は、集団関連語の中でも課題集団に関連する語より親密集団に関連する語に対して表れやすい。

仮説6：その傾向は特性自尊心が低い者よりも高い者に表れやすい。

　なお、操作確認として測定する状態自尊心について、本実験では、本論文のこれまでの研究とは異なり、潜在指標を用いることにした。序論で述べたが、自己の評価には自己を望ましくみせようという自己呈示動機が影響しやすい（e.g., Baumeister & Jones, 1978）。殊に高特性自尊心者は、自我脅威に直面するとそのような自己呈示を行いやすいことが指摘されている（Baumeister, 1982; Brown & Smart, 1991; Vohs & Heatherton, 2001; 2004）。本実験は、実験1のように集合状況ではなく実験室で一人ずつ実施するため、実験1とは異なり匿名性がない。そのため、実験1よりも自己呈示的動機の影響を受けやすいと考えられた。そこで、本実験では潜在指標を用いることにした。潜在指標は、何が測定されているかが回答者にはわからないように測定されるため、自己呈示動機の影響を受けずに測定することができるとされ、差別的ステレオタイプ（e.g., 人種ステレオタイプ、性ステレオタイプ）を測定するためにもよく用いられている。潜在指標の測定方法は、IAT（Implicit Association Test、Greenwald & Farnham, 2000; Greenwald, McGhee, & Schwartz, 1998; 潮村・村上・小林，2003）が代表的であるが、本実験ではその簡易版であるBIAT（Brief Implicit Association Test; Sriram & Greenwald, 2009）を用いる。

　なお、序章でも述べたが、潜在的な自尊心を測定する研究の多くでは、測定された潜在的な自尊心は特性自尊心として扱われている。特性ということは比較的安定的で変化しにくいことを意味する。しかし、IATによって測定される態度は測定前の操作により変化しうることが報告されている（e.g., Dasgupta & Greenwald, 2001; 尾崎，2006）。また、Buhrmester, Blanton, & Swann（2011）によれば、潜在的な自尊心は顕在指標（i.e., 自尊感情尺度に回答）によって測定された特性自尊心よりも安定性が低い。このことは、IATによって測定される潜在的な自尊心が顕在的な自尊心よりも測定前の出来事に影響されやすいことを示唆する。実際、たとえば、自己関連語と肯定的刺激（笑顔の写真）を連続して呈示すると、その後の潜在的な自尊心が高まることが示されてもいる（Baccus, Baldwin, & Packer, 2004）。これらの研究から、課題成績をフィードバックした後の潜在的状態自尊心をIATによって測定できると考えた。しかしながら、標準的なIATの試行数は180～200試行であり（cf. Teige-Mocigemba, Klauer, & Sherman, 2010）、全

試行を終えるには時間がかかることから、IATの実施前に行われるフィードバック操作の効果がIAT実施後には消失している恐れがあった。そこで、本実験では、標準的なIATの半分程度の試行数でも潜在的態度を測定できることが検証されているBIATを用いることにした。

●方法

参加者の選出 本実験実施の2～4週間前に、実験参加候補者の特性自尊心を測定した。大阪市の公立大学の学生122名（女性74名、男性48名、平均年齢18.61歳（$SD=1.11$, 18-24））に、心理学の講義時に、質問紙調査として実験1でも使用した自尊感情尺度（Rosenberg, 1965; 山本ら, 1982）の10項目について5件法（1.あてはまらない～5.あてはまる）で回答を求めた。そして、それとは無関係と教示して実験参加者の募集を行った[4]。尺度の回答に不備があった2名のデータを除いて、10項目（$\alpha = .81$）の平均値を求め、特性自尊心得点とした（$M=2.93$, $SD=0.67$）。募集に応じた実験参加者を、この事前調査の結果をもとに条件間で特性自尊心の水準と男女比ができるだけ等しくなるように配慮して各条件に割り当てた。

参加者 事前調査の際の参加者募集に応じた学生53名（女性34名、男性19名、平均年齢18.55歳（$SD=1.14$, 18-24）、能力次元脅威条件27名、統制条件26名）が実験に参加した。

実験手続き 実験は実験室で一人ずつ実施した。2部屋がドアで区切られた実験室の入口から奥のほうの部屋で実験が開始された。研究3と概ね同じ手続きの課題フィードバック法が用いられた。まず、実験参加への同意を得た後、既存の知能検査改訂のためのデータを集めているというカバーストーリーを教示し、その知能検査への回答を求めた。知能検査は、新訂京大NX15-知能検査第2版（苧阪・梅本, 1984）から本実験に適していると考えられた四つの検査（第2、3、5、7検査）を順に、実施マニュアルに準じて実施した。知能検査課題を終えると、成績を入力するために少しだけ待つように参加者に教示して、実験者は回答済みの検査冊子をもってパソコンとプリンターが備えられた隣室に移動した。実験者はドアを閉めてパソコンに回答を入力し、予め用意した偽の結果を印刷した。そして参加者が待つ部屋に戻り、検査冊子は回収箱に入れて、偽の結果シートを先ほどの知能検査の結果として参加者に呈示した。偽の結果シートは研究3で使用した用紙とは説明文の一部がよりリアリティを感じられるように変更されたことを除いて基本的に同じ内容であった。A4用紙1枚の上半分に、その時点の全参加者の成績分布を表す架空のグラフがカラー刷で示され、その中で参加者の順位も示された。

そして下半分には、知能検査の名称と、検査結果に関する偽の解説文が表記されていた。解説文には、知能は安定的で将来にまでかかわることが記され、参加者の知的能力の所属大学における水準、同じ知的能力の水準の人々が過去に多く就業した職業が記載された。解説文の内容は能力次元脅威条件と統制条件の各条件に合わせて内容を変更した。能力次元脅威条件では研究3の下位条件とほぼ同じ内容、統制条件では研究3の中位条件とほぼ同じ内容が使用された。能力次元脅威条件では、参加者の成績は751人中683位だったとされ、参加者の所属大学内の知的能力水準は"下位"、当該能力の人々が就業した職業は"中小企業社員"等とされた。統制条件では、参加者の成績は751人中374位だったとされ、参加者の所属大学内の知的能力水準は"中位"、当該能力の人々が就業した職業は"中堅企業会社員"等とされた。実験者はその図について見方を説明するとともに参加者の順位を述べ、説明文を読み上げた。

　次に、新しい実験課題作成のために3つの課題を行い評価してほしいと教示して、まずBIAT、そして語彙判断課題を実施した（課題の詳細は後述）。各課題は、課題開始時と練習試行の教示を実験者が読み上げた他は、参加者がパソコンのモニタに表示される教示を読んで自ら進めた。実験者は参加者の斜め後方に座り、課題終了を参加者から知らされるのを待った。

　続いて、3つ目の課題と教示して、集団実体性評価を測定する質問紙（実験1と同じもの）に回答を求めた。回答を終えたらその質問紙を回収箱に自ら入れるように参加者に指示し、実験者は隣室で回答終了が知らされるのを待った。

　参加者が3つ目の課題の回答を終えたら、カバーストーリーの通りに、各課題の説明のわかりやすさと操作のしやすさについての評価、そして実験全体について気づいたことや感想を自由に記述するように求めた。記入済回答用紙は回収箱に自ら入れるように参加者に伝え、実験者は隣室で回答終了が知らされるのを待った。回答終了後、実験の目的や知能検査について虚偽の説明を行ったことについて謝罪し、ディブリーフィングを行った。

BIAT　IATの簡易版であるBIAT（Sriram & Greenwald, 2009）を用いた。IATは、一対の対象概念（e.g., 自分－他者）と一対の評価概念（e.g., 良い－悪い）のそれぞれの組合せについて、いずれの対象概念がいずれの評価概念と相対的に強く連合しているかを調べる方法であり、BIATもその原理は同じである。たとえば"自分"と"悪い"が"他者"と"悪い"よりも強く結びついていれば、それは自尊心が相対的に低いと解釈される。その連合の指標は、呈示されたいずれかの概念を表す刺激語（e.g., "劣った"）に対応する左右の選択肢（e.g., 右が"自分"または"悪い"）のうちの正解を選択するま

Table 5.2　標準的な IAT と研究 5 実験 2 の BIAT の手続き

ブロック	試行数	試行の種類	内容	カウンタバランス	ブロック	試行数	試行の種類	内容	カウンタバランス
	IAT (Greenwald & Farnham, 2000, Additional Test)					研究 5 実験 2 の BIAT			
1	20	練習試行	自己／他者		1	20	練習試行	悪い／それ以外	
2	20	練習試行	肯定的／否定的	ブロック5-7と参加者間でカウンタバランス	2	4	練習試行	自己／それ以外	ブロック4-5と参加者間でカウンタバランス
3	20	練習試行	自己または肯定的／他者または否定的			16	本試行	自己または悪い／それ以外	
4	40	本試行	自己または肯定的／他者または否定的		3	4	練習試行	他者／それ以外	
						16	本試行	他者または悪い／それ以外	
5	20	練習試行	肯定的／否定的	ブロック2-4と参加者間でカウンタバランス	4	4	練習試行	他者／それ以外	ブロック2-3と参加者間でカウンタバランス
6	20	練習試行	他者または肯定的／自己または否定的			16	本試行	他者または悪い／それ以外	
7	40	本試行	他者または肯定的／自己または否定的		5	4	練習試行	自己／それ以外	
						16	本試行	自己または悪い／それ以外	

での反応潜時であり、反応潜時が短いほど連合が強いと想定されている。

　BIAT は 5 つのブロックから構成されている（Table 5.2）。IAT は呈示された刺激語が一対の概念のうちのいずれかを弁別するように求めるが（e.g., "自分または悪い" と "他者または良い"）、BIAT は焦点カテゴリ（e.g., "自分または悪い"）と "それ以外" の弁別を求める。ブロック 1 は "悪い－それ以外" を弁別する練習試行（20 試行）、ブロック 2 は "自分または悪い－それ以外" を弁別する本試行（16 試行）、そしてブロック 3 は "他者または悪い－それ以外" を弁別する本試行（16 試行）であった。なお、ブロック 2 とブロック 3 は本試行の前に本試行に対応した "自分－それ以外" または "他者－それ以外" を弁別する練習試行（4 試行）があった。そしてブロック 4 はブロック 3 と同じ組合せ、ブロック 5 はブロック 2 と同じ組合せの試行が行われた。ブロック 2 と 3、それに対応する 4 と 5 の実施順序（"自分－それ以外" と "他者－それ以外" の実施順序）は参加者間でカウンタバランスした。IAT は一般に、一度の測定の中で、三つずつある対象概念（e.g., 自己と他者）と評価概念（e.g., "良い" と "悪い"）のそれぞれについて左右いずれが正解かをカウンタバランスする。しかし、BIAT は対象概念についてだけ左右のカウンタバランスを行い、評価概念は正解を左右の一方に固定する。Sriram & Greenwald（2009）は不快概念よりも快概念を焦点カテゴリとするほうが信頼性と妥当性が高かったとしている（e.g., "悪い" のほうを "それ以外" に含める）。しかし、本実験では自我脅威操作のために否定的になった自己概念に焦点をあてる。また、"良い"

を焦点カテゴリとすると快刺激を繰り返し呈示することになり、自己肯定化過程が喚起
される懸念があったため、不快概念である"悪い"を焦点カテゴリとした（"良い"のほ
うを"それ以外"に含める）。なお、"悪い"の正反応は"右"キーとした。パソコンの
キーボードの"I"キーに"右"というラベルが貼られ、"その他"の正反応になる"左"
キーは"E"キーに"左"とラベルが貼られた。

　対象概念（自分－他者）の刺激語は小塩・西野・速水（2009）のIATで使用された
各5語を使用した。なお、小塩ら（2009）では"自分"の5語と"他者"の4語の刺激
語に助詞がついており（e.g., "私は"、"他者の"）、"他者"の刺激語の一つである"他者"
のみ助詞がついていない。しかし、助詞がついていない刺激語が一つだけではその刺激
語だけ弁別しやすくなる恐れがあったため、刺激語の"他者"を"自分"の刺激語の"私
は"という表記に揃えて"他者は"とした。評価概念の刺激語は能力次元の自我脅威の
効果をみるために能力に関連するものを"悪い"と"良い"の各5語ずつ独自に作成した
（"悪い"の刺激語：無能な、愚かな、劣った、頭の悪い、失敗した／"良い"の刺激語：
有能な、利口な、優秀な、賢い、成功した）。刺激の呈示と反応時間の測定にはMillisecond
Software社のInquisit（Ver. 3.0.4）を用いた。課題の流れはIAT（Greenwald et al.,
1998）に準拠した。対象概念と評価概念は交互に呈示され、刺激語の呈示順序はプログ
ラムによりランダムにされた。試行間間隔は250msだった。刺激語呈示から左右いずれ
かのキー押しによる分類反応までの反応潜時（ms）と回答の正誤が記録された。誤反
応の場合は画面下部に赤色の"X"が表示され、正反応のキーを押すと次の試行に進んだ。
画面の背景は黒色、文字は、教示が白色、対象概念の刺激語は水色、評価概念の刺激語
は黄色だった。

　語彙判断課題　Knowles & Gardner（2008, Study 2）と、Mikulincer, Gillath, & Shaver
（2002）を参考に課題を構成した。語彙判断課題では、集団関連語と統制語からなる語
群と、非単語群を呈示し、呈示された各刺激が実際に存在する（i.e., 辞書に掲載されて
いる）語か否かを判断するように求める。統制語に比べた集団関連語の判断の反応潜時が
短ければ、その集団に関連する表象へのアクセシビリティが高まっていたと考えられる。

　反応潜時の短さは、単語を日常生活の中で目にする程度——単語の熟知価も影響する
ため、集団関連語と統制語の熟知価を統制する必要がある。そこで、熟知価を揃えた集
団関連語、統制語を選定するために、予備調査を実施した。調査対象者は大学生と大学
院生の36名（女性22名、男性14名、平均年齢21.28歳（SD = 2.08））だった。集団
関連語は、親密集団と課題集団それぞれに対応する語を選定するために、Lickel, Hamilton,
Wieczorkowska, Lewis, Sherman, & Uhles（2000）を参考に、親密集団8語（e.g., 家

族、友達)、課題集団7語（e.g., 学科、学生）の計15語を用意した。統制語には集団無関連語として集団概念と関連性が低いと考えられた40語（e.g., 料理、地図）を用意した。なお、実験計画を知らない実験協力者1名が集団関連語、集団無関連語の分類を行った結果、実験者による分類との一致率は96.36%だった。ダミー刺激に用いる非単語には、実際に辞書にはない偏と旁の組合せにより作成された疑似漢字（川口，1999）を使用し、24語（e.g., 歃赧、稄侜）を用意した。非単語は疑似漢字2字、集団関連語と集団無関連語はいずれも漢字2字と字数を揃えた。これらの79語の熟知価を測定するため、日常的に目にする程度について8段階（0. "全くない"、1. "非常に少ない" ～7. "非常に多い"）で評定を求めた。この予備調査の結果に基づき、実験課題で使用する刺激語を選定した。集団関連語は熟知価が高い順に14語を選定した（M=5.56, SD=1.39）。集団無関連語は、その熟知価の平均値とSDが集団関連語の熟知価に近似するように7語を選定した（M=5.56, SD=1.36）。なお、実験者と実験協力者の間で集団関連・無関連の分類が異なった語は選定された刺激語の中には含めなかった。非単語はダミーの刺激語であるため、集団関連語や集団無関連語の認知と干渉しないように、熟知価の低い順に21語を選定した（M=0.18, SD=0.61）。練習試行のために、残りの語群から集団関連語1語、集団無関連語1語、非単語2語の4語を選定した。

語彙判断課題の流れは次のとおりであった。実験参加者は、パソコンのモニタに呈示される単語が辞書に載っていると判断したら "ある" のキー、辞書に載っていないと判断したら "ない" のキーを、人差し指で押して回答するように求められた。"ある" と "ない" それぞれのキーにはパソコンのキーボードの "F" と "J" が使用された。各キーと "ある"、"ない" の対応は実験参加者間でカウンタバランスされ、いずれかのキーに "ある"、"ない" とラベルが貼られた。教示に従って実験参加者が課題を始めるための "開始" キー（B）を押すと、1000ms後に練習試行（4試行）が開始された。1試行ごとに画面中央に注視点（+）が2000ms 呈示され、それが消えると単語刺激が呈示された。単語刺激は回答のキー押し反応が行われたときか、無反応のまま4000msが経過すると呈示を終了し、次の試行に移行した。練習試行が終わると本試行の教示が呈示され、実験参加者が "開始" キーを押すと本試行が開始された。本試行では、注視点の次に、集団関連語、統制語（集団無関連語)、非単語のいずれかがプログラムによってランダムな順序で呈示された。刺激と教示の呈示と反応時間の測定にはCedrus社のSuperLab Pro（Ver. 2.0.4）を用いた。刺激語呈示から "ある"、"ない" のいずれかのキーを押すまでの反応潜時（ms）と回答の正誤が記録された。画面の背景色は白、文字色は黒だった。

●結果と考察

実験の最後に参加者に求めた実験の感想を確認したところ、実験中の説明や実験目的に疑いを抱いた者はいなかったことから、実験の全参加者を分析の対象とした。

特性自尊心 予備調査で測定した特性自尊心について、各条件の参加者の間に特性自尊心得点の差がないかを確認するため、能力次元脅威条件（$M = 2.96$, $SD = 0.84$）と統制条件（$M = 2.96$, $SD = 0.84$）の t 検定を行った。その結果、各条件の参加者の特性自尊心得点に有意な差は認められなかった（$t(51) = 0.29$, ns）。

操作確認 操作確認として潜在状態自尊心について分析するため、BIAT の反応潜時から潜在状態自尊心の指標となる D 得点を算出した。D 得点は、Greenwald, Nosek, & Banaji（2003）の改良版アルゴリズムに基づいて、自己焦点ブロック（"自分または悪い" ならば右に分類）と他者焦点ブロック（"他者または悪い" ならば左に分類）の反応時間の差（$M = 151.01$, $SD = 214.02$）をその SD で除して求めた。D 得点が低いほど潜在状態自尊心が低いことを表すように得点化した。能力次元脅威条件の参加者の潜在状態自尊心が統制条件よりも低下したかを確認するため、D 得点について脅威条件（能力次元脅威・統制）×特性自尊心得点（連続変量、平均値により中心化）の一般線形モデルによる分析を行った。その結果、脅威条件の主効果が有意傾向であり（$F(1, 49) = 2.82$, $p < .10$）、能力次元脅威条件（$M = 0.26$, $SD = 0.41$）のほうが統制条件（$M = 0.41$, $SD = 0.24$）よりも D 得点が低い傾向にあることが示唆された。特性自尊心の主効果は有意ではなかった（$F(1, 49) = 0.53$, ns）。そして、脅威条件×特性自尊心の交互作用が有意だったため（$F(1, 49) = 4.55$, $p < .05$）、下位分析を行った。その結果、低特性自尊心者（平均 $-1SD$）については単純主効果が有意であり（$F(1, 49) = 7.22$, $p < .01$）、脅威条件（$\hat{M} = 0.13$）のほうが統制条件（$\hat{M} = 0.48$）よりも有意に D 得点が低かったが、高特性自尊心者（平均 $+1SD$）の場合は、脅威条件（$\hat{M} = 0.40$）と統制条件（$\hat{M} = 0.35$）の差は有意ではなかった（$F(1, 49) = 0.14$, ns）。したがって、少なくとも低特性自尊心者には脅威の操作の効果が認められたが、高特性自尊心者については脅威の操作が十分に効果をもたらしていなかった可能性が考えられた。よって、以下の分析はこの可能性に留意して行った。

所属集団表象へのアクセシビリティ 自己の能力次元への脅威により所属集団へのアクセシビリティが高まったか否かを検討するため、語彙判断課題の正反応の反応潜時について分析を行った。分析にあたり、集団関連語と統制語（集団無関連語）それぞれの平均反応潜時（順に $M = 655.00$, $SD = 237.76$, $M = 664.14$, $SD = 231.69$）から $+3SD$ 以上離れている場合は外れ値として除外した。除外された反応は全データのうちの 1.08%

第3章　能力次元への脅威に対する社会性次元での補償的自己防衛（2）　|　*105*

Table 5.3　脅威条件ごとの語彙判断課題の反応潜時

単語種類	能力次元脅威条件 （成績下位） $N=27$	統制条件 （成績中位） $N=26$
集団関連語（親密集団）	632.75（133.39）	669.41（150.55）
集団関連語（課題集団）	629.96（141.34）	654.62（156.90）
非集団関連語	648.26（139.08）	680.06（150.54）

Note. （　）内は *SD*

であった。なお、反応潜時が300ms未満という、刺激をよく見ずにキー押ししたことが疑われる非常に短い反応潜時はみられなかった。脅威条件ごとの反応潜時の記述統計をTable 5.3に示した。この外れ値を除いたデータについて、3つの仮説、自己の能力次元が脅威にさらされると、脅威がない場合に比べて、語彙判断課題における集団関連語への反応潜時が集団無関連語に比べ短くなる（仮説4）、この傾向は、集団関連語の中でも課題集団に関連する語より親密集団に関連する語に対して（仮説5）、そして特性自尊心の低い者より高い者ほど表れやすい（仮説6）を検討した。反応潜時について、脅威条件（能力次元脅威・統制）×単語種類（親密集団語・課題集団語・統制語）×特性自尊心（連続変量：平均値により中心化）の一般線形モデルによる分析を行った。その結果、全ての主効果、交互作用は有意ではなかった（*F*s<1.51, *ns*）。したがって、仮説4～6は全て支持されなかった。このことから、自己の能力次元への脅威は所属集団の表象を喚起しない可能性が考えられる。あるいは、語彙判断課題で用いた集団関連語が本研究の目的に十分に適っていなかった可能性も考えられる。Knowles & Gardner（2008, Study 2）では、集団関連語にジェンダーや民族を表す単語（e.g., feminine、Asian）を用いたが、これらは刺激語が表す集団に実験の参加者自身が所属しているか否かが判断できる。一方、本実験で用いた"家族"、"学科"といった親密集団、課題集団についての集団関連語は、それ自体では自分が所属する集団か否かが判断できない単語であったため、所属欲求を充足する集団の表象を喚起させる刺激として不十分だったのかもしれない。よって、補償の過程が生じていたかは語彙判断課題では十分に検討できなかった。

　集団実体性の評価　集団実体性の各得点の記述統計をTable 5.4に示した。3つの仮説、自己の能力次元が脅威にさらされると、脅威がない場合に比べて、内・外集団のうち内集団（所属集団）の集団実体性評価が高まる（仮説1）、仮説1の傾向は課題集団（学科等）より親密集団（家族）に対して認められやすい（仮説2）、これらの傾向は特性自尊心が低い者よりも高い者にみられやすい（仮説3）、を検討するため、集団実体性評価について分析を行った。標準化した集団実体性評価の各得点について脅威条件（能

Table 5.4　研究 5 実験 2 における内集団と外集団の脅威条件ごとの集団実体性評価得点

| 集団実体性評価項目 | 親密集団・内集団（自分の家族） | | 親密集団・外集団（友人の家族） | |
	能力次元脅威条件（成績下位）$N=27$	統制条件（成績中位）$N=26$	能力次元脅威条件（成績下位）$N=27$	統制条件（成績中位）$N=26$
凝集性	4.93（1.54）	4.81（1.39）	5.33（0.83）	4.88（0.91）
重要性	5.89（1.22）	5.62（1.50）	5.70（1.23）	5.46（1.17）
目標共有性	4.04（1.43）	3.92（1.41）	4.15（1.20）	3.96（1.04）
成員相互類似性	4.37（1.62）	4.65（1.60）	5.07（1.17）	4.73（0.96）

| 集団実体性評価項目 | 課題集団・内集団（所属学科等） | | 課題集団・外集団（非所属学科等） | |
	能力次元脅威条件（成績下位）$N=27$	統制条件（成績中位）$N=26$	能力次元脅威条件（成績下位）$N=27$	統制条件（成績中位）$N=26$
凝集性	4.93（1.66）	4.96（1.18）	4.07（1.28）	4.04（0.92）
重要性	5.85（1.23）	5.58（1.17）	5.52（1.05）	4.62（1.36）
目標共有性	4.52（1.40）	4.12（1.61）	4.33（1.18）	4.00（1.06）
成員相互類似性	4.00（1.78）	3.50（1.58）	3.96（1.70）	3.88（1.37）

Note.（　）内は *SD*

力次元脅威・統制）×集団成員性（内集団・外集団）×集団種類（親密集団・課題集団）×集団実体性の 4 変数（凝集性、重要性、目標共有性、成員相互類似性）×特性自尊心得点（連続変量：平均値により中心化）の一般線形モデルによる分析を行った。その結果、脅威条件の主効果（$F(1, 49)=4.11$, $p<.05$）、集団成員性×特性自尊心（$F(1, 49)=5.12$, $p<.05$）、集団成員性×集団実体性×集団種類×特性自尊心（$F(3, 147)=3.23$, $p<.05$）の交互作用が有意であり、集団実体性×特性自尊心の交互作用が有意傾向であった（$F(3, 147)=2.20$, $p<.10$）。その他の主効果、交互作用は有意ではなかった（$Fs<2.79$, ns）。仮説にかかわる脅威条件を含む交互作用は有意ではなかった。脅威条件の主効果が有意であったので、条件間で比較したところ、脅威条件（$M=0.11$, $SD=0.37$）のほうが統制条件（$M=-0.12$, $SD=0.50$）よりも集団実体性評価が高まっていた（各値は標準化得点によるもの）。すなわち、自己の能力次元に脅威を受けると脅威を受けなかった統制条件に比べて、仮説とは異なり、集団成員性（内集団・外集団）や集団の種類（親密集団・課題集団）、実験参加者の特性自尊心の水準にかかわらず、集団実体性評価を高めることが示された。よって、仮説は全て支持されなかった。そして、集合状況で想起法による操作を用いた実験 1 と比較すると、集団成員性および集団の種類による差が認められなかった点では同じ結果となった。実験 2 の参加者は実験 1 の参加者と同じく、本実験の外集団を内集団ととらえたと推測され、また、親密集団（家族）だけではなく

課題集団（学科等）も所属欲求を充足する対象として表象していた可能性が考えられる。しかしながら、集団の種類の効果が認められなかったことについては、実験1と同じく課題集団の実体性評価の高揚が所属欲求の充足を求めたためだけではなかった可能性も考えられる。知能検査の成績が悪くとも、自分が所属する学科等のメンバーは皆優秀だと考えている参加者の場合は、その学科等の実体性評価を高めれば、その成員である自分も他の成員と同じように優秀であると認知しうる。そして、外集団である他の学科等を自分が所属する学科に比べて劣っているととらえていれば、外集団の実体性を高く見積もることは、内集団である自分が所属する学科等との弁別性が高められる。もしそうであれば、これらの過程は、外集団と比較し内集団を能力次元において高く評価することを通して自己の能力次元の評価も高めたということであり、本研究で想定した社会性次元を通じた補償過程とは異なる。この点で、本実験においても、課題集団として設定した学科等が、特に親密集団と課題集団を対比する仮説2を検討するための集団として適切に機能せず想定していた働きとは異なる働きをした可能性は残る。

　しかしながら、集団の種類、集団成員性（内・外集団）にかかわらず集団実体性評価が脅威条件において高まったことから、少なくとも、自己の能力次元への脅威により内集団の集団実体性評価が高まるという仮説1は、親密集団の内集団についてのみ、部分的に支持されたといえる。

　一方、実験1とは異なり、特性自尊心による調整効果を予測した仮説3は部分的にも支持されなかった。実験1では高特性自尊心者についてのみ自己防衛的補償としての集団実体性評価の高揚が認められたが、これは高特性自尊心者が低特性自尊心者に比べて集団への所属感を高揚できる認知資源（i.e., 自分の所属集団や対人関係の表象）にアクセスしやすいという傾向の表れであると考察した。しかし本実験では特性自尊心による自己防衛的補償の差は認められず、これは研究4の実験1と同じく、低特性自尊心者もある条件下ならば高特性自尊心者と同じくらい自己への脅威に際して自己防衛的対処を行いうることを示唆する。特性自尊心の調整効果について、研究4の実験1と本研究の実験1、2で結果が一貫しなかったことについては、次の総合考察において議論する。

3-3.　研究5の総合考察

　研究5の実験1では、研究4実験1と同じように、集合状況での想起法を用いた能力次元の脅威を操作する実験を行い、実験2では研究3と同じように、能力次元の脅威を操作する実験室実験2を行い、"social snacking"による自己防衛的補償が行われるか集団実体性評価を指標として検討した。その結果、研究5のいずれの実験でも、集団成員

性（内集団・外集団）や集団種類（親密集団・課題集団）、集団実体性の測度（凝集性、重要性、目標共有性、成員相互類似性）にかかわらず、能力次元の脅威に対して集団実体性評価の高揚が示唆された。ただし、そのような補償的反応は、実験1では高特性自尊心者についてのみ認められ、実験2では実験参加者の特性自尊心の水準にかかわらず認められた。

　これらの結果のうち、自己の能力次元に脅威を受けると所属集団（内集団）を含む集団実体性評価の高揚がみられたことは、自己の能力次元の脅威が所属欲求の充足にかかわる社会性次元を通じて対処されうることを、研究4に続いて再度示したといえよう。さらには、研究5の結果は、研究4の実験1やBrown & Smart（1991）でみられた社会性次元での自己評価の高揚について、能力次元に比べ社会次元は抽象性が高いために表れやすいのではなく、自己評価高揚の目標が、所属感（the sense of belonging）の強化を通じて自己の価値を高く認知することにこそあることを示唆している。人並み（平均、中庸）以上に優しいこと自体が自己の価値の回復に重要なのではなく、自分は人並み以上に優しいために他者から受容される人物である、他者と望ましい関係を結び維持することができる人物であるといった、所属感につながる点が自己防衛方略として重要なのではないかということである。この点で、本研究は所属欲求仮説（Baumeister & Leary, 1995）やソシオメーター理論（e.g., Leary & Baumesiter, 2000）を支持するものである。ただし、研究5の各実験の考察で述べたように、課題集団（学科等）も含めて集団実体性評価の高揚がみられたことは所属感の高揚だけでは説明されない可能性があることは留意する必要がある。加えて、内集団と外集団の区別がみられなかったことについてもさらなる検討が必要である。しかし、Brown & Smart（1991）や本稿の研究4、Koch & Shepperd（2008）、Knowles et al.（2010）が示したように、脅威に対処する自己の次元は脅威と同じ次元よりも異なる次元のほうが対処しやすく、特に社会性次元が能力次元よりも代替性をもつことをふまえると、学科等（課題集団）を脅威と同じ能力次元について優れた集団とみなすよりは、所属欲求を充足しうる仲間、友人がいる集団と表象することのほうが多かったと考えることには一定の合理性は認められよう。また、同じ理由で、課題集団の内集団と外集団の集団実体性評価に差がみられなかった点についても、課題集団の能力について内集団の優秀性と外集団の劣等性の差異を際立たせようとするよりは、内集団のみならず外集団も所属欲求を充足しうる仲間、友人がいる集団と表象することのほうが多かったのではないかと考えられる。これらの点はさらなる検討を行わなければ結論づけることはできないが、少なくとも能力次元の脅威に対して総じて集団実体性評価の高揚が表れたことをみれば、研究5の結果は、自己の価

値における社会性次元の重要性を主張する知見の一般化を促す結果といえよう。

　この研究5の結果は、自己への脅威に対して集団実体性評価を高揚させることによって対処するときには、常に内集団と外集団の区別が消失することを意味するわけではない。実験1でも述べたように、Knowles & Gardner（2008）ではみられた内集団と外集団の差が研究5ではみられなかったのは、脅威が能力次元についてであったために、所属欲求への脅威を扱ったKnowles & Gardner（2008）ほどには、内集団と外集団の差異が顕在化しにくかったのかもしれない。そして、研究5で用いた外集団、すなわち友人の家族と自分が所属しない学科等は、いずれも全くの外集団とは言い切れなかった。友人の家族の表象に友人が含まれうることはもちろん、その友人と仲がよいならば、その友人の家族についても知り合いである可能性があった。自分が所属しない学科等についても、たとえば学部や学科の区別なく履修できる一般教養科目の受講や課外活動で知り合った学生や、大学入学以前からの知り合いが含まれうるため、研究5で設けた外集団はいずれも内集団といえる他者を含みえたといえる。そのことも、親密集団はもちろん課題集団でも、そして脅威条件だけではなく統制条件でも、内集団と外集団の間で集団実体性の評価に差がみられなかった一因だろう。

　なお、実験参加者の匿名性が低くなる実験室実験でも、研究5の実験2では研究3とは異なって自己防衛的対処がみられた。この理由は、次のように考えられる。自己の能力次元への脅威に対して社会性次元を通じて対処するにしても、社会性次元の自己評価を通じた対処では、集団実体性評価に比べて自己の価値に近似的、直接的であるため、対処方略を用いにくくなるほど研究3の実験参加者の評価懸念や自己呈示の欲求は高まったのかもしれない。一方、集団実体性評価の方略は社会性次元の自己評価を通じた方略よりも間接的であったため、実験2の参加者の評価懸念を高めなかったのかもしれない。

　特性自尊心と自己防衛的対処の関係については、実験1では特性自尊心による調整効果が示唆された一方、実験2では脅威条件と特性自尊心の関係が認められなかった。一方、実験1と同じ集合状況で想起法による脅威の操作を用いた研究4実験1では特性自尊心による調整効果が認められなかった。それから、個別に従属変数の測定が行われたBrown & Smart（1991）では特性自尊心による調整効果が認められていたが、本研究とは特性自尊心を測定する尺度が異なる。本論文で用いているRosenberg（1965）の日本語版尺度（山本ら，1982）は総体的な特性自尊心を測定していると考えられるのに対して、Brown & Smart（1991）で用いられたTSBI（Helmreich & Stapp, 1974）は社会的有能性との関連性が高い特性自尊心を測定していると考えられることから、Brown & Smart（1991）の高特性自尊心者は能力次元の脅威に強く反応しやすかったと考えら

れる。しかし、本研究の実験1では総体的な特性自尊心を個人差の指標としたにもかかわらず、特性自尊心による調整効果が示唆された。さらには、自己の能力次元への脅威に対する自己防衛的補償に限らなければ、本研究と同じく Rosenberg（1965）の尺度を用いた Seta et al.（2006）だけではなく、幅広い自尊心を包括的に測定していると考えられる Fleming & Courtney（1984）の尺度を用いた Dodgson & Wood（1998）でも特性自尊心による調整効果が認められている。そして、自己の社会性次元（所属）の脅威を扱った研究では、Sommer & Baumeister（2002）で Fleming & Courtney（1984）の尺度を用いて特性自尊心による調整効果が認められている。したがって、少なくとも尺度の差異だけでは特性自尊心による調整効果の有無は説明できない。

　研究4では、セレクション・バイアス（補償を行いやすいと考えられる参加者（高特性自尊心者）に、脅威を操作するために行った想起課題で回答拒否による無回答が少ないというバイアス）の可能性を考慮して、能力次元脅威条件の想起課題の無回答者を分析に含めた。一方、本研究の実験1では能力次元脅威条件の無回答者を除いた。そして、本研究の実験2では実験室実験を行ったため、集合状況という匿名性が高く統制を行いきれない状況によりもたらされるセレクション・バイアスの問題は回避された。その結果、本研究の実験1だけで特性自尊心による調整効果が認められた。この点だけをみれば、特性自尊心による調整効果はセレクション・バイアスがもたらしたようにもみえる。しかし、Brown & Smart（1991）を始めとして上述の研究に集合状況で実験を行った研究はなく、セレクション・バイアスが疑われるような高い割合でデータが除去された研究も見当たらない。先行研究において特性自尊心による調整効果が認められた要因の一つに、特性自尊心の得点に基づく実験参加者の選別、群分けの方法が考えられる。Brown & Smart（1991）は全参加者のうちの特性自尊心得点が中程度だった20％を除いている。そして Dodgson & Wood（1998）は特性自尊心得点が中程度だった3分の1を除いて自尊心の高低群に分けていた。このように中間群を除いてカテゴリカルな分析を行ったために、参加者の特性自尊心の水準による差が検出されやすかったのかもしれない（なお、Seta et al.（2006）は特性自尊心得点の中点で群分けを行ったとあるが、特性自尊心得点が中点だった参加者が除かれていたかはわからない）。Sommer & Baumeister（2002）では、本研究と同じく特性自尊心得点を連続変量として分析に用い、Study 2 と Study 3 では条件操作と特性自尊心の有意な交互作用を見出しているが、Study 1 では条件操作と特性自尊心の交互作用が有意ではなかった。ただし、特性自尊心得点の中点で群分けをして分散分析を行うとその交互作用は有意だったと報告している。したがって、少なくとも、特性自尊心の中点付近の参加者を除いて高低群に分割す

第3章　能力次元への脅威に対する社会性次元での補償的自己防衛（2）　|　*111*

ることは分析において特性自尊心による調整効果を認められやすくしている可能性がみ
てとれるが、こうした統計分析上の問題のみに特性自尊心による調整効果の有無の原因
を帰すことはできないであろう。

　Sommer & Baumeister（2002）では他者からの拒絶や排斥を想起させる単語のプラ
イミング操作によって他者から拒絶された状態を暗黙裡に喚起していた。また、本研究
の実験1や研究4の実験1では想起法により能力次元の脅威を喚起した。これらの実験
は、課題フィードバック法に比べて脅威をもたらしたものが何であるかが曖昧であるた
め、すなわち刺激の統制が不十分だったために特性自尊心による調整効果が表れたり表
れなかったりしたという可能性も考えられる。たとえば、本研究の実験1では、想起内
容に自己の社会性次元に関連する内容（i.e., 他者からの拒絶、排斥）が全く含まれなかっ
たとは言い切れない。そのような内容が含まれると、社会性次元での対処方略の間接性
が低下するため、低特性自尊心者は集団実体性評価を通じた対処を行いにくくなったと
いう可能性は考えられる。これに対し本研究の実験2は、課題フィードバック法によっ
て脅威を操作し、さらには、特性自尊心を連続変量のまま分析に用いた。その結果に特
性自尊心による調整効果が認められなかったことは、重要な結果であるといえる。

　そもそも、特性自尊心による調整効果は、必ずしも、高特性自尊心者が低特性自尊心
者よりも対処方略を用いやすくすることになるとは限らない。報告は比較的少数だが、
低特性自尊心者でも高特性自尊心者並かそれ以上に、特に間接的な方略ならば、自己へ
の脅威に対処を行いやすいことも示されている。そして、その間接的な方略とは、内集
団をより広い範囲に見積もったり（e.g., Brown et al., 1988）、他者と自己を同一視した
り（神原・遠藤，2013, 実験2；磯部・浦，2002）することによるものであり、この点
で、本研究で検討した "social snacking"、集団実体性評価は、そのような間接的な方略
に近いといえる。したがって、本研究の実験2で特性自尊心による調整効果がみられな
かったのは、低特性自尊心者でも用いうる方略を使用できる機会（集団実体性評価）を
設けたことが一因とも考えられる。さらには、本研究の実験2では語彙判断課題で集団
関連語を示したが、そのことが低特性自尊心者でも補償のための認知資源にアクセスし
やすくする一助となった可能性も考えられる。しかし、低特性自尊心者のほうが補償し
やすいという結果にはならなかった。それについては、次の知見も考慮に加えるべきだ
ろう。Vohs & Heatherton（2001; 2004）によれば、自己の能力次元への脅威に対して、
高特性自尊心者は自分の有能性（能力次元）に注目してそれを他者に伝えようとみせる
直接的な対処を行う傾向をもつ一方、低特性自尊心者は他者との相互協調性（社会性次
元）に注目してそれを他者に示そうとすることで間接的に対処しようとする。もしそう

であるなら本研究の実験2において高特性自尊心者は自己の知的能力の高揚をはかるために課題集団の実体性を高く評価し、一方、低特性自尊心者は対人関係の強化をはかるために課題集団の実体性を高く評価したために、結果的に特性自尊心の調整効果がみられなかったとも考えられる。なお、Sommer & Baumeister（2002, Study 2, Study 3）では対処方略を反映する指標として言語能力にかかわる課題（アナグラム）に取り組み続ける時間の長さを用いており、これは集団実体性評価よりも強く自己呈示の側面をもつと考えられる。Vohs & Heatherton（2001; 2004）をふまえれば、この指標の特徴もSommer & Baumeister（2002, Study 2, Study 3）で自己防衛的方略が低特性自尊心者よりも高特性自尊心者に強くみられた要因として考慮するべきだろう。

　自己がさまざまな領域に分化している程度をあらわす自己複雑性の高さは、ストレスへの耐性を強めると考えられている。自己複雑性が高いと自己のある側面にかかわるネガティブな出来事の影響が、他の側面に広がりにくいからである（Linville, 1985; 1987）。そして、特性自尊心の水準は自己複雑性と相関することから（Campbell et al., 1991）、特性自尊心が高ければ自己の能力次元への脅威は社会性次元にその影響が及びにくく、社会性次元での補償を行いやすくなると考えた。ただし、榊（2006）によれば特性自尊心の高さは否定的な気分を緩和する動機づけの高さにかかわりはしても、その影響は自己複雑性の影響と独立であったとしている。そして、これまで述べたとおり、特性自尊心が低くとも間接的な自己防衛的対処が行われうることがわかっている（Brown et al., 1988; 神原・遠藤, 2013）。本研究の実験1でみられた特性自尊心の調整効果は集合状況での想起法という操作によってもたらされた可能性があり、研究4の実験1の結果ともども単純な解釈は困難だが、実験2の結果は、低特性自尊心者でも、自己の能力次元への脅威の影響を社会性次元には波及させなかったこと、それゆえ社会性次元で補償的に対処しえたことを示しているといえるだろう。

　本稿では、エラー管理理論（Haselton & Buss, 2000; Haselton & Nettle, 2006）の観点から社会性次元の評価は高揚バイアスによって適応上の問題が生じにくいこと、そしてDPM（Wojciszke et al., 2011）の観点から特性自尊心の水準に社会性次元の評価は直接的にはかかわっていないことから、低特性自尊心者であっても認知的対処における社会性次元の優位性は認められるのではないかと考えてきた（第1章参照）。ここまで述べてきたように、特性自尊心の調整効果が表れる要因は複数考えられ、今回の研究ではその要因の全てを統制できてはいない。しかし、本研究の実験2は、匿名性によるセレクション・バイアスの可能性を排除し、想起法やプライミング操作よりも脅威事象を厳密に統制し、脅威の次元と直接関係しない間接的な次元での自己防衛方略を用いる機会

を設け、分析では特性自尊心得点を連続変量のまま用いたにもかかわらず、特性自尊心による調整効果が認められなかった。この結果は、本稿の DPM とエラー管理理論に基づく議論を支持するものとして特に重要と考えられる。

　本研究の限界と今後の課題について述べる。本研究では、"social snacking" の一形態といえる集団実体性の評価の高揚が、脅威によって低下した自己の価値を回復することに寄与したか否かまでは確認していない。Knowles & Gardner（2008, Study 2）では被拒絶経験の想起後に所属集団の集団実体性評価が高まれば状態自尊心が高まることを確認している。また、Knowles & Gardner（2008, Study 4）では被拒絶経験の想起により気分や社会性次元の自己評価（社会的有能性）が悪化するという影響過程が、内集団のプライミングによって集団実体性を顕在化させたことで緩衝されることを示している。これらの結果は所属集団の表象が自己防衛的対処に資することを示唆している。加えて、Kumashiro & Sedikides（2005）は、実験の参加者に近しい他者のことを想起させると、自己の能力次元への脅威に直面することを避けなくなることを見出している。これらはいずれも、脅威に対して参加者が自発的に所属感を高揚させたわけではないが、所属感の高揚が自己の能力次元への脅威に対処できる資源となることをうかがわせるものである。これまでの自己防衛方略の代替性の議論もふまえれば、これらの知見から、所属集団の実体性の喚起は自己の能力次元への脅威に対処する資源をもたらすと考えることには十分な妥当性があると考えられる。しかしながら、自発的な集団実体性評価の高揚が実際に自己の価値を回復するかを検討する必要はあるだろう。

　本研究の実験 2 では、操作確認として測定した潜在状態自尊心について、（顕在）特性自尊心との交互作用が認められた。このことは、脅威の操作が高特性自尊心者には効果を及ぼしていなかったと考えることもできるが、それでは特性自尊心の水準にかかわらず統制条件よりも能力次元脅威条件のほうが集団実体性の評価が高まった理由を説明できない。本研究の実験 1 を始めこれまでの実験でみられてきたように、脅威の操作によって顕在的な状態自尊心は高特性自尊心者も低特性自尊心者と変わらず低下している。実験 2 の結果は、高特性自尊心者の場合、脅威の操作によって顕在的状態自尊心は低下するが、潜在的な状態自尊心は影響を受けないことを示しているのかもしれない。潜在レベルでの状態自尊心の低下の程度の違いが、高特性自尊心者と低特性自尊心者の脅威への対処の違いをもたらす可能性も考えられる。Wojciszke（2005）は顕在的自尊心だけではなく潜在的自尊心もまた社会性次元（道徳性）ではなく能力次元（有能性）の水準がかかわっているとしているが、各自尊心の水準に寄与する自己評価の次元が同じだとしても、脅威に対する反応は同じとは限らない（cf. Gawronski & Bodenhausen, 2011;

Grumm, Nestler, & von Collani, 2009）。操作確認に、従来用いられてきた顕在状態自尊心だけではなく潜在状態自尊心も併用すれば、特性自尊心と自己防衛的方略の関係をさらに詳細に明らかにできるかもしれない。

　本研究では能力次元への脅威が所属集団の表象へのアクセシビリティに及ぼす影響についても検討を試みた。しかし、Knowles & Gardner（2008, Study 2）でみられたような、脅威に対応したアクセシビリティの高まりは認められなかったため、集団実体性評価の高揚が脅威によって喚起された集団の表象を介したものかが確認できなかった。アクセシビリティの高まりがみられなかった理由は、Knowles & Gardner（2008, Study 2）とは脅威の質が異なるためという可能性や、本研究の実験2で用いた刺激語が、Knowles & Gardner（2008, Study 2）で用いられた刺激語とは異なり必ずしも参加者の所属集団を意味しない語であったためという可能性が考えられた。しかし、そうだとしても、刺激語を Knowles & Gardner（2008, Study 2）と同じにするべきということにはならない。Knowles & Gardner（2008, Study 2）の語彙判断課題で集団関連の刺激語として用いられた集団は、最も集団実体性が低い種類の集団（Johnson et al., 2006）である民族やジェンダーであった。そして、そのような集団は被拒絶経験の想起による脅威に対してその表象の喚起がみられても状態自尊心は高まらなかったことが示されている（Knowles & Gardner, 2008, Study 2）。したがって、刺激語を変更するとしても自分が所属する親密集団や課題集団を想起させる刺激語を用意して、改めて検討する必要があるだろう。なお、Knowles & Gardner（2008, Study 2）において拒絶された経験を想起した条件で集団表象へのアクセシビリティが高まったのは、脅威による効果ではなく想起された内容に、語彙判断課題で用いられたような集団（性別や民族）が含まれていたためという可能性も考えられるため、想起法を用いるならばその内容についても考慮が必要だろう。

　研究4の実験1と本研究の実験1では学業での失敗の想起によって、本研究の実験2では知能検査の結果のフィードバックによって、それぞれ自己の能力次元への脅威を操作し、社会性次元での自己防衛的補償が認められた。しかし、補償的自己防衛方略の一般性を明らかにするためには、学力や知性以外の能力次元の脅威についても検討する必要がある。また研究対象も大学生だけでなく社会人にも広げ、たとえば、有職者を対象に仕事での達成の失敗について検討を行うといったことが必要だろう。また、研究4の実験1では社会性次元の特性（優しさ、社交性）についての自己評価、研究5では親密集団と課題集団の集団実体性の評価について検討を行ったが、自己防衛的補償が行われる社会性次元の範囲についてもその一般性をさらに検討する必要がある。本研究では内

第3章　能力次元への脅威に対する社会性次元での補償的自己防衛（2）　|　*115*

集団と外集団、親密集団と課題集団の間に集団実体性評価の差が認められなかったが、この結果の一般性についても他の集団の組合せによる検討によって明らかにするべきだろう。

4．研究6

●目的と仮説

　研究5実験1と同じ想起法により能力次元の脅威を操作して、自己防衛方略としてのノスタルジアの生起過程を検討し、自己の能力次元への脅威に対して補償が行われる社会性次元の範囲の一般性について議論する。なお、研究6は、研究5実験1と合わせて実施しており、集団実体性の評価を求める前後にノスタルジアを測定している。

　研究5実験1では、能力次元への脅威に対して集団実体性の評価を高めることによって自己防衛的に対処する傾向が特性自尊心によって調整されることが示された。ノスタルジアは他者との絆の感覚を伴う（e.g., Wildschut et al., 2006）。そして、ソシオメーター理論が指摘するように、自尊心が他者から受容されている感覚を反映したものであるなら（cf. Leary, 2004）、特性自尊心が高ければノスタルジアは喚起されやすいと考えられる。したがって、自己防衛方略としてのノスタルジアもまた特性自尊心による調整効果がみられると考えられる。

　本研究では、所属集団の集団実体性評価に基づく自己防衛方略とノスタルジアに基づく自己防衛方略の相互の代替性についても検討を行う。たとえば、自らの行為によって自分の態度の一貫性を損ねるという脅威（i.e., 認知的不協和に伴う脅威）は、その対処としてその行為が含意する態度に一致するように態度を変容させるが、脅威の直後に自己肯定化（i.e., 自分にとって重要な価値を確認）を行うと態度変容の程度が小さくなる（Steele & Liu, 1983）。このように、異なる自己防衛方略が相互に代替可能であるとき、自己防衛方略が一度用いられて自己の価値が回復されると、その後は別の代替方略は用いられなくなることが示されている（e.g., Tesser & Cornell, 1991; Tesser et al., 2000）。このことを敷衍すれば、ノスタルジアと所属集団の集団実体性評価それぞれに基づく自己防衛方略もまた、それらの一方が先に実行されれば"social snacking"は果たされ、その後にもう一方の方略は用いられない可能性が考えられる。本研究のノスタルジアは、研究5実験1で測定された集団実体性評価の前または後に測定されたため（順序は配布前の質問紙冊子間でカウンタバランス）、この可能性を検討することができる。

　ノスタルジアも集団実体性評価も、いずれも社会性次元の自己防衛資源にかかわると考えられるが、その用いられやすさは等しいとは限らない。神原・遠藤（2013）は、強

制承諾パラダイムを用いた実験を行い本来の態度と異なる行為をすることによって態度の一貫性を損ねるという脅威を与えられた参加者が、その直後に他者の意見が自分の意見と同じである程度を高く推測すると、自己防衛方略としての態度変容が縮小することを示している。これは Steele & Liu（1983）による自己肯定化理論を援用し、自己の価値を確認するという自己肯定化だけではなく、合意性推測によっても認知的不協和による脅威に対処したことを示すものである。加えて、神原・遠藤（2013）は、このような合意性推測による脅威への対処にみられる特性自尊心による個人差についても検討している。これまで繰り返し述べてきたように、高特性自尊心者のほうが脅威に対し積極的に自己防衛方略を用いることが報告されているが、脅威が生じた領域と関連性が低い領域で間接的に行う自己防衛方略は、むしろ低特性自尊心者のほうが用いやすいことも指摘されている（e.g., Brown et al., 1988）。神原・遠藤（2013）でもこの知見に一致する結果が示されている。

　研究5実験1では、高特性自尊心者にのみ自己防衛的な集団実体性評価の高揚が認められた。その主な理由として、高特性自尊心者のほうが補償のための資源が豊富であることが挙げられるが、ノスタルジアについても同様の理由から特性自尊心による調整効果については同じ傾向がみられると考えられる。すなわち、研究5実験1の結果をふまえれば、高特性自尊心者のほうが低特性自尊心者よりも自己防衛方略としてのノスタルジアを喚起しやすいと考えられる。しかし、集団実体性の評価は、回答者が現在所属する集団内の他者との絆（所属、結びつき）を求めるのに対して、ノスタルジアは回答者が過去に交流のあった他者との絆に拠り所を求めるものである。したがって、自己防衛方略としてのノスタルジアと集団実体性の評価の高揚は能力次元の脅威に対しては間接的な対処方略であるが、時間的な近接性の観点から比べると、ノスタルジアのほうが集団実体性より間接性が高いといえる。もしそうであれば、特性自尊心が高ければ集団実体性評価が高まりやすく、特性自尊心が低ければノスタルジアが高まりやすいと予測できる。以上の議論を踏まえて、研究6では次の四つの仮説を立てた。

　　仮説1：自己の能力次元への脅威を経験すると、脅威を経験しない場合に比べて、ノ
　　　　　　スタルジアが高まる。
　　仮説2：仮説1の傾向は、特性自尊心の低い者より高い者にみられやすい。
　　仮説3：能力次元への脅威に対するノスタルジアの高まりは、ノスタルジアの測定
　　　　　　が集団実体性評価の測定に先立って行われた場合に顕著となる。
　　仮説4：仮説3の傾向は、特性自尊心の高い者より低い者のほうがより明確に認め
　　　　　　られる。

●方法

参加者 研究5実験1の参加者と同一である。大阪府内の大学の学生205名（女性102名、男性101名、性別無回答2名、平均年齢18.56（$SD=0.77$、18-21、年齢無回答4名））が実験に参加した。そのうち、回答に不備があった参加者を除いた162名（能力次元脅威条件78名、統制条件84名）の回答を有効回答として分析の対象とした[5]。

手続き 研究5実験1と合わせて実施した。心理学の講義時間の一部を利用して集合状況で質問紙実験を行うため、実験用冊子を一斉に配布した。冊子の内容は、順に、回答にあたっての注意事項が書かれたフェイスシート、特性自尊心尺度のページ、能力次元脅威条件または統制条件として求められた想起内容を記述するページ、全体的な自尊心が統制条件に比べて能力次元脅威条件で低下したかを確認するための状態自尊心尺度のページ、ノスタルジアを測定する項目のページ、年齢と性別を回答してもらうページという構成であった。ノスタルジアを測定する前または後のページで研究5実験1の従属変数であった集団実体性評価を測定している。集団実体性評価とノスタルジアの測定順序はカウンタバランスした[6]。

質問紙への回答は強制ではなく自由意志によること、回答者の匿名性を保証することを説明し、"学生生活の意識の調査"という名目で参加を求めた。参加者は、実験者の教示に従って1ページずつ回答し、実験者は参加者の回答の記入状況を確認しながら次のページへ進むための合図を行った。脅威操作のための想起課題の記述時間は3分間とし、実験者が時間を計って回答開始と終了の教示を行った。全員の回答の終了を確認して質問紙の冊子を回収した後、不快な体験を想起させたことなどについて謝罪し、実験協力への感謝を述べ、ディブリーフィングを行った。実験の所要時間は30分程度だった。

特性自尊心尺度 研究2～4と同じ、Rosenberg（1965）のSelf-Esteem Scaleの日本語版である自尊感情尺度（山本ら，1982）の10項目を使用した。各項目について自己へのあてはまりを5件法（1. あてはまらない～5. あてはまる）で評定を求めた。

脅威操作 研究4実験1と、能力次元脅威条件のいくつかの変更点を除いて同じであった。能力次元脅威条件では、能力次元の自己評価への脅威を喚起する操作として、勉学での最もつらかった、嫌悪的失敗経験（e.g., 入学試験での不合格、平均より低い点数をとる、学業で負けたくない他者に成績が劣るなど）について想起してもらい、その内容を詳述するように求めた。研究4実験1よりも短い時間で詳細に想起してもらうために、研究4実験1とは異なり、内容の前に経験時期を記入するように求めた。統制条件では、自己評価への脅威を喚起しないように、日常生活として、大学の授業に出席する日の起床から帰宅までの典型的な自分の行動を詳述するように求めた。

状態自尊心尺度　能力次元脅威条件で嫌悪的失敗経験を想起したことにより状態自尊心が統制条件に比べて低下したことを確認するために状態自尊心を測定した。Heatherton & Polivy（1991）の State Self-Esteem Scale から、研究4で使用した、自己の有能性評価にかかわる下位尺度である "Performance" の4項目（e.g., "自分の出来の悪さに失望を覚える"）と、他者からみた自己評価にかかわる下位尺度である "Social" の4項目（e.g., "自分が他人の目にどう映っているのか心配である"）を、邦訳して使用した。各項目について自己へのあてはまりを5件法（1. あてはまらない～5. あてはまる）で評定を求めた。なお、本研究の分析では、能力次元により直接的にかかわると考えられた "Performance" の4項目のみを使用した。

ノスタルジア尺度　Batcho（1995）の Nostalgia Inventory から5項目を抜粋し和訳したうえで、本研究の参加者である日本人大学生にも回答しやすいように一部改変して使用した。具体的には、各対象（"someone you loved"（好きだった人）、"not having to worry"（何かを心配する必要がなかった頃）、"friends"（ある友達）、"not knowing sad/evil"（悲しいことや嫌なことを知らなかった頃）、"Someone to depend on"（頼れる誰かがいた頃））について、"今、～（対象）が懐かしい" という短文を提示し、回答者の気持ちにどのくらいあてはまるかを6件法（1. 全くそう思わない～6. 非常にそう思う）で評定を求めた。また、Wildschut et al.（2006, Study 3）が総体的なノスタルジアを測定するために用いた項目を参考に作成した1項目（"今、過去のある時期が懐かしい"）を加え同じように6件法で評定するよう求めた[7]。

●結果と考察

特性自尊心　特性自尊心尺度の全10項目の平均値を特性自尊心得点とした（$\alpha = .84$, $M = 3.03$, $SD = 0.78$）。各条件の参加者の特性自尊心得点に条件間で差がないかを確認するため、能力次元脅威条件（$M = 2.99$, $SD = 0.80$）と統制条件（$M = 3.07$, $SD = 0.77$）の特性自尊心得点について t 検定を行った。その結果、参加者の特性自尊心得点に条件間で有意な差は認められなかった（$t(160) = 0.59$, ns）。

操作確認　研究5実験1と同じく、状態自尊心尺度の8項目のうち、本実験の操作に直接的にかかわる "Performance" の4項目の平均値を状態自尊心得点とした（$\alpha = .60$, $M = 2.83$, $SD = 0.82$）。能力次元脅威条件の参加者の状態自尊心が統制条件の参加者よりも低下しているかを確認するため、状態自尊心得点について脅威条件（能力次元脅威・統制）×特性自尊心（連続変量、平均値によって中心化）の一般線形モデルによる分析を行った。その結果、脅威条件の主効果が有意であり（$F(1, 158) = 7.78$, $p < .01$）、能力

第 3 章　能力次元への脅威に対する社会性次元での補償的自己防衛（2）　|　119

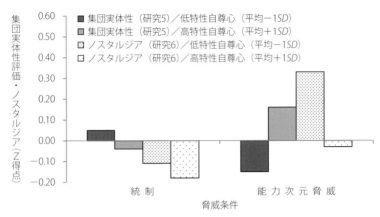

Figure 6.1　脅威条件と特性自尊心水準ごとの集団実体性評価およびノスタルジア得点

次元脅威条件（$M = 2.67$, $SD = 0.85$）は統制条件（$M = 2.98$, $SD = 0.77$）に比べて状態自尊心得点が低かった。特性自尊心の主効果も有意であり（$F(1, 158) = 134.71$, $p < .001$），高特性自尊心者（平均 + 1SD: $\hat{M} = 3.37$）のほうが低特性自尊心者（平均 − 1SD: $\hat{M} = 2.28$）よりも状態自尊心得点が高かった。しかし，脅威条件 × 特性自尊心の交互作用は有意ではなかったことから（$F(1, 158) = 0.07$, ns），脅威の操作は参加者の特性自尊心の水準にかかわらず有効に機能したと考えられた。

ノスタルジアの評価　ノスタルジア尺度の全 6 項目の平均値をノスタルジア得点とした（$\alpha = .72$, $M = 3.68$, $SD = 1.04$）。仮説 1 "自己の能力次元が脅威にさらされると，脅威がない場合に比べて，ノスタルジアが高まる"と仮説 2 "仮説 1 の傾向は，特性自尊心の低い者より高い者にみられやすい"を検討するため，ノスタルジア得点について脅威条件（能力次元脅威・統制）× 特性自尊心得点（連続変量：平均値により中心化した値を使用）の一般線形モデルによる分析を行った（Figure 6.1）。その結果，脅威条件の主効果のみが有意であり（$F(1, 158) = 4.50$, $p < .05$），能力次元脅威条件（$M = 3.86$, $SD = 1.01$）は統制条件（$M = 3.51$, $SD = 1.03$）に比べてノスタルジア得点が高かった。特性自尊心の主効果（$F(1, 158) = 1.57$, ns），脅威条件 × 特性自尊心の交互作用は有意ではなかったことから（$F(1, 158) = 1.17$, ns），参加者の特性自尊心にかかわらず自己の能力次元への脅威に対してノスタルジアの高まりが認められた。よって，仮説 1 は支持され，仮説 2 は支持されなかったといえる。ノスタルジアの高揚が，自己の社会性次元の脅威（i.e., 排斥，拒絶）だけではなく能力次元への脅威に対しても自己防衛方略として機能することが示されたが，予測とは異なり，その傾向は参加者の特性自尊心にか

かわらず認められた。

　研究5実験1では、集団実体性評価を通じた自己防衛方略の表れやすさに特性自尊心による調整効果が認められた一方、ノスタルジアは集団実体性評価と共に測定されたにもかかわらず特性自尊心による調整効果が認められなかった。この結果は、予測とは異なったが、ノスタルジアの喚起は集団実体性評価の高揚に比べて自己防衛方略としての間接性が高く低特性自尊心者にも用いられやすかったために、特性自尊心の水準による調整効果が表れなかったとも考えられる。その可能性を検討するために、自己防衛方略としてのノスタルジアと集団実体性評価の相互の代替性および特性自尊心との関係について立てた仮説3 "能力次元への脅威に対するノスタルジアの高まりは、ノスタルジアの測定が集団実体性評価の測定に先立って行われた場合に顕著となる" と仮説4 "仮説3の傾向は、特性自尊心の高い者より低い者のほうがより明確に認められる" を検討する必要があるだろう。

　分析は研究5実験1と研究6の両方で想起課題や尺度の回答に不備がなかった156名（能力次元脅威条件75名、統制条件81名、研究5実験1で分析の対象とした参加者と同じ）を対象に行った。研究5実験1でみられた集団実体性評価の高揚は、集団成員性（内集団、外集団）、集団の種類（家族、学科等）、集団実体性の測度（凝集性、重要性、目標共有性、成員相互類似性）にかかわらず認められたため、本研究ではそれらを要因に含めずに各条件の集団実体性評価の合成得点を算出し分析に使用した。標準化した集団実体性評価とノスタルジアの各得点について、脅威条件（能力次元脅威・統制）×領域（ノスタルジア・集団実体性評価）×測定順序（前・後）×特性自尊心得点（連続変量：平均値により中心化した値を使用）の一般線形モデルによる分析を行った。その結果、測定順序の主効果および測定順序を含む交互作用の全てが有意ではなかったため（$Fs <$ 1.53, ns）、仮説3、4は支持されなかった。

　したがって、ノスタルジアと集団実体性評価の間に、一方が自己防衛方略として用いられるともう一方は用いられなくなるという形の代替性は認められなかった。しかし、脅威条件×領域×特性自尊心の交互作用が有意（$F(1, 148) = 4.56, p < .05$）であったため、自己防衛方略の領域別の利用可能性が特性自尊心によって異なるかを検討するために、測定順序の要因を除いて再度分析を行った。標準化した集団実体性評価とノスタルジアの各得点について、脅威条件（能力次元脅威・統制）×領域（ノスタルジア・集団実体性評価）×特性自尊心得点（連続変量）の一般線形モデルによる分析を行った結果、脅威条件×領域×特性自尊心の交互作用のみが有意であり（$F(1, 152) = 4.24, p < .05$）、脅威条件×領域の交互作用（$F(1, 152) = 2.99, p < .10$）と領域×特性自尊心の交互作

用（$F(1, 152)=3.83, p<.10$）が有意傾向だった。そこで、脅威条件×領域×特性自尊心の交互作用について下位検定を行った（Figure 6.1）。まず、特性自尊心の水準ごとに単純交互作用を分析した結果、低特性自尊心者（平均−$1SD$）についてのみ有意であり（$F(1, 152)=7.18, p<.01$）、高特性自尊心者（平均＋$1SD$）については有意ではなかった（$F(1, 152)=0.06, ns$）。次に領域ごとに低特性自尊心者（平均−$1SD$）の脅威条件の単純・単純主効果について分析を行った。その結果、ノスタルジアについては能力次元脅威条件（$\hat{M}=0.33$）のほうが統制条件（$\hat{M}=-0.11$）よりも有意に高かった一方（$F(1, 304)=5.89, p<.05$）、集団実体性評価については能力次元脅威条件（$\hat{M}=-0.15$）と統制条件（$\hat{M}=0.05$）の差は有意ではなかった（$F(1, 304)=1.28, ns$）。なお、高特性自尊心者（平均＋$1SD$）については単純交互作用が有意ではなかったのでその下位分析を行っていないが、ノスタルジアの標準化得点の推定値（$\hat{M}$）は、能力次元脅威条件が−0.03、統制条件が−0.18だった。したがって、ノスタルジアと集団実体性評価を合わせて検討すると、自己防衛方略が明確に認められたのは、低特性自尊心者のノスタルジアについてだった。ノスタルジアの素得点の分析で仮説1を支持する結果がみられたのは、主に低特性自尊心者の寄与によるものだったといえる。このことは、現在交流のある他者との絆を反映する集団実体性の評価よりも、過去に交流のあった他者との絆を反映するノスタルジアのほうが自己防衛方略としてより間接的だったためと考えられ、低特性自尊心者は間接的な自己防衛方略に従事しやすいという知見を支持する結果といえる。

●結論

　以上のように、研究6では、自己の能力次元への脅威に対して"social snacking"の一形態であるノスタルジアの高揚が生じることが示された。研究4、研究5に続いて、自己の能力次元への脅威に対する社会性次元での補償が多様な様態をとることが示されたといえよう。

　一方、特性自尊心と自己防衛的対処の関係については、単純ではない結果となった。ノスタルジアと集団実体性評価と合わせて分析した場合に、ノスタルジアの高揚が低特性自尊心者についてのみ表れやすかったのは、まず、ノスタルジアを通じた自己防衛方略が集団実体性評価を通じた自己防衛方略に比べて間接的だったからと考えられる。しかし、研究5の総合考察でも述べたように、考えられる可能性はそれだけではない。脅威操作のための想起課題において回答に不備のあった者を分析から除いたことによるセレクション・バイアスが影響した可能性も考えられる。ただし、能力次元脅威条件での

想起課題で無回答であった者（脅威に対処できないため回答を拒否した者）の人数が特性自尊心の水準によって異なっていたとすれば、セレクション・バイアスがあったとしても、それは特性自尊心がもつ影響が副次的に示されただけともいえる。少なくとも、ノスタルジアと集団実体性評価の対比により本研究で示された低特性自尊心者においてノスタルジアの高揚がより顕著に認められたことは、低特性自尊心者が自己への脅威を経験した際に間接的な自己防衛方略に従事しやすいという先行研究の知見と一致する結果と考えられる。なお、先行研究のうち Brown et al.（1988）、神原・遠藤（2013）では特性自尊心の中央値に該当した参加者あるいはその周辺の参加者も除いて分析を行っているため、特性自尊心による調整効果が強調されて表れた可能性は考えられよう。本研究においてノスタルジアだけについて分析した場合に特性自尊心と脅威条件の交互作用が認められず、集団実体性評価も合わせて分析するとノスタルジアに特性自尊心による調整効果がみられたのは、集団実体性評価による自己防衛の効果が統制されたためと考えられる。これらの結果が意味することは、特性自尊心による調整効果は常に表れるものではなく、脅威の質や、脅威がどのような状況（e.g., 匿名か否か、他者の存在他、自己呈示にかかわる要因など）でどのように喚起されたか（e.g., 課題フィードバック、回想、内容の明瞭さなど）によって変動するということではないかと推察される。

　このように、特性自尊心の調整効果については一貫した結果が得られなかったが、少なくとも、所属欲求仮説（Baumeister & Leary, 1995）とソシオメーター理論（e.g., Leary, 2004）の観点に基づく自己の価値を維持するためには所属欲求の充足が重要であるという主張、エラー管理理論（Haselton & Buss, 2000; Haselton & Nettle, 2006）の観点に基づく社会性次元の高揚バイアスは適応上リスクが少なく利用しやすいとするこれまでの論考を支持する知見が得られたといえよう。ソシオメーター理論（e.g., Leary, 2004）によれば、特性自尊心の水準が高いほうが社会性次元での自己防衛的対象を行いやすいと考えたが、その点については支持する結果は研究５実験１で集団実体性評価について得られただけであり、十分に支持されたとはいえない。むしろ、DPM（Wojciszke et al., 2011）が主張するように、特性自尊心の水準に社会性次元が直接的にはかかわっていないゆえに、低特性自尊心者も高特性自尊心者と同様に社会性次元での自己防衛方略を用いており、特に間接的な方略の場合は、低特性自尊心者のほうがそうした方略を用いることが示唆されたといえよう。

　本研究の限界と今後の課題のうち、研究５実験１と重複しない点について述べる。本研究では、能力次元脅威条件において過去の学業での失敗経験を思い出す想起法を用いたが、この操作が同時に過去の対人関係へのアクセシビリティを高める結果となり、そ

れがノスタルジアの高揚を導いた可能性がある。ノスタルジアと集団実体性評価を同時に検討するとノスタルジアの効果のみが顕著だったのは、そのような想起法の要因も一因だったかもしれない。ノスタルジアについても課題フィードバック法を用いた実験室実験を行い、二次的な要因をより統制してさらなる検討を行う必要があろう。

　本研究で用いたノスタルジア尺度は、幅広い対象についてその妥当性や信頼性を確認したものではなかった。また、ノスタルジアと社会性次元の資源（i.e., 過去の他者との絆）との関係は示されているが（e.g., Wildschut et al., 2006）、ノスタルジアと能力次元の資源（e.g., 過去の自分の有能性）との関係については研究が見当たらない。社会性次元の脅威を受けた場合やニュートラルな状態のときにノスタルジアが喚起されると社会性次元の資源にアクセスしやすくなるとしても、能力次元の脅威を受けた場合にも同じであるとは限らない。本研究の結果が、社会性次元の資源ではなく能力次元の資源を希求した結果である可能性がないとは言い切れない。ただし、これまで述べてきたように（e.g., Knowles et al., 2010）、そして研究4でも示されたように、自己の能力次元への脅威に対して同じ能力次元で対処することは、社会性次元において対処することよりも難しく行われにくい。集団実体性評価とノスタルジアを同時に分析に投入すると低特性自尊心者についてノスタルジア による "social snacking" がみられたことも、能力次元の資源が主な支えになったとは考えにくい。したがって本研究の結果が主に能力次元の資源を希求した結果である可能性は低いと考えられるが、ノスタルジアの要素を社会性次元と能力次元に分けてそのことを確認する必要があるだろう。

　本研究では、脅威によって低下した自己の価値がノスタルジアの高揚によって回復したかまでは確認していない。ノスタルジアが自己の価値の高揚を生じることは先行研究においてすでに示されており（Cheung et al., 2013; Wildschut et al., 2006）、また、Vess et al.（2012, Study 2）では研究5実験2と同様の課題フィードバック法により自己の能力次元に脅威をもたらす実験を行い、フィードバック後にノスタルジアを喚起すると自己防衛方略（自己奉仕バイアス）が弱まることも示されている。しかし、自己の能力次元への脅威に対して自発的に表出されたノスタルジアの高揚が実際に自己の価値の回復に寄与するかを検討する必要はあるだろう。

　以上のように、少なくとも本研究では、社会性次元の脅威だけではなく、能力次元の脅威に対しても、ノスタルジアの高揚が、特に低特性自尊心者においてみられることが示された。これは自己の能力次元が脅威にさらされると脅威を受けた次元とは異なる社会性次元において自己防衛的対処が行われやすいことを示すものと考えられる。

第3章　注

1) 回答に不備があったために分析から除いた回答者の内訳は次のとおり。各尺度の回答に不備があった（記入漏れや、全項目で同一の回答値を記入する等）参加者が10名（能力次元脅威条件4名、統制条件6名）、脅威操作のための想起課題において参加者が記述した内容が実験者の教示（能力次元脅威条件では学業上の失敗、統制条件では日常生活）に従っていないとみなされた参加者が15名（能力次元脅威条件14名、統制条件1名）、各尺度の回答に不備はないが、脅威操作のための想起課題に無回答だった参加者が18名（能力次元脅威条件15名、統制条件3名）、各尺度の回答に不備があり、脅威操作のための想起課題に無回答だった参加者が6名（能力次元脅威条件4名、統制条件2名）。記述内容が教示に従っているかを、実験計画を知らない大学院生が実験者と独立に判定したところ、実験者の判定との一致率は90.56％だった。研究4では、能力次元脅威条件において無回答であった者も脅威操作が有効に働いていた可能性を考慮して、能力次元脅威条件の無回答者を分析に含めた。しかし、能力次元脅威条件の想起課題に無回答であった理由は脅威が喚起されたためとは限らず、その理由を確認することはできないため、研究5では想起課題の無回答者を分析に含めなかった。

2) 特性自尊心尺度の次に自己評価随伴性の尺度のページがあったが、本研究では分析に使用しなかったため報告を割愛する。また、集団実体性評価の前または後にノスタルジアを測定するページがあったが、ノスタルジアについては研究6で報告する。

3) 研究4の実験実施時の回答の様態から記述時間は3分で足りると判断されたことから、回答者の負担を減らすために記述時間を短くした。

4) 実験2の予備調査では特性自尊心尺度に続いて学業や競争についての自己価値随伴性を測定したが、本研究ではその分析を行わなかったため結果の報告は割愛する。

5) 回答に不備があったために分析から除いた回答者の内訳は次のとおり。各尺度の回答に不備があった（記入漏れや、全項目で同一の回答値を記入する等）参加者が4名（能力次元脅威条件1名、統制条件3名）、各尺度の回答に不備があり、脅威操作のための想起課題において参加者が記述した内容が実験者の教示（能力次元脅威条件では学業上の失敗、統制条件では日常生活）に従っていないとみなされた参加者が15名（能力次元脅威条件14名、統制条件1名）、各尺度の回答に不備があり、脅威操作のための想起課題に無回答だった参加者が24名（能力次元脅威条件19名、統制条件5名）。研究4では、能力次元脅威条件において無回答であった者も脅威操作が有効に働いていた可能性を考慮して、能力次元脅威条件の無回答者を分析に含めた。しかし、能力次元脅威条件の想起課題に無回答であった理由は脅威が喚起されたためとは限らず、その理由を確認することはできないため、研究6では、研究5と同じように想起課題の無回答者を分析に含めなかった。

6) 特性自尊心尺度の次に自己評価随伴性の尺度のページがあったが、本研究では分析に使用しなかったため報告を割愛する。

7) Wildschut et al.（2006, Study 3）では、ノスタルジアの水準を測定するために、総体的なノスタルジアを測定する3項目、特定の対象についてのノスタルジアを測定するBatcho（1995）のNostalgia Inventoryから18項目を抜粋し、それぞれ合成得点を算出している。Wildschut et al.（2006, Study 3）では、各測度の内的整合性は高く（順にα = .98, .88）、それら三つの合成得点のいずれも同じように否定的気分に伴って高まることが示されてお

第3章　能力次元への脅威に対する社会性次元での補償的自己防衛（2） | *125*

り、さらに、両得点間に中程度の有意な正の相関（$r(62) = .55, p < .001$）があり収束的妥当性も確認されている。しかし、本研究では、参加者の負担を軽くするためにより少ない6項目で測定することを試みた。

終　章

1. 自己評価の 2 次元間における自己防衛方略の代替性 およびそれらと特性自尊心との関係

　人間は、自己の価値（i.e., 総体的な自己評価、自尊心）が低下する事態に直面すると、自己の価値を何らかの手段で回復しようとする。そのことは心理学において James (1892) や Adler (1926, 1973 岸見訳 2008) 以来繰り返し示されてきたことであるが (e.g., Brown & Smart, 1991; Tesser et al., 1984)、その様態や過程、機序はいまだ十分に明らかになっているとはいえない。自己防衛方略を講じるとき、常に直接的で効果的な一次的コントロールを用いることができるとは限らない。一次的コントロールを実行できない場合は、間接的な二次的コントロールが用いられる (Rothbaum, Weisz, & Snyder, 1982)。二次的コントロールは表象に依拠した認知的方略であり、損なわれた自己の価値を埋め合わせる表象が用いられる。その際、現実から大きく遊離した表象は用いられにくく (cf. Alicke & Sedikides, 2009)、脅威にさらされた各時点においてアクセス可能な自己の資源（肯定的情報）が適宜用いられる (cf. Tesser, 2000)。ただ、用いられる資源の種類には偏りがあることが推察される。本論文では、自己の領域もしくは自己の側面を大きく社会性次元と能力次元の 2 次元に分けてとらえ (e.g., Tafarodi & Swann, 1995)、いずれの次元についての脅威に対しても自己防衛の資源がもたらされやすいのは能力次元よりも社会性次元であり、そして、社会性次元において核となる要因は、所属欲求にかかわっているとの立場に立って検討を進めた (Leary & Baumeister, 2000; Knowles et al., 2010; Koch & Shepperd, 2008)。

　もっとも、このような立場をとることについては異論もあるが (e.g., Giladi & Klar, 2002; Kruger, 1999; Otten & Van Der Pligt, 1996; Wojciszke et al., 2011)、本論文では、エラー管理理論 (e.g., Haselton & Nettle, 2006) の観点を加えて、所属欲求の充足に寄与する資源を核とした自己防衛方略の用いられやすさについて実証的に検討を加えた。本章では、本論文で得られた知見を概観して、社会性次元の資源を用いて行われる認知的対処としての自己防衛方略の特徴について考察する。そして、それが直接的対処としての自己防衛方略（i.e., 自己制御）に及ぼす影響についても考察を加える。

2．本論文で得られた研究結果の概要

　本論文では、6つの実証的研究（研究1〜研究6、その内の研究4と研究5は三つの実験から構成されている）の成果を報告した。まず、研究1において自己脅威を経験してない平常時での能力次元と社会性次元での自己評価の様相を検討し、自己高揚バイアスは能力次元より社会性次元で認められやすいことを確認した。続く研究2〜研究5においては、何らかの形で自己脅威を与え、それに対する防衛的対処反応の特徴について検討した。研究によって、脅威の与え方や防衛的対処反応の指標はさまざまである。なお、いずれの研究においても、特性自尊心による調整効果（特性自尊心の水準によって防衛的対処反応の生起に違いがみられるかどうか）について調べた。研究2は、脅威を与える次元を特定せず、自己全般が脅威にさらされる事態に直面した時の両特性次元での自己評価（平均以上効果の生起）を観測した。しかし、脅威に対する自己防衛的対処は認められなかった。そこで、研究3と研究4（実験1）では脅威を与える次元を能力次元に限定し、脅威を受けていない社会性次元において補償的自己高揚反応（自己防衛的対処）がみられるかを検討した。すると、脅威操作に課題フィードバック法を用いた研究3では、補償的自己高揚反応は認められなかったが、想起法を用いた研究4の実験1では、社会性次元の自己の特性を高く評価する防衛的対処の生起が確認された。一方、研究4の実験2において、同じく想起法を用いて社会性次元に脅威を与えたところ、これを能力次元で補償的に対処することは示されなかった。これより、能力次元での自己への脅威に対して、社会性次元において補償的に対処する方略がどの程度一般的であるか、またその背景に所属欲求の充足によって対処しようとする心理規制が関与しているのか検証するために研究5と研究6を実施した。研究5では所属集団の実体性評価を、研究6ではノスタルジアの喚起を補償的防衛反応の指標とした。その結果、能力次元の脅威操作を課題フィードバック法により行った研究5の実験2において、集団実体性の評価を高めることによって対処する反応が生起することが示された。さらに、想起法を用いて能力次元の脅威操作を行った研究5の実験1においても脅威に対して集団実体性の評価を高めることが示され、また研究6においては、同じく想起法を用いて能力次元の脅威を経験するとノスタルジアが喚起されることが見出された。なお、特性自尊心による調整効果については一貫した結果がみられず、脅威操作を想起法により行い集団実体性評価を補償反応の指標に使用した研究5の実験1においてのみ、高特性自尊心者のほうが低特性自尊心者に比べ補償反応が生起しやすいことが示されただけであった。これらの結果をまとめたのが Table 7.1 である。

Table 7.1　各研究の方法と結果の一覧

章	研究番号	脅威の次元	脅威の操作方法	従属変数	自己防衛傾向	特性自尊心の調整効果	備考
1	研究1			社会性次元と能力次元それぞれの幅広い特性の平均以上効果			2次元間で望ましさ、統制可能性、能力性、抽象性に有意な差がなかったが、社会性次元にのみ自己高揚傾向。
1	研究2	区別なし（否定的条件・中性条件・肯定的条件の気分操作）	集合状況で想起法	社会性次元として優しさと社交の側面、能力次元として知性の側面の平均以上効果	認められず	自己防衛傾向がみられなかったため、その調整効果は確認されなかった。	社会性次元よりも能力次元で、特性自尊心が高いほど平均以上効果が高くなりやすい。
2	研究3	能力次元（知能）	実験室で課題フィードバック法	社会性次元として優しさと社交の側面の平均以上効果	認められず	自己防衛傾向がみられなかったため、その調整効果は確認されなかった。	
2	研究4 実験1	能力次元（学業）	集合状況で想起法	社会性次元として優しさの側面、能力次元として知性の側面の平均以上効果	社会性次元（"優しさ"の側面）に		
2	研究4 実験2	社会性次元（対人関係）	集合状況で想起法	社会性次元として社交の側面、能力次元として知性の側面の平均以上効果	認められず	自己防衛傾向がみられなかったため、その調整効果は確認されなかった。	研究4の実験1と実験2それぞれの社会性次元の平均以上効果得点について同時に自己防衛傾向を分析したところ、有意傾向だが、自己防衛傾向が示唆された。
3	研究5 実験1	能力次元（学業）	集合状況で想起法	社会性次元として集団実体性評価	一部示唆された	高特性自尊心者にのみ自己防衛傾向	
3	研究5 実験2	能力次元（知能）	実験室で課題フィードバック法	社会性次元として集団実体性評価	認められた	認められず	
3	研究6	能力次元（学業）	集合状況で想起法	社会性次元としてノスタルジア	認められた	認められず	研究5実験1の集団実体性評価得点と研究6のノスタルジア得点について同時に自己防衛傾向を分析したところ、低特性自尊心者のノスタルジアについてのみ自己防衛傾向が認められた。

以下では、本論文で得られた結果を、2-1. 自己評価の2次元と自己高揚バイアス、2-2. 自己評価の2次元からみた自己防衛方略および特性自尊心の調整効果、の二つの観点から整理して考察する。

2-1. 自己評価の2次元と自己高揚バイアス

　自己への脅威を経験していない平常時における自己評価は、自己の価値が脅威にさらされたときに採られる対処行動の心的基盤となる認知資源の様態が表れていると考えられる。たとえば、繰り返し述べてきたように、総体的な自己評価といえる特性自尊心の水準によって脅威に対する自己防衛傾向は異なり、特性自尊心が高い者ほど脅威に対して積極的に対処する（e.g., Brown et al., 1988; Brown & Smart, 1991; Seta et al., 2006）。これは、日頃より示される総体的な自己評価の高さには脅威に対処するために必要な資源の豊富さが反映されていることを表す。同様に、モハメド・アリ効果（Allison et al., 1989）として知られる傾向、すなわち、人は能力次元より社会性次元において自己を高く評価しがちであることは能力次元より社会性次元のほうが脅威に対して対処するための資源を活用しやすいことを示唆しているともいえる。しかしながら、これら2次元間の差異が両次元に属する特性のいかなる性質（e.g., 望ましさ、統制可能性、抽象性）に起因しているかは十分に明らかにされているとはいえず、また、本論文で検討の対象となる日本人においてもモハメド・アリ効果が認められるか、その通文化的一般性についても検討の余地があった。そこで、研究1では脅威を経験していない平常な状況での平均以上効果を測定し、Alicke（1985）と同様に、この効果が特性の望ましさが中点より隔たっているほどみられやすいか（特性の望ましさが高いほど平均的他者により自分によくあてはまり、特性の望ましさが低くなるほど自分より平均的他者にあてはまると評定するようになるか）、このような傾向は特性の統制可能性が高いほど表れやすいかを確認した。加えて、能力次元より社会性次元において平均以上効果が生じやすい理由が、前者に比べ後者の特性のほうが抽象性が高いことによるのかどうかも検討した。その結果、Alicke（1985）で示された傾向は部分的にしか認められず、日本人は自己高揚的な評価傾向を示す顕著な平均以上効果が認められにくいという先行研究の知見を追認する形となった。しかし、モハメド・アリ効果についてみてみると、評価次元×望ましさ×統制可能性の交互作用効果が有意傾向ではあったが検出され、社会性次元では特性の統制可能性が高い場合に平均以上効果が表れやすい一方、能力次元では特性の望ましさや統制可能性の水準と平均以上効果の間に関係が認められない傾向にあることがうかがわれた。すなわち、社会性次元についてのみ自己高揚的な平均以上効果が認められた

終 章 | *131*

ことから、平均以上効果が表れにくい日本人でもモハメド・アリ効果は示されうること
が確認された。このことは、モハメド・アリ効果がある程度通文化的現象であり、人は
一般に自己の能力次元の資源より社会性次元の資源を用いて自己評価を維持、高揚させ
る傾向にあることを示唆するものである。なお、研究１で用いた特性の望ましさと統制
可能性には、自己評価の２次元の間で差は認められなかった。特性の望ましさと統制可
能性の間に相関はなく両者は独立であることも確認されている。さらに特性の抽象性に
ついても、能力次元と社会性次元の間に差はなかった。ただ、社会性次元の特性につい
て望ましさが高いほど抽象性が高いという関係がみられた。この結果だけをみれば、社
会性次元の特性は望ましさと抽象性が関連し、能力次元は望ましさと抽象性が関連しな
いために、社会性次元に自己高揚傾向が表れやすくなっているとも考えられる。しかし、
研究１の考察でも述べたように、社会性次元において望ましさが低く、それゆえ抽象性
が低いと考えられる特性においても自己高揚的バイアスがみられたことから、モハメド・
アリ効果の生起において特性の抽象性ないし評価基準の曖昧さが果たしている役割は小
さいといえる。そして、研究１において、認知的要因の関与を統制した状況でもモハメ
ド・アリ効果が認められたことは、能力次元より社会性次元で自己高揚バイアスが表れ
やすい背景に所属欲求の充足を優先させる心理機制が働いていることを推測させる。と
りわけ、今回の結果が、他者との関係性を重視する相互協調的自己観が優勢とされる日
本人（Markus & Kitayama, 1991）を対象とする研究において得られたことも、この考
えを間接的に支持しているともいえる。ただし、研究１で使用した特性の一般性につい
ては限界があるため、研究１の結果の一般化には留意する必要はある。

2-2. 自己評価の2次元からみた自己防衛方略および特性自尊心の調整効果

　自己の価値が低下する脅威に直面したときに用いられる種々の自己防衛方略は、いず
れも自己の価値を維持、回復する機能をもつという点で相互に代替可能と考えられる
（e.g., Tesser et al., 2000）。しかし、それらの方略の機能は全て等価とは限らない。自
己の諸側面を社会性次元と能力次元に大別した場合（e.g., Tafarodi & Swann, 1995;
Wojciszke, 2005）、先行研究や本研究の結果は、能力次元よりも社会性次元の資源を用
いた自己防衛方略のほうが用いられやすく、能力次元の脅威に社会性次元で対処しても、
社会性次元の脅威に能力次元で対処しえないといったように、両次元間の代替可能性は
必ずしも対称的な関係にないことが考えられる（e.g., Brown & Smart, 1991; Knowles
et al., 2010）。その理由はいくつか挙げられるが、所属欲求仮説に基づけば、自己の価値
を支える根本要因が他者との良好な関係を形成し維持する所属欲求の充足にあるからだ

と考えることができる。しかしながら、そのことを実証的に示す研究はまだ十分ではなく、その詳細が明らかにされているとはいえない状況にある。

　本論文は、自己防衛傾向と深いかかわりが示されている特性自尊心の影響を考慮しつつ、主に能力次元として知的能力にかかわる脅威に対する、自己の社会性次元にかかわる資源を用いた自己防衛方略について検討を加えた（Table 7.1）。脅威の内容は、能力次元（研究 3、研究 4 実験 1、研究 5、研究 6）にかかわるもの、社会性次元にかかわるもの（研究 4 実験 2）、次元の区別がない自己全般にかかわるもの（研究 2）について検討を行ない、自己の社会性次元の資源が効果的に用いられる範囲を検討した。脅威を喚起する方法は集合状況での想起法（研究 2、研究 4、研究 5 実験 1、研究 6）と個別に実験室で行う課題フィードバック法（研究 3、研究 5 実験 2）を用いて、脅威を喚起する方法と状況がもつ性質と自己防衛傾向の関係について検証した。そして自己防衛傾向が表れると考えられた社会性次元の測度として、"優しさ" と "社交" の自己評価（平均以上効果；研究 2-4）、所属集団の集団実体性評価（研究 5）、ノスタルジア（研究 6）を用いた。自己の価値の感覚に比較的直接的に関連すると考えられる特性の自己評価だけではなく、現在の所属の感覚が反映される集団実体性評価や、過去の所属の感覚が反映されるノスタルジアについて検討することで、所属の感覚を資源とする自己防衛方略が能力次元の脅威への対処を可能とする社会性次元の範囲について検証した。これらの研究のうち、研究 4 実験 1 は自己の能力次元への脅威に対して社会性次元の自己の特性評価による自己防衛方略が選択されやすいことを、そして研究 5、6 は、自己の能力次元への脅威に対して所属の感覚を資源とした方略が用いられうることを示唆したといえる。さらに、研究 4 実験 2 は、自己の社会性次元への脅威（所属欲求への脅威）は能力次元の資源による補償が行われにくいことを示した。このことは、まず、自己の能力次元が脅威にさらされると社会性次元において補償されやすいことを示した Jordan & Monin（2008）と一致する結果といえ、さらには、脅威と同じ領域である能力次元での対処方略を利用する機会が与えられてもなお社会性次元による対処方略のほうを選択しやすいという Brown & Smart（1991）や Knowles et al.（2010）の主張を支持する結果であったといえる。そして、社会性次元での対処資源は、所属の感覚に根ざしていることを示唆したという点でも Knowles et al.（2010）の主張を支持するものであったといえる。また、研究 1 でも確認された、モハメド・アリ効果のような自己評価傾向は、自己の価値に脅威を受けたときに自己防衛のために使用される資源の活用しやすさを反映していると考えられる。

　しかしながら、研究 2、研究 3 では、自己の社会性次元の資源を利用した自己防衛方

略は認められなかった。これらの結果のうち研究2については、脅威を与える次元を限定しなかったために、自己の社会性次元も脅威に晒され利用可能な対処資源が枯渇したためではないかと推察した。研究4の結果が示しているように自己への脅威が能力次元に限定されていたならば社会性次元の資源を用いて補償しうるが、脅威が社会性次元にまで及ぶと、自己防衛方略を講ずることが容易でなくなることを示しているといえる。

しかし研究3は、課題フィードバック法を用い脅威を与える次元を能力次元に限定したにもかかわらず社会性次元での補償的対処は認められなかった。これは脅威を操作するために与えたフィードバック情報の内容に社会性次元にかかわる脅威が混入していたからではないかと考えたが、研究3とほぼ同じフィードバック操作を用いた研究5実験2では社会性次元で自己防衛傾向が認められている。ただし、自己防衛傾向を調べるための測度は、研究3では自己の特性評価であり、研究5実験2では所属集団の集団実体性評価であった。したがって、この違いは、両研究で使用した測度の性質の違いに起因するのではないかと考えられる。研究3で測度とした自己の特性評価は、研究5実験2で測度とした所属集団の集団実体性評価に比べて、自己の価値を明示的、直接的に表すため、評価懸念により自己高揚的に評価することが抑制された可能性がある。自己防衛方略は現実と明白な齟齬が生じない程度に使用されるものであり（cf. Alicke & Sedikides, 2009）、そしてその傾向は序章で述べたように、主として社会性次元よりも能力次元でみられやすいと考えられてきた。しかし、Knowles et al.（2010）や研究4実験2が示唆するように、社会性次元でもその傾向がみられないわけではない。そのことをふまえれば、社会性次元に属する自己の側面について比較的直接的にそれが価値があると主張するような評価を表明することは、自己の能力次元に対する脅威に際してであっても憚られた可能性がある。殊に研究3は実験室での個別実験であり、参加者が回答した自己評価の結果を実験者が個人を特定する形で目にすることはないと教示されても、フィードバックされた否定的な内容を説明した実験者のそばで肯定的な自己の評価を表明することに抵抗があったのかもしれない。一方、研究5実験2で測度として用いられた集団実体性評価は自分の家族や所属学科等の集団としてのまとまりを評価するものであり、自己の価値に対して間接的な測度だったことから、自己の能力次元にかかわる否定的な内容をフィードバックした実験者が傍らにいたとしても肯定的な評価を行いやすかったと考えられる。

すなわち、本論文の研究結果は、自己の能力次元への脅威に対しては社会性次元の資源を用いた自己防衛方略が使用されやすいというだけではなく、その方略がある程度間接的でなければ用いられにくいということも示唆している。

本論文の研究 2 から研究 6 では常に特性自尊心の調整効果について考慮してきた。自己防衛方略に関する多くの研究で、特性自尊心の水準によって自己防衛傾向の表れやすさが異なることが示されてきたからである（e.g., Brown & Smart, 1991; Seta et al., 2006）。また、特性自尊心の調整効果について検討することは、自己防衛方略の資源の由来を検討する上でも重要であった。特性自尊心の高低は自己防衛に必要な資源の多寡を反映すると考えられるからである。たとえば、ソシオメーター理論（e.g., Leary & Baumeister, 2000）によれば、他者からの受容経験の蓄積に基づく所属感覚の強さを表し、社会性次元に属する資源の豊富さとみなせる。一方、DPM（Wojciszke et al., 2011）をふまえると、達成領域における成功経験の蓄積に基づく有能感の高さを表し、能力次元に属する資源の豊富さとしてとらえることができる。本研究で特性自尊心の調整効果が示されたのは研究 5 実験 1 だけであり、特性自尊心が高いほど社会性次元での自己防衛方略が用いられやすい（集団実体性の評価が高まりやすい）というものであった。しかし、研究 5 実験 1 の集団実体性評価と研究 6 のノスタルジアとを合わせた検討では、集団実体性評価における自己防衛傾向自体が表れなくなり、特性自尊心が低いほど自己防衛反応としてのノスタルジアが生起しやすいという結果になった。この結果は、特性自尊心の調整効果という点で Brown & Smart（1991）とは異なるが、低特性自尊心者は間接的な自己防衛方略を用いやすいという Brown et al.（1998）や神原・遠藤（2013, 実験 2）の知見に一致する結果といえる。なぜなら、ノスタルジアは過去の社会的関係に基づく所属感覚とかかわると考えられることから（e.g., Wildschut et al., 2006）、自己の特性評価や現在の所属集団の集団実体性評価と比べ間接性が高く、低特性自尊心者で用いられやすいという結果が示されても不思議ではない。ただし、研究 5 実験 1 と研究 6 は想起法による脅威操作を行っているため、たとえ脅威につながる内容であったとしても過去を思い出すという方法が低特性自尊心者のノスタルジアの喚起を促した可能性が考えられるため、課題フィードバック法を用いた実験室実験でも同じ傾向がみられるかはわからない。低特性自尊心者にとって所属集団の集団実体性評価よりもノスタルジアのほうが自己防衛方略として有効であるかどうかは、実験室実験によるさらなる検討が必要だろう。研究 4 や研究 5 実験 2 では特性自尊心の調整効果が認められていないことと合わせて考えると、少なくとも、常に特性自尊心の水準によって自己防衛傾向が異なるということではないのかもしれない。特性自尊心の調整効果について本論文で報告した結果は、ソシオメーター理論も DPM も明確に支持するものでもなかった。研究 5 実験 1 と研究 6 を合わせた検討は、Brown et al.（1998）や神原・遠藤（2013, 実験 2）を支持する結果であったと考えられるが、条件統制の比較的弱い集合状況での想起

終章 | *135*

法による実験の結果であり、自己防衛における特性自尊心の位置づけは、さらなる検討を要する。

　したがって、本論文では、自己の価値が脅かされた場面での認知的対処について、自己の能力次元への脅威に対しては社会性次元の資源を用いた補償的自己防衛方略が用いられやすく、その中でもより間接的な方略が用いられやすいこと、そしてその社会性次元の補償資源は所属欲求の充足にかかわるものであること、その方略の用いられやすさは必ずしも特性自尊心によって調整されるとは限らないことが示唆されたといえよう。

3．本論文で得られた研究結果が示唆するもの

3-1．自己評価の2次元からみた認知的対処と自己制御

　本論文では、自己の価値をとらえる側面を社会性次元と能力次元の2次元にわけてとらえ、主として、自己の能力次元への脅威に直面した際に社会性次元の資源による自己防衛方略の用いられやすさを検討した。以下では、本論文がもつ意義をより大きな枠組みで考察する。

　本論文の研究2から研究6の結果は、上で述べたように、自己の能力次元への脅威に対して社会性次元に属する自己防衛方略がとられやすいというだけではなく、脅威の種類によっては社会性次元に属する自己防衛方略も用いられにくくなることも示唆している。後者の結果を実験の失敗としてただ考慮の外に置くことは出版バイアス（Ferguson & Heene, 2012）と称される知見の偏りを招きかねない。理論が成立する範囲を見定めるためにも、"失敗"の境界条件を明らかにすることには一定の意義があるであろう。たとえば、気分の影響は、気分一致効果（e.g., Bower, 1981）としても、その反対の傾向といえる気分不一致効果（e.g., Rothermund & Meiniger, 2004; 榊, 2006）としても生じうる。一方をもう一方の実験の失敗とするのではなく、両者の生起を分岐させる境界条件として自己複雑性（e.g., Linville, 1985）の水準が見出されたことで、気分の影響がより明らかになった。同様に、自己の価値への脅威に対する反応としては、たとえば特性自尊心の水準と使用可能な自己防衛方略の直接性の組合せが境界条件の一つと目されてきた（e.g., Brown et al., 1988）。しかし、特性自尊心が高いか低いか、自己防衛方略が直接的か間接的かといったことは相対的な差異に過ぎず、低特性自尊心者が自己防衛傾向を示せば低特性自尊心者が用いやすい方略（i.e., 間接的方略）をとりやすい場面だったと解釈し、高特性自尊心者が自己防衛傾向を示せば高特性自尊心者が用いやすい方略（i.e., 直接的方略）をとりやすい場面だったと解釈するという、トートロジーに陥る可能性がある。本論文の研究6では特性自尊心が低ければ防衛反応としてのノスタルジアが

喚起することが示唆されたことから、ノスタルジアによる自己防衛方略は間接的と解釈することもできるが、ノスタルジアが状態自尊心を高める（Cheung et al., 2013）ということは、特性自尊心の高さはノスタルジアの喚起しやすさの表れともいえ、特性自尊心が高いほど自己の価値の脅威に際してノスタルジアを高めやすいといった可能性も依然として考えられる。また、本論文の研究4、研究5実験2では特性自尊心の水準にかかわらず自己防衛傾向が認められているように、特性自尊心の水準と自己防衛方略の直接性の組合せだけでは、自己防衛傾向の表れ方を予測するのは困難と考えられる。序章でも述べたが、この問題にかかわる要因として、自己複雑性（e.g., Linville, 1985）に加え、顕在的自尊心と潜在的自尊心の一致度、状態自尊心の安定性（e.g., Kernis et al., 2008）にみられる個人差が考えられる。しかし、これらの要因に加え、本論文の第1章で検討したモハメド・アリ効果のように、自己評価の2次元のいずれに属する自己防衛方略が選択されやすいかという点も考慮すれば、自己の価値の量的な違いや変動性だけではなく、能力次元と社会性次元という質的な要因も組み入れることができ、より予測の精度が高まるのではないかと考えられる。人は一般に能力次元より社会性次元の属する資源を自己防衛的対処に用いやすい傾向にあるが、これにも個人差があるかもしれないからである。すなわち、特性自尊心の水準にこれら両次元の資源の豊富さが反映されているとすれば、特性自尊心の調整効果の表れ方も、個人がどちらの資源を利用しやすいかに応じて変動すると考えられる。そして、そのことは、脅威に対して行動レベルで対処する直接的対処の表出のされ方の予測にもかかわるであろう。

　Rothbaum et al.（1982）は、個人の願望に合致するように環境を変えようとすることを一次的コントロール、環境の要請に沿うように自己概念の変容を試みることを二次的コントロールと称している。そして、二次的コントロールとして大きく四つの認知的対処を挙げており、それらを通して人は自己の価値を防衛していることを論じている。また、まず一次的コントロールが試みられ、それが困難であるとき二次的コントロールが試みられると述べている。この枠組みに即していえば、本論文では、一次的コントロールが困難な場面での窮余の策としてとられる、Rothbaum et al.（1982）が二次的コントロールと称している自己防衛方略を検討してきたことになる。本論文の場合、自己評価が脅かされる事態に直面したとき、自尊心を回復するための行動を実際に実行することが一次的コントロールにあたり、主観レベルで自己や自己を取り巻く環境の認知を変化させることが二次的コントロールにあたる。しかし、自己の特性評価、所属集団の集団実体性評価、ノスタルジアは、二次的コントロールとしての自己防衛の効果をもつに留まらず、一次的コントロールにも影響する可能性が考えられる。いわば、二次的コント

終　章 | *137*

ロールとしての認知方略の代替性が一次的コントロールとしての行動方略の代替性に及
ぶ可能性である。本論文が参照した研究の中に、認知レベルの自己防衛方略が行動レベ
ルの自己防衛方略を規定していることを示す研究がある。たとえば、Brown & Smart
（1991, Study 2）では、自己の能力次元への脅威の後に社会性次元（e.g., "kind"）の自
己評価が高まるだけではなく、援助行動が生起しやすくなることが示されている。これ
は、認知的反応によって喚起された表象が自己呈示行動としての援助行動を促したと考
えられる。また、Vohs & Heatherton（2001）では、自己の能力次元への脅威に対する
反応について詳細に検討し、脅威に直面すると、高特性自尊心者は自分を相互独立的と
みなし、自己の能力への関心を高め、他者に対して自己の価値を強調するようにふるま
いやすいのに対して、低特性自尊心者は自分を相互協調的とみなし、自己の対人関係へ
の関心を高め、他者に対して拒絶されないようにふるまうことが示されている。これは、
認知的反応（自己解釈や、自己評価の 2 次元のいずれかへの注意）がそれだけに留まら
ずその後の行動制御に反映されることを示す例といえるだろう。他にも、Sommer &
Baumeister（2002）は、社会性次元の脅威（i.e., 拒絶）に対する高特性自尊心者と低特
性自尊心者の反応を比較しているが、高特性自尊心者は脅威を経験しても自己評価を低
下させることなく維持し、言語能力にかかわると教示された課題に熱心に取り組むのに
対して、低特性自尊心者は自己評価を低下させ、高特性自尊心者ほど熱心には課題に取
り組まないことを示した。この研究では、自己評価と課題への取り組みは別の実験の中
で検討されているが、拒絶後の認知的反応（自己評価）がその後の課題遂行場面での自
己制御に影響したとも考えられる。すなわち、高特性自尊心者は、脅威に対して自己評
価を維持しえたので、後続の課題に積極的に取り組めたが、低自尊心者は自己評価を低
下させたために課題への取り組みが消極的になったと推察できる。本論文においても、
研究（実験）によって、脅威に対する認知レベルでの自己防衛的反応が認められた場合
と認められなかった場合があるが、それはその後の行動レベルでの反応を規定すること
が予想される。そして、認知レベルでの自己防衛方略の代替性や社会性次元の優位性は、
行動レベルでの自己防衛方略にも反映される可能性も考えられよう。

3-2．社会性次元の認知的対処がもたらしうるもの

　自己の価値を脅かすような情報は、自己防衛的反応のみを引き起こすわけではない。
脅威情報が動かしがたい現実であるときに用いられるのが二次的コントロールであり
（Rothbaum et al., 1982）、その情報に沿って自己概念を変更することもある（cf. Alicke,
Zell, & Guenther, 2013）。補償的自己防衛方略は、そのような情報に直面してなお自己

の価値を保つための方略とも考えられるだろう。たとえば、自己の能力次元が脅威にさらされたときに社会性次元において補償的に自己防衛対処を行うのは、能力次元の低い自己評価に直面しつつも、社会性次元の資源を活用し自己の全体的価値を損ねないようにするための反応と考えることができる。たとえば、脅威に直面する自己の側面とは異なる側面の自己を肯定化しておくことで、その脅威に立ち向かうことができることになることがいくつかの研究で示されている。 たとえば、知的能力が低いというレッテルを貼られている集団のメンバーが、そうしたステレオタイプに起因する脅威の確証を恐れずに知的能力の向上に取り組めるようになることを示した研究（Cohen, Garcia, Apfel, & Master, 2006）、アルコール多量摂取者が飲酒とガンの関係を示唆する情報を回避しないようになることを示した研究（Klein & Harris, 2009）などが挙げられる。また、Crocker, Niiya, & Mischkowski（2008）は、自己肯定化の操作により最も喚起されやすい感覚とは他者への愛情であり、その愛情の感覚が脅威情報に直面することを可能にすることを示している。親密な他者との重要な関係を想起することによって、自己の低い能力水準を示す情報であっても避けずに直面できるようになるという Kumashiro & Sedikides（2005）の結果も、自己肯定化の効果の傍証といえる。自己肯定化が以上のような効果をもたらすのであれば、自己の能力次元が脅威にさらされたときに社会性次元の資源を用いて認知的自己防衛方略をとることは、社会性次元での自己肯定化に相当するため、自己の能力次元に脅威をもたらす情報に直面して対処することを可能にする効果をもつとも考えられる。なお、自己の能力次元への脅威に社会性次元の資源を用いて自己防衛を行う方略は、少なくともエラー管理理論の観点から考えるとリスクの少ない適応的な方略と考えられる。前述した Vohs & Heatherton（2001; 2004）の研究では、能力次元の脅威に直面した高特性自尊心者が示しやすい相互独立的自己観に基づく自己主張的自己呈示は、相互作用相手から否定的に評価されるが、低特性自尊心者が示した相互協調的自己観に基づく協調的自己呈示は相互作用相手から好意的に評価されることが示されている。これらの研究結果は、自己の能力が疑われるときは、遠回りのようでも、まず自己の望ましい社会性次元を確証することが有益ということの表れかもしれない。本論文で明らかにされた、能力次元の脅威に対して社会性次元で対処する傾向を人が持つという事実は、他者から拒否され排斥されるリスクを最小にするという適応機制の反映とみなすこともできる。そして、モハメド・アリ効果は、このような社会性次元での対処行動を実行しやすくするために、社会性次元の認知資源が相対的に活用されやすくなっていることの表れであると推察することもできよう。

3-3. 環境（文化）の影響

　第1章において、上記に述べたモハメド・アリ効果は、欧米の文化圏で見出され、本論文の研究対象である日本人においても確認されたことから、ある程度通文化的傾向であることを論じた。しかしながら、モハメド・アリ効果については、東西文化間に差があることを示唆する研究も少なからず存在する。Ybarra, Park, Stanik, & Lee（2012, Study 1）では、社会性次元（e.g., "trustworthy"）ではアメリカ人大学生にも韓国人大学生にも同程度の平均以上効果が認められるが、能力次元（e.g., "purposeful"）ではアメリカ人大学生では依然として平均以上効果が認められる一方、韓国人大学生は平均以上効果と反対の傾向を示している。この韓国人大学生が示した、社会性次元で平均以上効果を示し能力次元では平均以上効果を示さない傾向は、本論文の研究1や、伊藤（1999）、外山・桜井（2001）とも概ね一致する。モハメド・アリ効果が自己防衛方略における両次元の資源の利用可能性を反映しているならば、この文化差は特に能力次元の資源の利用可能性の差を反映しているとみなせる。Diener & Diener（1995）では特性自尊心と人生満足感の相関は、個人主義傾向が強い人々ほど高いことが示されている。また、Uchida, Kitayama, Mesquita, Reyes, & Morling（2008）は、相互独立的文化圏の人たちも（ヨーロッパ系アメリカ人）、相互協調的文化圏の人たち（日本人、フィリピン人）のいずれも、特性自尊心の高さが個人の幸福感（e.g., "happy"）を規定しているが、他者からの情緒的サポートは、相互協調的文化圏の人たちでは幸福感を高めるが、相互独立的文化圏の人たちの場合は幸福感と全く関係していなかった。特性自尊心の高さは社会性次元ではなく能力次元の自己評価の高さを反映していることを示す AOC 効果（Wojciszke et al., 2011）を考慮すると、相互独立的文化圏では能力次元での自己評価の水準がもっぱら自己の望ましい状態（幸福感やポジティブ感情）にとって重要であり、相互協調的文化圏ではそうではないことがうかがわれる。これらのことは、自己防衛時における資源の利用可能性に文化差があることを示唆するものである。すなわち、能力次元より社会性次元の資源をより利用する傾向は、相互独立的文化圏の人たちより、相互協調的文化圏の人たちのほうが顕著に認められることが予想できる。換言すれば、相互独立的文化圏の人たちは、相互協調的文化圏の人たちに比べれば、能力次元の脅威に対して能力次元に属する資源を用いて対処する傾向を示しやすく社会性次元の優位性はあまり明確に表れないかもしれない。もしそうであるなら、Vohs & Heatherton（2001）や Sommer & Baumeister（2002）でみられた個人差としての特性自尊心の水準による違いが、文化差としてもみられることが予想される。そして、自己防衛のために動員される能力次元と社会性次元の資源の利用可能性の相違が文化差（文化の異なる地域差）

としてもみられるならば、その差は環境要因の影響が反映されているとも考えられる。たとえば、関係流動性の高い環境ほど、個人主義傾向が強まりやすく、能力次元の自己評価によって規定される特性自尊心の水準が幸福感をより強く予測することが明らかにされている（e.g., Yuki, Sato, Takemura, & Oishi, 2013; Yuki, Schug, Horikawa, Takemura, Sato, et al., 2007）。これは、関係流動性の高い環境下では、他者に依存しない独立した自己を確立し自己の有能性を主張するほうが適応上有利であることを示すものである。本論文ではエラー管理理論（Haselton & Nettle, 2006）の観点から、自己防衛方略にみられる能力次元に対する社会性次元の優位性に適応的価値があることを想定したが、この適応的価値も文化的環境に依存するかもしれない。すなわち、社会性次元の優位性は相互協調的文化圏では適応的価値が高いかもしれないが、相互独立的文化圏ではその適応的価値は相対的に低下するかもしれない。一方で、能力次元において自己高揚的バイアスをかけた自己評価を行うことに伴うリスクは、相互独立的文化圏では相互協調的文化圏に比べ小さいかもしれない。この点で、本論文の研究の対象者となった日本人大学生は、社会性次元に属する自己防衛方略が有利に働きやすいサンプルだったといえるだろう。

3-4. 本論文の限界と今後の課題

　本論文では、自己評価の主要2次元である能力次元と社会性次元に注目し、これらの次元に属する自己防衛方略間の代替性が相互に等しくなっていないこと、自己の能力次元への脅威に対する自己防衛では社会性次元の資源を利用した対処方略が用いられやすいことを自己の特性評価を自己防衛反応の測度とする実験により確認した。また、社会性次元の優位性の背景に、他者との良好な関係を維持しようとする所属欲求が関与していることを、集団実体性評価やノスタルジアを自己防衛反応の測度に用いた実験を通して明らかにした。そして、人に備わるこうした心理傾向は、エラー管理理論の観点からみると、他者から拒絶や排斥を受けるリスクを低下させ、周囲との良好な関係を維持するメリットを大きくする点で適応上有利に働く可能性に言及した。しかし、各研究で得られた結果の信頼性、妥当性、一般性には限界があり、また、本論文では社会性次元での防衛方略を優先的に用いることの適応的価値を直接実証的に検討してはいない。以下に、本研究の限界と今後の課題について述べる。

　まず、本研究で用いた脅威の質や測度の種類が、自己評価の2次元と厳密に対応していたか再度検討する必要がある。脅威の質についていえば、脅威の操作に想起法を用いた研究2、研究4、研究5実験1、研究6では、想起内容が実験者の教示に従っていない

回答が散見され、全体の２割程度のデータを除外していることからも分かるように、脅威の質が十分統制されていなかった可能性がある。また、課題フィードバック法を用いた研究３、研究５実験２は、想起法に比べれば脅威の質が統制されているはずだが、フィードバック情報により自己の能力次元だけでなく社会性次元にも脅威が及んでいなかったか直接確認はしていない。要するに、想起法であれ、課題フィードバック法であれ、喚起された脅威の内容が意図したとおりに能力次元か社会性次元のいずれかに限定されていなかった可能性があり、今後、操作手続きを改善しさらに検討する必要がある。自己高揚や自己防衛の反応測度についても、同様のことが懸念される。特に研究５実験１は、学科等の集団実体性評価が所属感覚の強度だけではなく能力評価を反映していた可能性が否めなかった。また、ノスタルジアがもつ肯定的な効果については、過去の他者との絆の記憶がもたらしているとされるが（e.g., Wildschut et al., 2006）、研究６でみられたノスタルジアの高揚が実際に他者との絆の喚起過程の反映であったかまでは確認していない。脅威に対する反応が社会性次元と能力次元のいずれをどの程度含むものなのかを確認する必要がある。それから、研究１では幅広い特性項目について検討を行ったが、特性が社会性次元と能力次元のいずれに分類されるかを予め定量的に確認して用意した項目ではないため、研究１の結果の妥当性と一般性については検討の余地がある。どの特性が社会性次元に属しどの特性が能力次元に属するかについては、古くは Rosenberg et al.（1968）による分類があるが、その後の研究ではこの区分にもいくらか幅がみられ、必ずしも客観的な区分が共有されているとはいえない。類型論で分類しきれる区分ではないと考えられ、実際、Rosenberg et al.（1968）は特性論的分類を試みている。しかし、Rosenberg et al.（1968）の研究はかなり以前に行われたものであるため、統計学的分析も精密さに欠ける面もある。最近、客観的で精密な新しい手法に基づく２次元の分類を試みた研究もあるため（Trapnell & Paulhus, 2012）、そのような研究の知見に基づいた２次元の区分を研究間で共有して知見の精緻化を図る必要がある。

　次に、脅威や測度の一般性について述べる。まず本研究で取り上げた脅威は、その内容がかなり限定されていた点に留意する必要がある。特に、能力次元の脅威は、大学生を対象としたこともあり、学業や学力に関連する知的能力についてしか検討していない。言うまでもなく、能力次元にかかわる脅威は、学業領域に限らずスポーツや芸術にかかわる領域にかかわるものがあり、あるいは、社会人であれば、社会経済的な面の達成度も脅威の重要な源泉となろう。今後、大学生以外にも対象を広げ、各次元に対応するより広範な領域の脅威について検討すべきであろう。また、自己防衛反応の測度についても、自己の特性評価を求めた、研究２、研究３、研究４では能力次元が“知性”の１種類

のみ、社会性次元は"優しさ"、"社交性"の2種類のみに限られていた。さらに、実体性評価を求めた研究5では、対象となる集団として親密集団が家族、課題集団が大学の学科等のみであり、これも集団の種類が限られていた。もちろん、先行研究に基づき、各次元に典型的と考えられる特性や評価対象の集団を選定したわけであるが、それらに特有の特徴が結果に影響した可能性は否定できない。結果の一般化を図るためにはより多様な測度を用いて検討していく必要があろう。他にも、研究6で使用したノスタルジアの尺度は、参加者の負担や実験操作の効果の持続性を考慮して先行研究よりも項目数を減らしているが、その妥当性は検討していない。標準化された尺度を作成し、それを用いて再度検討する必要がある。

　脅威の操作方法と実験状況の要因がもたらす影響についてもさらなる検討が必要である。本論文では、多くの研究（研究2、研究4、研究5実験1、研究6）で脅威の操作のために想起法を用いた。想起法は過去について想起するため、脅威を喚起する操作であっても、自己防衛に利用できる資源も同時に喚起する可能性があったことが懸念される。特に、研究6では過去の出来事に由来する感情であるノスタルジアを喚起しやすくした可能性が考えられる。また、実験を集合状況で行うか、実験室で個別に実施するかによって、あるいは自己防衛反応の測定のために自己の特性評価を求めるか、所属集団の実体性評価を求めるかによって、評価懸念や自己呈示動機が変動し防衛方略の選択に影響することも考慮する必要がある。本論文の研究結果を通覧すると、集合状況の実験に比べて、匿名性が低下する実験室での個別実験のほうが、参加者は実験者からの評価を懸念し、自己高揚的ないし自己防衛的反応を示しにくいことがうかがえた。さらに、同じ実験室実験でも、自己の価値を明示的に主張する特性評価に比べ、間接的な表現形態である集団実体性評価のほうが、自己高揚的ないし自己防衛的反応が示されやすいことがうかがえた。したがって、自己呈示動機に影響する要因を独立変数とし、脅威に対する自己防衛反応がどのように変化するか詳細に検討することも今後の重要な課題となろう。また、本論文の知見はその多くを実験室実験を始めとする基礎研究に依拠しているが、知見の生態学的妥当性を確認するためには、日常生活の中で実際に行われる自己防衛方略とそれがもたらす結果についての検討も必要である。Brown & Smart（1991, Study 2）は、能力次元の脅威への補償行動として援助行動に注目し検討しているが、このような日常場面でみられる行動レベルでの自己防衛方略を従属変数として検討することは、認知レベルでの自己防衛方略の適応的意義を実証的に明らかにすることにもつながるだろう。

　本論文では現在の自己の評価や所属集団の評価、あるいは自己の過去の対人関係にか

かわる評価（ノスタルジア）について検討を行ってきたが、将来の自己についての評価は検討していない。たとえば Seta et al.（2006）は、最初の課題を行った後、2度目の課題に挑戦した場合の結果について予測させ、自己防衛的バイアスの生起を確認している。これは、将来の自己について客観的根拠なく楽観的な予測を行うことを指す非現実的楽観主義に相当する（cf. Taylor & Brown, 1988）。このような将来の自己についての評価は、能力次元にかかわることであっても、現在の自己の評価に比べれば、バイアスがもたらしうるコストがさほど高くないと考えられる。なぜならば、その将来が遠いほど、自己評価を修正したり、楽観的予測に合うように実際の自己の能力を向上させたりする機会を得やすいためである。また、今は自分が否定的な状態にあっても、努力によって将来に改善されるかもしれないという楽観的見通しをもつことは、望ましい結果をもたらす可能性を高めると期待される。事実、ガンなどの難病を治療するための努力は、そのような楽観主義が支えとなることが示されている（cf. Taylor & Broffman, 2011）。そして、非現実的楽観主義の効果は、心身の健康に限らず、能力次元のさまざまな領域にも効果をもたらすであろう。自己効力感の研究（e.g., Zimmerman, 2000）はその傍証といえる。先述した自己肯定化（e.g., Cohen et al., 2006）が能力次元の脅威に対して能動的に対処する動機を高めたという結果は、この非現実的楽観主義の効果と考えられる。したがって、脅威に対処するためにとられる行動レベルでの自己防衛方略は、現在の自己に対する評価だけでなく、将来の自己に対する評価における楽観性とも関連付けて検討する必要があるであろう。

　本論文は、脅威を経験した後、どのような心的過程を経て自己防衛的対処が行われるのかについては、直接的な検討をほとんど行っていない。唯一、研究5実験2において、Knowles & Gardner（2008）に倣い、自己の能力次元への脅威によって所属集団の実体性評価を高めるという防衛方略が採られるのに先立ち、所属集団の表象へのアクセシビリティが高まるかを検討した。しかし、集団実体性評価の高揚は認められたものの、アクセシビリティを測定するための語彙判断課題に用いた刺激語の妥当性が十分ではなかったため、集団表象のアクセシビリティの高まりを確認することはできなかった。また、本研究では、脅威を経験すると状態自尊心が低下しているかどうか確認している。その結果、状態自尊心を顕在指標で測定した場合も潜在指標で測定した場合も概ね状態自尊心が低下することが認められた。ただ、顕在指標で測定された状態自尊心は、特性自尊心の水準にかかわりなく脅威によって低下していたが、潜在指標（IAT）により測定した状態自尊心では特性自尊心の水準による違いが認められ、高特性自尊心者では脅威によって状態自尊心が低下していないことが見出された。このことは、低特性自尊心者は、

脅威を受けると顕在レベルでも潜在レベルでも状態自尊心が低下するが、高特性自尊心者は、顕在レベルでは低下しても潜在レベルでは低下しないことを意味する。この結果が、どの程度頑健であるかはさらなる検討が必要であるが、もし特性自尊心の水準によって脅威が顕在レベルと潜在レベルにもたらすインパクトが異なるとすれば、その違いが自己防衛的対処行動の様相にどのように影響するかは、明らかにすべき問題である。本論文では自己防衛的反応の生起における特性自尊心の調整効果について、一貫した傾向は認められなかったが、その疑問を解く手がかりが得られるかもしれないからである。近年、帰無仮説有意性検定による仮説検討の限界と問題が広く認識されつつあり、その問題を解決するために、信頼区間の推定、効果量の報告を求める動きが広まりつつある（cf. 大久保，2009）。本論文ではそれらの統計値を報告していないが、たとえば効果量を用いてメタ分析を行うことによって、自己防衛的対処にみられる能力次元に対する社会性次元の優位性の程度と特性自尊心との関係を定量的に検討することも可能である。個人差をふまえた2次元の差異についてより精緻な検討を行うために、信頼区間や効果量をふまえた検証が今後必要である。

4．結語

　人は望むと望まざるにかかわらず自己を評価する場面を避けることはできず、それはしばしば評価者に望ましくない"現実"を突きつける。そのとき、評価者は"現実"をどの程度受け入れるか査定を迫られる（Alicke et al., 2013）。"現実"を完全に否認することは古くから適応上の問題をもたらすと考えられてきたが、"現実"の正確な認知より肯定的にバイアスがかった認知のほうが望ましいと主張する研究が登場し（cf. 遠藤，1995; Taylor & Brown, 1988）、今日ではそれらのバイアスの有無がもつ適応的意義が幅広く検討されるようになり（e.g., Forgas, 2007; Haselton & Nettle, 2006）、単純にいずれかがよいとはいえない様相を呈している。また、厳密に正確な自己評価を行うことは実際には困難であることも示されている（cf. Pronin et al., 2004）。このような動向を踏まえて、本論文は、自己評価の2次元説（e.g., Wojciszke, 2005）に基づき、エラー管理理論（Haselton & Nettle, 2006）の観点も取り入れつつ、自己の能力次元ではなく社会性次元を通じた自己防衛方略を行うことが適応的と想定した。そして、主として自己の能力次元への脅威に際して社会性次元に属する自己防衛方略が用いられやすいことを示した。本論文の最大の意義は、まさにこの点にある。ただし、Leary & Baumeister（2000）がソシオメーター理論の中で述べているように、自己の価値の感覚（e.g., 自尊心）とは、それ自体が守られるべき対象とは限らない。自己の価値にのみ注視してそれ

を守ること自体を目的とすることは、かえって否定的な結果を招きかねない（e.g., Crocker & Luhtanen, 2003）。自己の価値を守ることを最終目的とするのではなく、それを守ろうとすることを通じてもたらされる結果（e.g., 他者からの受容）こそが最終的には重要であり、それによって多くの人々の行動は方向づけられていると考えられる。『ぼくは勉強ができない』（山田, 1996）の主人公秀美は、重要な他者との関係をみつめ直し、それをより確固たるものとしていく中で、秀美に偏見の目を向ける周囲の人々とただ衝突するのではなく、異なる付き合い方を見出していった。そして、最後には、勉強して大学入学を目指すと宣言する。本論文は小説の解釈を論じるものではないが、秀美に起きたこととは、本論文の論考をふまえると、安定的な社会性次元の資源を確認することを通じて自己の価値を確証し、その結果、大学入学を目指して勉強しようと動機づけられるようになったというふうにみることができる。そして、このような現象は、この小説の主人公に特異的なことではなく、他者との比較にさらされることに苦痛を感じる多くの人々が行おうとする、あるいは行っている、普遍性をもつ現象なのではないかと考えられる。

引用文献

Abele, A. E., & Wojciszke, B. (2007). Agency and communion from the perspective of self versus others. *Journal of Personality and Social Psychology*, **93**, 751-63.

Abele, A. E., & Wojciszke, B. (2014). Communal and agentic content in social cognition: A dual perspective model. In J. M. Olson & M. P. Zanna (Eds.), *Advances in Experimental Social Psychology*: Vol. 50. San Diego: Elsevier Academic Press. Pp. 195-255.

Adler, A. (1931). *What life should mean to you*. Boston: Little & Brown. (アドラー, A. 岸見一郎 (訳) (2010). 人生の意味の心理学 (上) アルテ).

Adler, A. (1973) *Menschenkenntnis*. Frankfurt, Germany: Fischer Taschenbuch-Verlag. (Original work published(1926).) (アドラー, A. 岸見一郎(訳)(2008). 人間知の心理学 アルテ)

Ali, M. (1975). *The greatest: My own story*. New York: Random House.

Alicke, M. D. (1985). Global self-evaluation as determined by the desirability and controllability of trait adjectives. *Journal of Personality and Social Psychology*, **49**, 1621-1630.

Alicke, M. D., & Govorun, O. (2005). The better-than-average effect. In M. D. Alicke, D. A. Dunning, & J. I. Krueger(Eds), *The Self in Social Judgment*. New York: Psychology Press. Pp. 85-106.

Alicke, M. D., Klotz, M. L., Breitenbecher, D. L., Yurak, T. J., & Vredenburg, D. S. (1995). Personal contact, individuation, and the better-than-average effect. *Journal of Personality and Social Psychology*, **68**, 804-825.

Alicke, M. D. & Sedikides, C. (2009). Self-enhancement and self-protection: What they are and what they do. *European Review of Social Psychology*, **20**, 1-48.

Alicke, M. D., Vredenburg, D. S., Hiatt, M., & Govorun, O. (2001). The "Better Than Myself Effect". *Motivation and Emotion*, **25**, 7-22.

Alicke, M. D., Zell, E. & Guenther, C. L. (2013). Social self-analysis: Constructing, protecting, and enhancing the self. In J. M. Olson & M. P. Zanna(Eds.), *Advances in Experimental Social Psychology: Vol. 48*. Burlington: Academic Press. pp.173-234.

Allison, S. T., Messick, D. M., & Goethals, G. R. (1989). On being better but not smarter than others: The Muhammad Ali effect. *Social Cognition*, **7**, 275-295.

Allport, G. W. (1943). The ego in contemporary psychology. *Psychological Review*, **50**, 451-478.

American Psychiatric Association(2000). *Diagnostic and statistical manual of mental disorders. Fourth ed., Text Revision; DSM-IV-TR*. Washington, D.C.: American Psychiatric Association. (高橋三郎・大野裕・染矢俊之(訳) (2004). DSM-IV-TR 精神疾患の診断・統計マニュアル 新訂版 医学書院)

Baccus, J. R., Baldwin, M. W., & Packer, D. J. (2004). Increasing implicit self-esteem through classical conditioning. *Psychological Science*, **15**, 498-502.

Badger, T. A. (2001). Depression, psychological resources, and health-related quality of life in older adults 75 and above. *Journal of Clinical Geropsychology*, **7**, 189-200.

Batcho, K. I. (1995). Nostalgia: A psychological perspective. *Perceptual and Motor Skills*, **80**, 131-143.

Baumeister, R. F. (1982). Self-esteem, self-presentation, and future Interaction: A dilemma of reputation. *Journal of Personality*, **82**, 29-45.

Baumeister, R. F., & Jones, E. E. (1978). When self-presentation is constrained by the target's knowledge: Consistency and compensation. *Journal of Personality and Social Psychology*, **36**, 608-618.

Baumeister, R. F. & Leary, M. R. (1995). The need to belong: Desire for interpersonal attachments as a fundamental human motivation. *Psychological Bulletin*, **117**, 497-529.

Beer, J. S., & Hughes, B. L. (2010). Neural systems of social comparison and the "above-average" effect. *NeuroImage*, **49**, 2671-2679.

Berglas, S., & Jones, E. E. (1978). Drug choice as a self-handicapping strategy in response to noncontingent success. *Journal of Personality and Social Psychology*, **36**, 405-417.

Blackhart, G. C., Nelson, B. C., Knowles, M. L., & Baumeister, R. F. (2009). Rejection elicits emotional reactions but neither causes immediate distress nor lowers self-esteem: A meta-analytic review of 192 studies on social exclusion. *Personality and Social Psychology Review*, **13**, 269-309.

Bosson, J. K., Brown, R. P., Zeigler-Hill, V., & Swann, W. B., Jr.. (2003). Self-enhancement tendencies among people with high explicit self-esteem: The moderating role of implicit self-esteem. *Self and Identity*, **2**, 169-187.

Bower, G. H. (1981). Mood and memory. American Psychologist, **36**, 129-148.

Bradley, G. W. (1978). Self-serving biases in the attribution process: A reexamination of the fact or fiction question. *Journal of Personality and Social Psychology*, **36**, 56-71.

Brendgen, M., Vitaro, F., Turgeon, L., Poulin, F., & Wanner, B. (2004). Is there a dark side of positive illusions? Overestimation of social competence and subsequent adjustment in aggressive and nonaggressive children. *Journal of Abnormal Child Psychology*, **32**, 305-320.

Brissette, I., Scheier, M. F., & Carver, C. S. (2002). The role of optimism in social network development, coping, and psychological adjustment during a life transition. *Journal of Personality and Social Psychology*, **82**, 102-111.

Brown, J. D. (1986). Evaluations of self and others: Self-enhancement biases in social judgments. *Social Cognition*, **4**, 353-376.

Brown, J. D. (2012). Understanding the better than average effect: Motives(still) matter. *Personality and Social Psychology Bulletin*, **38**, 209-219.

Brown, J. D., Collins, R. L., & Schmidt, G. W. (1988). Self-esteem and direct versus indirect forms of self-enhancement. *Journal of Personality and Social Psychology*, **55**, 445-453.

Brown, J. D., & Gallagher, F. M. (1992). Coming to terms with failure: Private self-enhancement and public self-effacement. *Journal of Experimental Social Psychology*, **28**, 3-22.

Brown, J. D., & Kobayashi, C. (2002). Self-enhancement in Japan and America. *Asian Journal of Social Psychology*, **5**, 145-168.

Brown, J. D. & Smart, S. A. (1991). The self and social conduct: Linking self-representations to prosocial behavior. *Journal of Personality and Social Psychology*, **60**, 368-375.

Buhrmester, M. D., Blanton, H., & Swann, W. B. (2011). Implicit self-esteem: nature, measurement, and a new way forward. *Journal of Personality and Social Psychology*, **100**, 365-385.

Campbell, D. T. (1958). Common fate, similarity, and other indices of the status of aggregates of persons as social entities. *Behavioral Science*, **3**, 14-25.

Campbell, J. D., Chew, B. & Scratchley, L. S. (1991). Cognitive and emotional reactions to daily events: The effects of self-esteem and self-complexity. *Journal of Personality*, **59**, 473-505.

Çelik, P., Lammers, J., Beest, I. van, Bekker, M. H. J., & Vonk, R. (2013). Not all Rejections are alike; Competence and warmth as a fundamental distinction in social rejection. *Journal of Experimental Social Psychology*, **49**, 635-642.

Chambers, J. R., & Windschitl, P. D. (2004). Biases in social comparative judgments: the role of nonmotivated factors in above-average and comparative-optimism effects. *Psychological Bulletin*, **130**, 813-838.

Cheung, W., Wildschut, T., Sedikides, C., Hepper, E. G., Arndt, J., & Vingerhoets, A. J. J. M. (2013). Back to the future: Nostalgia increases optimism. *Personality and Social Psychology Bulletin*, **39**, 1484-1496.

Clark, M. S., Isen, A. M. (1982). Toward understanding the relationship between feeling states and social behavior. In A. H. Hastorf, A. M. Isen,(Eds.), *Cognitive social psychology*. New York: Elsevier. Pp. 73-108.

Cohen, G. L., Garcia, J., Apfel, N., & Master, A. (2006). Reducing the racial achievement gap: A social-psychological intervention. *Science*, **313**, 1307-1310.

Correll, J., & Park, B. (2005). A model of the ingroup as a social resource. *Personality and Social Psychology Review*, **9**, 341-359.

Crocker, J., & Luhtanen, R. K. (2003). Level of self-esteem and contingencies of self-worth: Unique effects on academic, social, and financial problems in college students. *Personality and Social Psychology Bulletin*, **29**, 701-712.

Crocker, J., Luhtanen, R. K., Cooper, M. L., & Bouvrette, A. (2003). Contingencies of self-worth in college students: Theory and measurement. *Journal of Personality and Social Psychology*, **85**, 894-908.

Crocker, J., Niiya, Y. & Mischkowski, D. (2008). Why does writing about important values reduce defensiveness? Self-affirmation and the role of positive other-directed feelings. *Psychological Science*, **19**, 740-747.

Crocker, J., Sommers, S. R., & Luhtanen, R. K. (2002). Hopes dashed and dreams fulfilled: Contingencies of self-worth and graduate school admissions. *Personality and Social Psychology Bulletin*. **28**, 1275-1286.

Cross, K. P. (1977). Not can, but will college teaching be improved? *New Directions for Higher Education*, **17**, 1-15.

Darley, J. M. & Aronson, E. (1966). Self-evaluation vs. direct anxiety reduction as determinants of the fear-affiliation relationship. *Journal of Experimental Social Psychology Supplement 1*, **2**, 66-79.

Dasgupta, N. & Greenwald, A. G. (2001). On the malleability of automatic attitudes: Combating automatic prejudice with images of admired and disliked individuals. *Journal of Personality and Social Psychology*, **81**, 800-814.

Diener, E. & Diener, M. (1995). Cross-cultural correlates of life satisfaction and self-esteem. *Journal of Personality and Social Psychology*, **68**, 653-663.

Dodgson, P. G., & Wood, J. V. (1998). Self-esteem and the cognitive accessibility of strengths and weaknesses after failure. *Journal of Personality and Social Psychology*, **75**, 178-197.

Dunning, D., Meyerowitz, J. A., & Holzberg, A. D. (1989). Ambiguity and self-evaluation: The role of idiosyncratic trait definitions in self-serving assessments of ability. *Journal of Personality and Social Psychology*, **57**, 1082-1090.

遠藤由美（1995）. 精神的健康の指標としての自己をめぐる議論 社会心理学研究, **11**, 134-144.

Erber, R. & Erber, M. W. (1994). Beyond mood and social judgment: Mood incongruent recall and mood regulation. *European Journal of Social Psychology*, **24**, 79-88.

Erikson, E. H. (1950). Childhood and Society. New York: Norton.

Ferguson, C. J. & Heene, M. (2012). A vast graveyard of undead theories: Publication bias and Psychological Science's aversion to the null. *Perspectives on Psychological Science*, **7**, 555-561.

Festinger, L. (1954). A theory of social comparison processes. *Human Relations*, **7**, 117-140.

Fiske, S. T., Cuddy, A. J. C., Glick, P., & Xu, J. (2002). A model of(often mixed) stereotype content: Competence and warmth respectively follow from perceived status and competition. *Journal of Personality and Social Psychology*, **82**, 878-902.

Fleming, J. S., & Courtney, B. E. (1984). The dimensionality of self-esteem: II. Hierarchical facet model for revised measurement scales. *Journal of Personality and Social Psychology*, **46**, 404-421.

Forgas, J. P. (2007). The strange cognitive benefits of mild dysphoria: On the evolutionary advantages of not being too happy. In J. P. Forgas, M. G. Haselton, & W. Hippel(Eds.), *Evolutionary and The Social Mind: Evolutionary Psychology and Social Cognition*. New York: Psychology Press. Pp. 107-124.

Forgas, J. P. & Bower, G. H. (1987). Mood effects on person-perception judgments. *Journal of Personality and Social Psychology*, **53**, 53-60.

Fredrickson, B. L., & Branigan, C. (2005). Positive emotions broaden the scope of attention and thought-action repertoires. *Cognition & Emotion*, **19**, 313-332.

Gale, C. R., Batty, G. D., & Deary, I. J. (2008). Locus of control at age 10 years and health outcomes and behaviors at age 30 years: The 1970 British Cohort Study. *Psychosomatic Medicine*, **70**, 397-403.

Gardner, W. L., Pickett, C. L., & Brewer, M. B. (2000). Social exclusion and selective memory: How the need to belong influences memory for social events. *Personality and Social Psychology Bulletin*, **26**, 486-496.

Gardner, W. L., Pickett, C. L., & Knowles, M. L. (2005). "Social snacking" and "social shielding": The use of symbolic social bonds to maintain belonging needs. In K. D. Williams, J. P. Forgas, & W. von Hippel(Eds.), *The Social Outcast: Ostracism, Social Exclusion, Rejection, and Bullying*. New York: Psychology Press. Pp.227-242.

Gawronski, B., & Bodenhausen, G. V. (2011). The associative-propositional evaluation model: Theory, evidence, and open questions. In J. M. Olson & M. P. Zanna(Eds), *Advances in experimental social psychology*, *Vol. 44*. San Diego, CA: Elsevier Academic Press. Pp. 59-127.

Geers, A. L., Wellman, J. A., Helfer, S. G., Fowler, S. L., & France, C. R. (2008). Dispositional optimism and thoughts of well-being determine sensitivity to an experimental pain task. *Annals of behavioral medicine: A publication of the Society of Behavioral Medicine*, **36**, 304-

313.

Giladi, E. E., & Klar, Y. (2002). When standards are wide of the mark: Nonselective superiority and inferiority biases in comparative judgments of objects and concepts. *Journal of Experimental Psychology: General*, **131**, 538-551.

Greenberg, J., Pyszczynski, T., & Solomon, S. (1982). The self-serving attributional bias: Beyond self-presentation. *Journal of Experimental Social Psychology*, **18**, 56-67.

Greenwald, A. G. (1981). Self and memory. In G. H. Bower(Ed.), *The Psychology of Learning and Motivation: Vol. 15*. New York: Academic Press. Pp. 201-236.

Greenwald, A. G., Banaji, M. R., Rudman, L. A., Farnham, S. D., Nosek, B. A., & Mellott, D. S. (2002). A unified theory of implicit attitudes, stereotypes, self-esteem, and self-concept. *Psychological Review*, **109**, 3-25.

Greenwald, A. G., & Farnham, S. D. (2000). Using the implicit association test to measure self-esteem and self-concept. *Journal of Personality and Social Psychology*, **79**, 1022-1038.

Greenwald, A. G., McGhee, D. E., & Schwartz, J. K. L. (1998). Measuring individual differences in implicit cognition: The Implicit Association Test. *Journal of Personality and Social Psychology*, **74**, 1464-1480.

Greenwald, A. G., Nosek, B. A., & Banaji, M. R., (2003). Understanding and using the Implicit Association Test: I. An improved scoring algorithm. *Journal of Personality and Social Psychology*, **85**, 197-216.

Greenwald, A. G., & Ronis, D. L. (1978). Twenty years of cognitive dissonance: Case study of the evolution of a theory. *Psychological Review*, **85**, 53-57.

Grumm, M., Nestler, S., & von Collani, G. (2009). Changing explicit and implicit attitudes: The case of self-esteem. *Journal of Experimental Social Psychology*, **45**, 327-335.

Guenther, C. L. & Alicke, M. D. (2010). Deconstructing the better-than-average effect. *Journal of Personality and Social Psychology*, **99**, 755-770.

Hakmiller, K. L. (1966). Threat as a determinant of downward comparison. *Journal of Experimental Social Psychology Supplement 1*, **2**, 32-39.

Haselton, M. G., & Buss, D. M. (2000). Error management theory: A new perspective on biases in cross-sex mind reading. *Journal of Personality and Social Psychology*, **78**, 81-91.

Haselton, M. G., & Nettle, D. (2006). The paranoid optimist: An integrative evolutionary model of cognitive biases. *Personality and Social Psychology Review*, **10**, 47-66.

林文俊 (1978). 対人認知構造の基本次元についての一考察 名古屋大學教育學部紀要. 教育心理学科, **25**, 233-247.

Heatherton, T. F., & Polivy, J. (1991). Development and validation of a scale for measuring state self-esteem. *Journal of Personality and Social Psychology*, **60**, 895-910.

Heine, S. J., & Lehman, D. R. (1999). Culture, self-discrepancies, and self-satisfaction. *Personality and Social Psychology Bulletin*, **25**, 915-925.

Helmreich, R. & Stapp, J. (1974). Short forms of the Texas Social Behavior Inventory(TSBI), an objective measure of self-esteem. *Bulletin of the Psychonomic Society*, **4**, 473-475.

Hepper, E. G., Ritchie, T. D., Sedikides, C., & Wildschut, T. (2012). Odyssey's end: lay conceptions of nostalgia reflect its original Homeric meaning. *Emotion*, **12**, 102-119.

Hepper, E. G., Wildschut, T., Sedikides, C., Ritchie, T. D., Yung, Y., Hansen, N., Abakoumkin, G.,

Arikan, G., Cisek, S. Z., Demassosso, D. B., Gebauer, J. E., Gerber, J. P., González, R., Kusumi, T., Misra, G., Rusu, M., Ryan, O., Stephan, E., Vingerhoets, A. J. J. M., & Zhou, X. (2014). Pancultural nostalgia: Prototypical conceptions across cultures. *Emotion*, **14**, 733-747.

Hoffman, K. B., Cole, D. A., Martin, J. M., Tram, J., & Seroczynski, A. D. (2000). Are the discrepancies between self- and others' appraisals of competence predictive or reflective of depressive symptoms in children and adolescents: a longitudinal study, Part II. *Journal of Abnormal Psychology*, **109**, 651-662.

Ikegami, T. (2002a). The role of state self-esteem in positive mood effects on person impression: When does a positive mood lead to a favorable view of others? *Japanese Psychological Research*, **44**, 20-33.

Ikegami, T. (2002b). State self-esteem as a moderator of negative mood effects on person impression. *Journal of Experimental Social Psychology*, **38**, 1-13.

礒部智加衣・浦光博（2002）．内集団成員との上方比較後の感情・状態自尊心に，集団間上方比較と特性自尊心が及ぼす影響　実験社会心理学研究，**41**，98-110.

伊藤正哉・小玉正博（2006）．大学生の主体的な自己形成を支える自己感情の検討 ── 本来感，自尊感情ならびにその随伴性に注目して ──　教育心理学研究，**54**，222-232.

伊藤忠弘（1999）．社会的比較における自己高揚傾向：平均以上効果の検討　心理学研究，**70**，367-374.

James, W. (1890). *The principles of psychology: Vol. 1.* London: Macmillan.

James, W. (1892). *Psychology: Briefer course.* New York: Henry Holt and Company.

James, W. (1892). *Psychology: Briefer course.* New York: Henry Holt and Company.

（ジェイムズ，W. 今田寛（訳）．(1992)．心理学（上）．岩波書店）

Jahoda, M. (1958). *Current concept of positive mental health.* New York: Basic Books.

Johnson, A. L., Crawford, M. T., Sherman, S. J., Rutchick, A. M., Hamilton, D. L., Ferreira, M. B., & Petrocelli, J. V. (2006). A functional perspective on group memberships: Differential need fulfillment in a group typology. *Journal of Experimental Social Psychology*, **42**, 707-719.

Jones, E. E., & Berglas, S. (1978). Control of attributions about the self through self-handicapping strategies: The appeal of alcohol and the role of underachievement. *Personality and Social Psychology Bulletin*, **4**, 200-206.

Jordan, A. H., & Monin, B. (2008). From sucker to saint: Moralization in response to self-threat. *Psychological Science*, **19**, 809-815.

Jordan, C. H., Spencer, S. J., Zanna, M. P., Hoshino-Browne, E., & Correll, J. (2003). Secure and defensive high self-esteem. *Journal of Personality and Social Psychology*, **85**, 969-978.

Juhl, J., Routledge, C., Arndt, J., Sedikides, C., & Wildschut, T. (2010). Fighting the future with the past: Nostalgia buffers existential threat. *Journal of Research in Personality*, **44**, 309-314.

神原歩・遠藤由美（2013）．高合意性情報が強制承諾実験における態度変化に与える効果：自己肯定感の維持という観点からの検討　実験社会心理学研究，**52**，91-103.

神原歩・遠藤由美（2013）．合意性推測の高さが脅威に晒された自己肯定感を修復する効果　実験社会心理学研究，**52**，116-124.

唐澤真弓（2001）．日本人における自他の認識：自己批判バイアスと他者高揚バイアス　心理学研究，**72**，195-203.

川口潤（1999）．認知情報処理における文脈効果と意識処理・自動的処理　風間書房.

Kernis, M. H. (2003). Optimal self-esteem and authenticity: Separating fantasy from reality. *Psychological Inquiry*, **14**, 83-89.

Kernis, M. H., & Goldman, B. M. (2006). A multicomponent conceptualization of authenticity: Theory and research. In M. P. Zanna(Ed.), *Advances in Experimental Social Psychology: Vol. 38.* San Diego: Elsevier Academic Press. Pp. 284-357.

Kernis, M. H., Grannemann, B. D., & Barclay, L. C. (1989). Stability and level of self-esteem as predictors of anger arousal and hostility. *Journal of Personality and Social Psychology*, **56**, 1013-1022.

Kernis, M. H., Lakey, C. E., & Heppner, W. L. (2008). Secure versus fragile high self-esteem as a predictor of verbal defensiveness: Converging findings across three different markers. *Journal of Personality*, **76**, 477-512.

Kernis, M. H., Whisenhunt, C. R., Waschull, S. B., Greenier, K. D., Berry, A. J., Herlocker, C. E., & Anderson, C. A. (1998). Multiple facets of self-esteem and their relations to depressive symptoms. *Personality and Social Psychology Bulletin*, **24**, 657-668.

紀ノ定保礼・臼井伸之介（2011）．ポジティブな認知の歪みが高齢自転車利用者の道路横断判断に及ぼす影響　交通心理学研究，**27**，9-18.

Klar, Y. (2002). Way beyond compare: Nonselective superiority and inferiority biases in judging randomly assigned group members relative to their peers. *Journal of Experimental Social Psychology*, **38**, 331-351.

Klein, W. M. P. & Harris, P. R. (2009). Self-affirmation enhances attentional bias toward threatening components of a persuasive message. *Psychological Science*, **20**, 1463-1467.

Knowles, M. L., & Gardner, W. L. (2008). Benefits of membership: the activation and amplification of group identities in response to social rejection. *Personality and Social Psychology Bulletin*, **34**, 1200-1213.

Knowles, M. L., Lucas, G. M., Molden, D. C., Gardner, W. L., & Dean, K. K. (2010). There's no substitute for belonging: Self-affirmation following social and nonsocial threats. *Personality and Social Psychology Bulletin*, **36**, 173-186.

Koch, E. J., & Shepperd, J. A. (2004). Is self-complexity linked to better coping? A review of the literature. *Journal of Personality*, **72**, 727-760.

Koch, E. J., & Shepperd, J. A. (2008). Testing competence and acceptance explanations of self-esteem. *Self and Identity*, **7**, 54-74.

Koole, S. L., & Pelham, B. W. (2003). On the nature of implicit self-esteem: The case of the name letter effect. In S. J. Spencer, S. Fein, M. P. Zanna, & J. M. Olson(Eds.), *Motivated Social Perception: The Ontario Symposium, Vol. 9. Ontario Symposium on Personality and Social Psychology.* Mahwah, NJ, US: Lawrence Erlbaum Associates Publishers. Pp. 93-116.

Krueger, J. I. (2007). From social projection to social behaviour. *European Review of Social Psychology*, **18**, 1-35.

Kruger, J. (1999). Lake Wobegon be gone! The "below-average effect" and the egocentric nature of comparative ability judgments. *Journal of Personality and Social Psychology*, **77**, 221-232.

工藤恵理子（2004）．平均点以上効果が示すものは何か──評定対象の獲得容易性の効果──　社会心理学研究，**19**，195-208.

Kumashiro, M. & Sedikides, C. (2005). Taking on board liability-focused information: Close positive relationships as a self-bolstering resource. *Psychological Science*, **16**, 732-739.

Lakin, J. L. & Chartrand, T. L. (2003). Using nonconscious behavioral mimicry to create affiliation and rapport. *Psychological Science*, **14**, 334-339.

Latané, B. (1966). Studies in social comparison: Introduction and overview. *Journal of Experimental Social Psychology Supplement 1*, **2**, 1-5.

Leary, M. R. (2004). The sociometer, self-esteem, and the regulation of interpersonal behavior. In R. F. Baumeister & K. D. Vohs (Eds.), *The Handbook of Self-Regulation: Research, Theory, and Application*. New York: Guilford Press. Pp. 373-391.

Leary, M. R., & Baumeister, R. F. (2000). The nature and function of self-esteem: Sociometer theory. In M. P. Zanna (Ed.), *Advances in experimental social psychology: Vol. 32*. San Diego, CL: Academic Press. Pp. 1-62.

Leary, M. R., Haupt, A. L., Strausser, K. S., & Chokel, J. T. (1998). Calibrating the sociometer: the relationship between interpersonal appraisals and state self-esteem. *Journal of Personality and Social Psychology*, **74**, 1290-1299.

Leary, M. R., Tambor, E. S., Terdal, S. K., & Downs, D. L. (1995). Self-esteem as an interpersonal monitor: The sociometer hypothesis. *Journal of Personality and Social Psychology*, **68**, 518-530.

Lewinsohn, P. M., Mischel, W., Chaplin, W., & Barton, R. (1980). Social competence and depression: The role of illusory self perceptions? *Journal of Abnormal Psychology*, **89**, 203-212.

Levy, B. R., Slade, M. D., Kunkel, S. R., & Kasl, S. V. (2002). Longevity increased by positive self-perceptions of aging. *Journal of Personality and Social Psychology*, **83**, 261-270.

Lickel, B., Hamilton, D. L., Wieczorkowska, G., Lewis, A., Sherman, S. J., & Uhles, A. N. (2000). Varieties of groups and the perception of group entitativity. *Journal of Personality and Social Psychology*, **78**, 223-246.

Linville, P. W. (1985). Self-complexity and affective extremity: Don't put all of your eggs in one cognitive basket. *Social Cognition*, **3**, 94-120.

Linville, P. W. (1987). Self-complexity as a cognitive buffer against stress-related illness and depression. *Journal of Personality and Social Psychology*, **52**, 663-676.

Logel, C. & Cohen, G. L. (2012). The role of the self in physical health: Testing the effect of a values-affirmation intervention on weight loss. *Psychological Science*, **23**, 53-55.

MacDonald, G., Saltzman, J. L., & Leary, M. R. (2003). Social approval and trait self-esteem. *Journal of Research in Personality*, **37**, 23-40.

Markus, H. R., & Kitayama, S. (1991). Culture and the self: Implications for cognition, emotion, and motivation. *Psychological Review*, **98**, 224-253.

Maslow, A. H. (1950). Self-actualizing people: A study of psychological health. *Personality, Symposium: Symposia on Topical Issues*, **1**, 11-34.

Masten, A. & Reed, M. G. (2005). Resilience in development. In C. R. Snyder & S. J. Lopez (Eds.), *Handbook of Positive Psychology*. NewYork: Oxford University Press. Pp. 74-88.

McFarland, C., & Ross, M. (1982). Impact of causal attributions on affective reactions to success and failure. *Journal of Personality and Social Psychology*, **43**, 937-946.

Melchior, L. A., & Cheek, J. M. (1990). Shyness and anxious self-preoccupation during asocial interaction. *Journal of Social Behavior and Personality*, **5**, 117-130.

Mikulincer, M., Gillath, O., & Shaver, P. R. (2002). Activation of the attachment system in adulthood: Threat-related primes increase the accessibility of mental representations of attachment figures. *Journal of Personality and Social Psychology*, **83**, 881-895.

Mikulincer, M. & Shaver, P. R. (2007). *Attachment in Adulthood: Structure, Dynamics, and Change*. New York: Guilford Press.

Murray, S. L., Holmes, J. G., & Collins, N. L. (2006). Optimizing assurance: The risk regulation system in relationships. *Psychological Bulletin*, **132**, 641-666.

Myers, L. B., & Brewin, C. R. (1996). Illusions of well-being and the repressive coping style. *British Journal of Social Psychology*, **35**, 443-457.

大久保街亜 (2009). 日本における統計改革：基礎心理学研究を資料として　基礎心理学研究, **28**, 88-93.

Orth, U., Robins, R. W., Trzesniewski, K. H., Maes, J., & Schmitt, M. (2009). Low self-esteem is a risk factor for depressive symptoms from young adulthood to old age. *Journal of Abnormal Psychology*, **118**, 472-478.

押見輝男 (1992). 自分を見つめる自分── 自己フォーカスの社会心理学──　サイエンス社.

小塩真司・西野拓朗・速水敏彦 (2009). 潜在的・顕在的自尊感情と仮想的有能感の関連　パーソナリティ研究, **17**, 250-260.

苧阪良二・梅本堯夫 (1984). 新訂京大 NX15-知能検査　第2版　大成出版牧野書房.

Otten, W., & Van Der Pligt, J. (1996). Context effects in the measurement of comparative optimism in probability judgments. *Journal of Social and Clinical Psychology*, **15**, 80-101.

尾崎由佳 (2006). 接近・回避行動の反復による潜在的態度の変容　実験社会心理学研究, **45**, 98-110.

Park, L. E., Crocker, J., & Kiefer, A. K. (2007). Contingencies of self-worth, academic failure, and goal pursuit. *Personality and Social Psychology Bulletin*, **33**, 1503-1517.

Paulhus, D. L. (1998). Interpersonal and intrapsychic adaptiveness of trait self-enhancement: A mixed blessing? *Journal of Personality and Social Psychology*, **74**, 1197-1208.

Pickett, C. L., Gardner, W. L., & Knowles, M. (2004). Getting a cue: The need to belong and enhanced sensitivity to social cues. *Personality and Social Psychology Bulletin*, **30**, 1095-1107.

Pillemer, D. B., Ivcevic, Z., Gooze, R. A., & Collins, K. A. (2007). Self-esteem memories: Feeling good about achievement success, feeling bad about relationship distress. *Personality and Social Psychology Bulletin*, **33**, 1292-1305.

Pronin, E. (2009). The introspection illusion. In M. P. Zanna(Ed.), *Advances in Experimental Social Psychology: Vol. 41*. Burlington: Academic Press. Pp. 1-67.

Pronin, E., Gilovich, T., & Ross, L. (2004). Objectivity in the eye of the beholder: Divergent perceptions of bias in self versus others. *Psychological Review*, **111**, 781-799.

Pronin, E., Lin, D. Y., & Ross, L. (2002). The bias blind spot: Perceptions of bias in self versus others. *Personality and Social Psychology Bulletin*, **28**, 369-381.

Pronin, E., Wegner, D. M., McCarthy, K., & Rodriguez, S. (2006). Everyday magical powers: The role of apparent mental causation in the overestimation of personal influence. *Journal of Personality and Social Psychology*, **91**, 218-231.

Pyszczynski, T., Hamilton, J. C., Herring, F. H. & Greenberg, J. (1989). Depression, self-focused attention, and the negative memory bias. *Journal of Personality and Social Psychology*, **57**, 351-357.

Reed, G. M., Kemeny, M. E., Taylor, S. E., Wang, H. Y., & Visscher, B. R. (1994). Realistic acceptance as a predictor of decreased survival time in gay men with AIDS. *Health Psychology*, **13**, 299-307.

Reeder, G. D. & Brewer, M. B. (1979). A schematic model of dispositional attribution in interpersonal perception. *Psychological Review*, **86**, 61-79.

Reeder, G. D. (1985) Implicit relations between dispositions and behaviors: Effects on dispositional attribution. In J. H. Harvey & G. Weary(Eds.), *Attribution: basic issues and application*. New York: Academic Press, Pp. 87-116.

Robins, R. W., & Beer, J. S. (2001). Positive illusions about the self: Short-term benefits and long-term costs. *Journal of Personality and Social Psychology*, **80**, 340-352.

Rosenberg, M. (1965). *Society and the Adolescent Self-Image*. Princeton: Princeton University Press.

Rosenberg, S., Nelson, C., & Vivekananthan, P. S. (1968). A multidimensional approach to the structure of personality impressions. *Journal of Personality and Social Psychology*, **9**, 283-294.

Rothbaum, F., Weisz, J. R., & Snyder, S. S. (1982). Changing the world and changing the self: A two-process model of perceived control. *Journal of Personality and Social Psychology*, **42**, 5-37.

Rothermund, K. & Meiniger, C. (2004). Stress-buffering effects of self-complexity: Reduced affective spillover or self-regulatory processes? *Self and Identity*, **3**, 263-281.

Routledge, C., Wildschut, T., Sedikides, C., Juhl, J., & Arndt, J. (2008). The power of the past: Nostalgia as a meaning-making resource. *Memory*, **20**, 452-460.

榊美知子（2006）．自己知識の構造が気分不一致効果に及ぼす影響　心理学研究, **77**, 217-226.

Segerstrom, S. C. (2005). Optimism and immunity: do positive thoughts always lead to positive effects? *Brain, Behavior, and Immunity*, **19**, 195-200.

Segerstrom, S. C., Taylor, S. E., Kemeny, M. E., & Fahey, J. L. (1998). Optimism is associated with mood, coping, and immune change in response to stress. *Journal of Personality and Social Psychology*, **74**, 1646-1655.

Seta, J. J., Seta, C. E., & McElroy, T. (2006). Better than better-than-average(or not): Elevated and depressed self-evaluations following unfavorable social comparisons. *Self and Identity*, **5**, 51-72.

Shedler, J., Mayman, M., & Manis, M. (1993). The illusion of mental health. *The American Psychologist*, **48**, 1117-1131.

Sherman, D. K., Nelson, L. D., & Steele, C. M. (2000). Do messages about health risks threaten the self? Increasing the acceptance of threatening health messages via self-affirmation. *Personality and Social Psychology Bulletin*, **26**, 1046-1058.

潮村公弘・村上史朗・小林知博（2003）．潜在的社会的認知研究の進展：IAT（Implicit Association Test）への招待　人文科学論集．人間情報学科編, **37**, 65-84.

Smith, T. W. & Greenberg, J. (1981). Depression and self-focused attention. *Motivation and Emotion*, **5**, 323-331.

Smith, T. W., Ingram, R. E., & Ross, D. L. (1985). Self-focused attention and depression: Self-evaluation, affect, and life stress. *Motivation and Emotion*, **9**, 381-389.

Sommer, K. L., & Baumeister, R. F. (2002). Self-evaluation, persistence, and performance following implicit rejection: The role of trait self-esteem. *Personality and Social Psychology Bulletin*, **28**, 926-938.

Spencer, S. J., Fein, S., & Lomore, C. D. (2001). Maintaining one's self-image vis-à-vis others: The role of self-affirmation in the social evaluation of the self. *Motivation and Emotion*, **25**, 41-65.

Sriram, N. & Greenwald, A. G. (2009). The Brief Implicit Association Test. *Experimental Psychology*, **56**, 283-294.

Steele, C. M. (1988). The psychology of self-affirmation: Sustaining the integrity of the self. In L. Berkowitz(Ed.), *Advances in experimental social psychology: Vol. 21*. San Diego: Academic Press. Pp. 261-302.

Steele, C. M., & Liu, T. J. (1983). Dissonance processes as self-affirmation. *Journal of Personality and Social Psychology*, **45**, 5-19.

Stinson, D. A., Logel, C., Zanna, M. P., Holmes, J. G., Cameron, J. J., Wood, J. V, & Spencer, S. J. (2008). The cost of lower self-esteem: Testing a self- and social-bonds model of health. *Journal of Personality and Social Psychology*, **94**, 412-428.

Suls, J., Lemos, K., &, Stewart, H. L. (2002). Self-esteem, construal, and comparisons with the self, friends, and peers. *Journal of Personality and Social Psychology*, **82**, 252-261.

Svenson, O. (1981). Are we all less risky and more skillful than our fellow drivers? *Acta Psychologica*, **47**, 143-148.

Swann, W. B., Jr. (1983). Self-verification: Bringing social reality into harmony with the self. In J. Suls & A. G. Greenwald(Eds.), *Social psychological perspectives on the self: Vol. 2*. Hillsdale, NJ: Erlbaum. Pp. 33-66.

Swann, W. B., Jr. & Bosson, J. (2010). Self and Identity. S.T. Fiske, D.T. Gilbert, & G. Lindzey (Eds.), *Handbook of Social Psychology. 5th ed*. New York: McGraw-Hill. Pp. 589-628.

Swann, W. B., Jr., Bosson, J. K., & Pelham, B. W. (2002). Different partners, different selves: Strategic verification of circumscribed identities. *Personality and Social Psychology Bulletin*, **28**, 1215-1228.

Tabachnik, N., Crocker, J., & Alloy, L. B. (1983). Depression, social comparison, and the false-consensus effect. *Journal of Personality and Social Psychology*, **45**, 688-699.

Tafarodi, R. W., & Milne, A. B. (2002). Decomposing global self-esteem. *Journal of Personality*, **70**, 443-83.

Tafarodi, R. W., & Swann, W. B., Jr. (1995). Self-linking and self-competence as dimensions of global self-esteem: Initial validation of a measure. *Journal of Personality Assessment*, **65**, 322-342.

Tajfel, H. & Turner, J. C. (1986). A social identity theory of intergroup behaviorconflict. In S. Worchel & W. Austin(Eds.), *The Social Psychology of Intergroup Behavior. 2nd ed*. Chicago: Nelson-Hall. Pp. 7-24.

Taylor, S. E. (1983). Adjustment to threatening events: A theory of cognitive adaptation. *American Psychologist*, **38**, 1161-1173.

Taylor, S. E., & Broffman, J. I. (2011). Psychosocial resources: To mental and physical health. In

J. M. Olson & M. P. Zanna(Eds.), *Advances in Experimental Social Psychology: Vol. 44.* New York: Academic Press. Pp. 1-57.

Taylor, S. E., & Brown, J. D. (1988). Illusion and well-being: A social psychological perspective on mental health. *Psychological Bulletin*, **103**, 193-210.

Taylor, S. E., & Brown, J. D. (1994). Positive illusions and well-being revisited separating fact from fiction accuracy as essential for well-being Colvin and Block critique. *Psychological Bulletin*, **116**, 21-27.

Taylor, S. E., Lerner, J. S., Sherman, D. K., Sage, R. M., & McDowell, N. K. (2003). Are self-enhancing cognitions associated with healthy or unhealthy biological profiles? *Journal of Personality and Social Psychology*, **85**, 605-615.

Taylor, S. E., Kemeny, M. E., Aspinwall, L. G., Schneider, S. G., Rodriguez, R., & Herbert, M. (1992). Optimism, coping, psychological distress, and high-risk sexual behavior among men at risk for acquired immunodeficiency syndrome(AIDS). *Journal of Personality and Social Psychology*, **63**, 460-473.

Teige-Mocigemba, S., Klauer, K. C., & Sherman, J. W. (2010). Practical guide to Implicit Association Task and related tasks. In B. Gawronski & B. K. Payne(Eds.), *Handbook of implicit social cognition: Measurement, theory, and applications.* New York: Guilford Press. Pp. 117-139.

Tesser, A. (1988). Toward a self-evaluation model of social behavior. In L. Berkowitz(Ed.), *Advances in Experimental Social Psychology: Vol. 21.* New York: Academic Press. Pp. 181-227.

Tesser, A. (2000). On the confluence of self-esteem maintenance mechanisms. *Personality and Social Psychology Review*, **4**, 290-299.

Tesser, A., Campbell, J., & Smith, M. (1984). Friendship choice and performance: Self-evaluation maintenance in children. *Journal of Personality and Social Psychology*, **46**, 561-574.

Tesser, A. & Cornell, D. (1991). On the confluence of self processes. *Journal of Experimental Social Psychology*, **27**, 501-526.

Tesser, A., Crepaz, N., Collins, J., Cornell, D., & Beach, S. (2000). Confluence of self-esteem regulation mechanisms: On integrating the self-zoo. *Personality and Social Psychology Bulletin*, **26**, 1476-1489.

Tesser, A., Martin, L. L., & Cornell, D. P. (1996). On the substitutability of self-protective mechanisms. In P. M. Gollwitzer & J. A. Bargh(Eds.), *The Psychology of Action: Linking Cognition and Motivation to Behavior.* New York: Guilford Press. Pp. 48-68.

外山美樹（2008）．小学生のポジティブ・イリュージョンは適応的か―― 自己評定と他者評定からの検討――　心理学研究，**79**，269-275.

外山美樹・桜井茂男（2000）．自己認知と精神的健康の関係　教育心理学研究，**48**，454-461.

外山美樹・桜井茂男（2001）．日本人におけるポジティブ・イリュージョン現象　心理学研究，**72**，329-335.

Trapnell, P. D. & Paulhus, D. L. (2012). Agentic and communal values: Their scope and measurement. *Journal of Personality* Assessment, **84**, 39-52.

Turner, J. C. (1978). Social categorization and social discrimination in the minimal group paradigm. In Tajfel, H. (Ed.), *Differentiation between Social Groups: Studies in the Social.*

Psychology of Intergroup Relations. Academic Press, London. Pp. 101-140.

内田由紀子（2008）．日本文化における自己価値の随伴性── 日本版自己価値の随伴性尺度を用いた検証── 心理学研究，**79**，250-256.

Uchida, Y., Kitayama, S., Mesquita, B., Reyes, J. A. S. & Morling, B. (2008). Is perceived emotional support beneficial? Well-being and health in independent and interdependent cultures. *Personality and Social Psychology Bulletin,* **34**, 741-754.

Van Lange, P. A. M. & Sedikides, C. (1998). Being more honest but not necessarily more intelligent than others: Generality and explanations for the Muhammad Ali effect. *European Journal of Social Psychology,* **28**, 675-680.

Vess, M., Arndt, J., Routledge, C., Sedikides, C., & Wildschut, T. (2012). Nostalgia as a resource for the self. *Self and Identity,* **3**, 273-284.

Vohs, K. D., & Heatherton, T. F. (2001). Self-esteem and threats to self: Implications for self-construals and interpersonal perceptions. *Journal of Personality and Social Psychology,* **81**, 1103-1118.

Vohs, K. D., & Heatherton, T. F. (2004). Ego threat elicits different social comparison processes among high and low self-esteem people: Implications for interpersonal perceptions. *Social Cognition,* **22**, 168-191.

Weinstein, N. D. (1980). Unrealistic optimism about future life events. *Journal of Personality and Social Psychology,* **39**, 806-820.

Wheeler, L. (1966). Motivation as a determinant of upward comparison. *Journal of Experimental Social Psychology Supplement 1,* **2**, 1-5.

Wicklund, R. A. & Gollwitzer, P. M. (1982). The psychology of compensation. In W. F. Vaughan. (Ed.), *Symbolic self-completion.* Hillsdale, NJ: Lawrence Erlbaum Associates. Pp. 208-226.

Windschitl, P. D., Kruger, J., & Simms, E. N. (2003). The influence of egocentrism and focalism on people's optimism in competitions: when what affects us equally affects me more. *Journal of Personality and Social Psychology,* **85**, 389-408.

Wildschut, T., Sedikides, C., Arndt, J., & Routledge, C. (2006). Nostalgia: Content, triggers, functions. *Journal of Personality and Social Psychology,* **91**, 975-993.

Wildschut, T., Sedikides, C., Routledge, C., & Arndt, J. (2010). Nostalgia as a repository of social connectedness: The role of attachment-related avoidance. *Journal of Personality and Social Psychology,* **98**, 573-586.

Williams, K. D., Cheung, C. K., & Choi, W. (2000). Cyberostracism: Effects of being ignored over the internet. *Journal of Personality and Social Psychology,* **79**, 748-762.

Williams, K. D. & Sommer, K. L. (1997). Social ostracism by coworkers: Does rejection lead to loafing or compensation? *Personality and Social Psychology Bulletin,* **23**, 693-706.

Wojciszke, B. (2005). Morality and competence in person- and self-perception. *European Review of Social Psychology,* **16**, 155-188.

Wojciszke, B., & Abele, A. E. (2008). The primacy of communion over agency and its reversals in evaluations. *European Journal of Social Psychology,* **38**, 1139-1147.

Wojciszke, B., Baryla, W., Parzuchowski, M., Szymkow, A., & Abele, A. E. (2011). Self-esteem is dominated by agentic over communal information. *European Journal of Social Psychology,* **41**, 617-627.

山田詠美（1996）．ぼくは勉強ができない　新潮社．

Yamaguchi, S., Greenwald, A. G., Banaji, M. R., Murakami, F., Chen, D., Shiomura, K., Kobayashi, C., et al. (2007). Apparent universality of positive implicit self-esteem. *Psychological Science*, **18**, 498-500.

山本真理子・松井豊・山成由紀子（1982）．認知された自己の諸側面の構造　教育心理学研究，**30**，64-68.

Ybarra, O., Park, H., Stanik, C., & Lee, D. S. (2012). Self-judgment and reputation monitoring as a function of the fundamental dimensions, temporal perspective, and culture. *European Journal of Social Psychology*, **42**, 200-209.

Yuki, M., Sato, K., Takemura, K. & Oishi, S. (2013). Social ecology moderates the association between self-esteem and happiness. *Journal of Experimental Social Psychology*, **49**, 741-746.

Yuki, M., Schug, J., Horikawa, H., Takemura, K., Sato, K., Yokota, K., & Kamaya, K. (2007). Development of a scale to measure perceptions of relational mobility in society. *CERSS Working Paper* **75**, Center for Experimental Research in Social Sciences, Hokkaido University.

Zhou, X., Sedikides, C., Wildschut, T., & Gao, D. (2008). Counteracting loneliness: On the restorative function of nostalgia. *Psychological Science*, **19**, 1023-1029.

Zimmerman, B. J. (2000). Self-efficacy: An essential motive to learn. *Contemporary Educational Psychology*, **25**, 82-91.

Zuckerman, M. (1979). Attribution of success and failure revisited, or: The motivational bias is alive and well in attribution theory. *Journal of Personality*, **47**, 245-287.

Zuckerman, M. & O'Loughlin, R. E. (2006). Self-enhancement by social comparison: A prospective analysis. *Personality and Social Psychology Bulletin*, **32**, 751-760.

本書に収録されている研究の出典

- 第 1 章　研究 1

  田端拓哉・池上知子（2013）．自己評価の 2 次元における自己高揚バイアスの差　日本社会心理学会第 54 回大会発表論文集，427．（学位論文執筆にあたり再分析を行った）

- 第 1 章　研究 2

  田端拓哉（2006）．気分誘導が平均以上効果に及ぼす影響　四條畷学園短期大学紀要，39．29-33．（学位論文執筆にあたり再分析を行った）

- 第 2 章　研究 3

  田端拓哉・池上知子（2010）．自我脅威状況下での補償的平均以上効果の検討　——特性自尊心の水準を考慮して——　人文研究（大阪市立大学文学研究科紀要），61．172-183．（学位論文執筆にあたり再分析を行った）

- 第 2 章　研究 4

  田端拓哉・池上知子（2011）．自我脅威状況における補償的自己高揚の検討　社会心理学研究，27．47-54．

- 第 3 章　研究 5

  田端拓哉・池上知子（2015）．能力次元における自己評価への脅威が集団実体性の知覚に及ぼす影響　実験社会心理学研究，54．75-88．

- 第 3 章　研究 6

  田端拓哉・池上知子（2011）．自我脅威への防衛反応としてのノスタルジアの検討　日本社会心理学会第 52 回大会発表論文集，1．（研究 5 実験 1 と研究 6 を併せた分析については学位論文執筆にあたり新たに分析を行った）

巻末資料

(1)　第1章　研究1・予備調査1　調査用紙

(2)　第1章　研究1・予備調査2　調査用紙

(3)　第1章　研究1・本調査　調査用紙

(4)　第1章　研究2　質問紙

(5)　第2章　研究3　質問紙

(6)　第2章　研究4・実験1　質問紙

(7)　第2章　研究4・実験2　質問紙

(8)　第3章　研究5・実験1　質問紙

(9)　第3章　研究5・実験2　質問紙

(10)　第3章　研究6　質問紙

(1) 第1章　研究1・予備調査1　調査用紙　特性の望ましさ

・これは修飾語の評定であり、あなたの能力などを測定するものではありません。結果は卒論の目的だけに使用され、また、統計的に処理されるので個人のデータは一切公表されません。

・性別と年齢を下欄に記入して下さい。
　　　　　　　性別（男性／女性）　　　　年齢（　　　　歳）

・次のページ以降にある修飾語の示す性格が一般的にどの程度良い・望ましいものであるかを判断して、当てはまるところに○印をつけて下さい。
　(良い例)

(悪い例)
・縦棒（└┘）のないところには印をつけないで下さい。

□　暗い（くらい）・・・・・・

・どうしても単語の意味が分からなければ、単語の左のチェックボックス（□）に／印を付け、判定はしないで下さい。

☑　たおやかな・・・・・・

・質問がなければ、始めて下さい。質問があれば、挙手して下さい。実験者以外の人には尋ねないで下さい。

巻末資料 ｜ *163*

(1) 第 1 章　研究 1・予備調査 1　調査用紙　特性の統制可能性

・これは修飾語の評定であり、あなたの能力などを測定するものではありません。結果は卒論の目的だけに使用され、また、統計的に処理されるので個人のデータは一切公表されません。

・性別と年齢を下欄に記入して下さい。

性別（男性／女性）　　　　　年齢（　　　歳）

・次のページ以降にある修飾語の示す性格が一般的にどの程度自分自身でコントロール（創り出したり変えたり）できるものであるかを判断して、当てはまるところに〇印をつけて下さい。
　(良い例)

	非常に統制できない	かなり統制できない	ややや統制できない	どちらともいえない	やや統制できる	かなり統制できる	非常に統制できる
	↓	↓	↓	↓	↓	↓	↓
□　明るい（あかるい）・・・				○			

　(悪い例)
・縦棒（└┘）のないところには印をつけないで下さい。

□　暗い（くらい）・・・・・・　　　　　　　○

・どうしても単語の意味が分からなければ、単語の左のチェックボックス（□）に／印を付け、判定はしないで下さい。

☑　たおやかな・・・・・・・

・質問がなければ、始めて下さい。質問があれば、挙手して下さい。実験者以外の人には尋ねないで下さい。

(1) 第1章　研究1・予備調査1　調査用紙

1.□　協調的な・・・・・・・・

2.□　慎重な（しんちょうな）・・・・

3.□　くよくよした・・・・・・・・

4.□　人がいい・・・・・・・・・

5.□　見る目のない・・・・・・・・

6.□　想像力のある・・・・・・・・

7.□　自分に満足した・・・・・・・

8.□　哲学的な・・・・・・・・・

9.□　気まぐれな・・・・・・・・

10.□　とげとげしい・・・・・・・・

11.□　誠実な・・・・・・・・・・

12.□　プライドの高い・・・・・・・

13.□　風変わりな（ふうがわりな）・・・

14.□　控えめな・・・・・・・・・・

15.□　礼儀正しい・・・・・・・・・

16.□　恥ずかしがりな・・・・・・・

17.□　魅力的な・・・・・・・・・

18.□　（他人の気持ちに）敏感な・・・・

19.□　独創性のない・・・・・・・・

(1) 第 1 章　研究 1・予備調査 1　調査用紙

20.□　ほがらかな・・・・・・・・・・

21.□　博識な（はくしきな）・・・・・

22.□　過激な・・・・・・・・・・・・

23.□　注意深い・・・・・・・・・・・

24.□　独創的な・・・・・・・・・・・

25.□　教養のない・・・・・・・・・・

26.□　粘り強い・・・・・・・・・・・

27.□　不親切な・・・・・・・・・・・

28.□　厳しい・・・・・・・・・・・・

29.□　従順な（じゅうじゅんな）・・・・

30.□　正々堂々とした・・・・・・・・

31.□　無能な・・・・・・・・・・・・

32.□　思いやりのある・・・・・・・・

33.□　大胆な（だいたんな）・・・・・

34.□　分別のない（ふんべつのない）・・

35.□　不満そうな・・・・・・・・・・

36.□　おとなしい・・・・・・・・・・

37.□　落着きのない・・・・・・・・・

38.□　倫理的な・・・・・・・・・・・

(1) 第1章　研究1・予備調査1　調査用紙

39.□　おせっかいな・・・・・・・・・

40.□　狡猾な（こうかつな）・・・・・

41.□　嫉妬深い（しっとぶかい）・・・・

42.□　多才な・・・・・・・・・・・

43.□　怠惰な・・・・・・・・・・・

44.□　臆病な・・・・・・・・・・・

45.□　正確な・・・・・・・・・・・

46.□　失礼な・・・・・・・・・・・

47.□　用心深すぎる・・・・・・・・・

48.□　幸運な・・・・・・・・・・・

49.□　信用できない・・・・・・・・・

50.□　感動しやすい・・・・・・・・・

51.□　ユーモアのない・・・・・・・・

52.□　我慢強い・・・・・・・・・・・

53.□　ぐちっぽい・・・・・・・・・・

54.□　思慮深い（しりょぶかい）・・・・

55.□　周囲に同調する・・・・・・・・

56.□　うぬぼれた・・・・・・・・・・

57.□　流行に敏感な・・・・・・・・・

巻末資料 | *167*

⑴ 第 1 章　研究 1・予備調査 1　調査用紙

58.□　平凡な・・・・・・・・・

59.□　内気な・・・・・・・・・

60.□　意地悪な・・・・・・・・

61.□　冷静な・・・・・・・・・

62.□　好みがうるさい・・・・・

63.□　陰気な（いんきな）・・・・・

64.□　無責任な・・・・・・・・

65.□　自分に気を配る・・・・・・

66.□　権威的な（けんいてきな）・・・・

67.□　適応力のない・・・・・・・

68.□　きれい好きな・・・・・・・

69.□　俗っぽい（ぞくっぽい）・・・・

70.□　用心深い・・・・・・・・

71.□　ユーモアのある・・・・・・

72.□　未熟な・・・・・・・・・

73.□　理解力のある・・・・・・・

74.□　卑怯な（ひきょうな）・・・・・

75.□　夢見がちな・・・・・・・・

(1) 第 1 章 研究 1・予備調査 1 調査用紙

76.□ あさはかな・・・・・・・・・・

77.□ 友好的な・・・・・・・・・・

78.□ 自己中心的な・・・・・・・・

79.□ 公正な・・・・・・・・・・・

80.□ もったいぶった・・・・・・・

81.□ 活発な・・・・・・・・・・・

82.□ 心が狭い・・・・・・・・・・

83.□ 柔軟な・・・・・・・・・・・

84.□ 非倫理的な・・・・・・・・・

85.□ 節約ができる・・・・・・・・

86.□ 機知に富んだ・・・・・・・・

87.□ 消極的な・・・・・・・・・・

88.□ 薄情な・・・・・・・・・・・

89.□ 衝動的な・・・・・・・・・・

90.□ 進歩的な・・・・・・・・・・

91.□ 忘れっぽい・・・・・・・・・

92.□ だまされやすい・・・・・・・

93.□ 知的な・・・・・・・・・・・

巻末資料 | *169*

(2) 第1章　研究1・予備調査2　調査用紙

　個人の特徴を表す言葉には、その言葉が指し示す具体的な行為が幅広く含まれる言葉や（例：繊細な、神経質な）、反対に指し示す行為が狭く限定される言葉（例：服装が整っている、皮肉をいう）があります。

　以下の個人の特徴を表す言葉それぞれについて、その言葉が指し示す行為の幅を、数字（1．非常に狭い〜7．非常に広い）に<u>ひとつずつ</u>○をつけてお答え下さい。

		非常に狭い	とても狭い	やや狭い	どちらともいえない	やや広い	とても広い	非常に広い
(1)	協調的な	1	2	3	4	5	6	7
(2)	慎重な	1	2	3	4	5	6	7
(3)	くよくよした	1	2	3	4	5	6	7
(4)	人がいい	1	2	3	4	5	6	7
(5)	見る目のない	1	2	3	4	5	6	7
(6)	想像力のある	1	2	3	4	5	6	7
(7)	気まぐれな	1	2	3	4	5	6	7
(8)	自分に満足した	1	2	3	4	5	6	7
(9)	哲学的な	1	2	3	4	5	6	7
(10)	とげとげしい	1	2	3	4	5	6	7
(11)	控えめな	1	2	3	4	5	6	7
(12)	誠実な	1	2	3	4	5	6	7
(13)	恥ずかしがりな	1	2	3	4	5	6	7
(14)	プライドの高い	1	2	3	4	5	6	7
(15)	魅力的な	1	2	3	4	5	6	7

⑵ 第 1 章　研究 1・予備調査 2　調査用紙

	非常に狭い	とても狭い	やや狭い	どちらともいえない	やや広い	とても広い	非常に広い
(16)　風変わりな	1	2	3	4	5	6	7
(17)　博識な	1	2	3	4	5	6	7
(18)　礼儀正しい	1	2	3	4	5	6	7
(19)　注意深い	1	2	3	4	5	6	7
(20)　（他人の気持ちに）敏感な	1	2	3	4	5	6	7
(21)　独創的な	1	2	3	4	5	6	7
(22)　ほがらかな	1	2	3	4	5	6	7
(23)　教養のない	1	2	3	4	5	6	7
(24)　過激な	1	2	3	4	5	6	7
(25)　粘り強い	1	2	3	4	5	6	7
(26)　不親切な	1	2	3	4	5	6	7
(27)　無能な	1	2	3	4	5	6	7
(28)　厳しい	1	2	3	4	5	6	7
(29)　大胆な	1	2	3	4	5	6	7
(30)　分別のない	1	2	3	4	5	6	7
(31)　従順な	1	2	3	4	5	6	7
(32)　落着きのない	1	2	3	4	5	6	7
(33)　正々堂々とした	1	2	3	4	5	6	7
(34)　多才な	1	2	3	4	5	6	7
(35)　思いやりのある	1	2	3	4	5	6	7

巻末資料 | *171*

(2) 第1章　研究1・予備調査2　調査用紙

	非常に狭い	とても狭い	やや狭い	どちらともいえない	やや広い	とても広い	非常に広い
(36) 不満そうな	1	2	3	4	5	6	7
(37) 怠惰な	1	2	3	4	5	6	7
(38) おとなしい	1	2	3	4	5	6	7
(39) 臆病な	1	2	3	4	5	6	7
(40) 倫理的な	1	2	3	4	5	6	7
(41) 正確な	1	2	3	4	5	6	7
(42) おせっかいな	1	2	3	4	5	6	7
(43) 用心深すぎる	1	2	3	4	5	6	7
(44) 嫉妬深い	1	2	3	4	5	6	7
(45) 我慢強い	1	2	3	4	5	6	7
(46) 失礼な	1	2	3	4	5	6	7
(47) ぐちっぽい	1	2	3	4	5	6	7
(48) 幸運な	1	2	3	4	5	6	7
(49) 思慮深い	1	2	3	4	5	6	7
(50) 信用できない	1	2	3	4	5	6	7
(51) 流行に敏感な	1	2	3	4	5	6	7
(52) 感動しやすい	1	2	3	4	5	6	7
(53) うぬぼれた	1	2	3	4	5	6	7
(54) 周囲に同調する	1	2	3	4	5	6	7
(55) 内気な	1	2	3	4	5	6	7

(2) 第1章 研究1・予備調査2 調査用紙

		非常に狭い	とても狭い	やや狭い	どちらともいえない	やや広い	とても広い	非常に広い
(56)	平凡な	1	2	3	4	5	6	7
(57)	意地悪な	1	2	3	4	5	6	7
(58)	冷静な	1	2	3	4	5	6	7
(59)	好みがうるさい	1	2	3	4	5	6	7
(60)	自分に気を配る	1	2	3	4	5	6	7
(61)	陰気な	1	2	3	4	5	6	7
(62)	適応力のない	1	2	3	4	5	6	7
(63)	無責任な	1	2	3	4	5	6	7
(64)	俗っぽい	1	2	3	4	5	6	7
(65)	権威的な	1	2	3	4	5	6	7
(66)	未熟な	1	2	3	4	5	6	7
(67)	きれい好きな	1	2	3	4	5	6	7
(68)	理解力のある	1	2	3	4	5	6	7
(69)	ユーモアのある	1	2	3	4	5	6	7
(70)	夢見がちな	1	2	3	4	5	6	7
(71)	あさはかな	1	2	3	4	5	6	7
(72)	友好的な	1	2	3	4	5	6	7
(73)	活発な	1	2	3	4	5	6	7
(74)	自己中心的な	1	2	3	4	5	6	7
(75)	柔軟な	1	2	3	4	5	6	7

(2) 第1章　研究1・予備調査2　調査用紙

	非常に狭い	とても狭い	やや狭い	どちらともいえない	やや広い	とても広い	非常に広い
(76) 節約ができる	1	2	3	4	5	6	7
(77) 公正な	1	2	3	4	5	6	7
(78) 機知に富んだ	1	2	3	4	5	6	7
(79) 消極的な	1	2	3	4	5	6	7
(80) もったいぶった	1	2	3	4	5	6	7
(81) 衝動的な	1	2	3	4	5	6	7
(82) 進歩的な	1	2	3	4	5	6	7
(83) 心が狭い	1	2	3	4	5	6	7
(84) 忘れっぽい	1	2	3	4	5	6	7
(85) 薄情な	1	2	3	4	5	6	7
(86) 知的な	1	2	3	4	5	6	7
(87) だまされやすい	1	2	3	4	5	6	7

ご協力をありがとうございました。

(3) 第1章 研究1・本調査 調査用紙

＜卒業論文のための調査＞

心理学専攻4回生　　田端　拓哉

・これは卒業論文のための調査であり、データは統計的に処理されるので、あなたの個人データが公表されることはありません。能力を測定したりするものではないので気楽に行って下さい。

・注意書きをよく読んでから行って下さい。

・お手数ですが、質問紙は3種類あります。上から順に回答していって下さい。先に後ろのページや冊子の内容を見たり、回答する順番を変えたりしないで下さい。

・回答を終えて、感想などがあれば以下にご記入下さい。

・調査結果を知りたい方は以下にお名前と住所または電子メールアドレスをご記入下さい。12月下旬か1月にお知らせいたします。ただし知りたいという方が多ければ、個人データはお知らせしないかもしれませんのでご了承下さい。

巻末資料 ｜ *175*

(3) 第1章　研究1・本調査　調査用紙　自己評価

・これは修飾語の評定であり、あなたの能力などを測定するものではありません。結果
は卒論の目的だけに使用され、また、統計的に処理されるので個人のデータは一切公表
されません。

・性別と年齢を下欄に記入して下さい。

　　　　　　　　性別（男性／女性）　　　　　　年齢（　　歳）

・次のページ以降にある 修飾語が自分にどの程度当てはまるかを判断 して、当てはまる
ところに〇印をつけて下さい。

　(良い例)

	非常に当てはまらない	かなり当てはまらない	やや当てはまらない	どちらともいえない	やや当てはまる	かなり当てはまる	非常に当てはまる
	↓	↓	↓	↓	↓	↓	↓

□　明るい（あかるい）　・　・　・　・

　(悪い例)

・縦棒（ └┴┘ ）のないところには印をつけないで下さい。

□　暗い（くらい）・　・　・　・　・　・

・どうしても単語の意味が分からなければ、単語の左のチェックボックス（□）に／印
を付け、判定はしないで下さい。

☑　たおやかな・　・　・　・　・　・

・質問がなければ、始めて下さい。質問があれば、挙手して下さい。実験者以外の人に
は尋ねないで下さい。

(3) 第1章　研究1・本調査　調査用紙　平均的他者評価

・これは修飾語の評定であり、あなたの能力などを測定するものではありません。結果は卒論の目的だけに使用され、また、統計的に処理されるので個人のデータは一切公表されません。

・性別と年齢を下欄に記入して下さい。

性別（男性／女性）　　　　年齢（　　　歳）

・次のページ以降にある 修飾語が一般的な大学生にどの程度当てはまるかを判断 して、当てはまるところに○印をつけて下さい。

(良い例)

	非常に当てはまらない	かなり当てはまらない	やや当てはまらない	どちらともいえない	やや当てはまる	かなり当てはまる	非常に当てはまる
	↓	↓	↓	↓	↓	↓	↓

□　明るい（あかるい）・・・・

(悪い例)

・縦棒（└┴┘）のないところには印をつけないで下さい。

□　暗い（くらい）・・・・・・・

・どうしても単語の意味が分からなければ、単語の左のチェックボックス（□）に／印を付け、判定はしないで下さい。

☑　たおやかな・・・・・・・

・質問がなければ、始めて下さい。質問があれば、挙手して下さい。実験者以外の人には尋ねないで下さい。

巻末資料 | *177*

(3) 第1章　研究1・本調査　調査用紙

非常に当てはまらない　かなり当てはまらない　やや当てはまらない　どちらともいえない　やや当てはまる　かなり当てはまる　非常に当てはまる

1.□　協調的な・・・・・・・・・・・

2.□　慎重な（しんちょうな）・・・・

3.□　くよくよした・・・・・・・・・

4.□　人がいい・・・・・・・・・・・

5.□　見る目のない・・・・・・・・・

6.□　想像力のある・・・・・・・・・

7.□　自分に満足した・・・・・・・・

8.□　哲学的な・・・・・・・・・・・

9.□　気まぐれな・・・・・・・・・・

10.□　とげとげしい・・・・・・・・・

11.□　誠実な・・・・・・・・・・・・

12.□　プライドの高い・・・・・・・・

13.□　風変わりな（ふうがわりな）・・・

14.□　控えめな・・・・・・・・・・・

15.□　礼儀正しい・・・・・・・・・・

(3) 第1章 研究1・本調査 調査用紙

	非常に当てはまらない	かなり当てはまらない	やや当てはまらない	どちらともいえない	やや当てはまる	かなり当てはまる	非常に当てはまる
16.□ 恥ずかしがりな・・・・・・・・							
17.□ 魅力的な・・・・・・・・・							
18.□ (他人の気持ちに) 敏感な・・・・							
19.□ ほがらかな・・・・・・・・・							
20.□ 博識な (はくしきな) ・・・・・							
21.□ 過激な・・・・・・・・・・・							
22.□ 注意深い・・・・・・・・・・							
23.□ 独創的な・・・・・・・・・・							
24.□ 教養のない・・・・・・・・・							
25.□ 粘り強い・・・・・・・・・・							
26.□ 不親切な・・・・・・・・・・							
27.□ 厳しい・・・・・・・・・・・							
28.□ 従順な (じゅうじゅんな) ・・・・							
29.□ 正々堂々とした・・・・・・・・							
30.□ 無能な・・・・・・・・・・・							

巻末資料 | *179*

(3) 第1章　研究1・本調査　調査用紙

	非常に当てはまらない	かなり当てはまらない	やや当てはまらない	どちらともいえない	やや当てはまる	かなり当てはまる	非常に当てはまる
31.□　思いやりのある・・・・・・・・							
32.□　大胆な（だいたんな）・・・・・							
33.□　分別のない（ふんべつのない）・・							
34.□　不満そうな・・・・・・・・・							
35.□　おとなしい・・・・・・・・・							
36.□　落着きのない・・・・・・・・							
37.□　倫理的な・・・・・・・・・・							
38.□　おせっかいな・・・・・・・・							
39.□　嫉妬深い（しっとぶかい）・・・							
40.□　多才な・・・・・・・・・・・							
41.□　怠惰な・・・・・・・・・・・							
42.□　臆病な・・・・・・・・・・・							
43.□　正確な・・・・・・・・・・・							
44.□　失礼な・・・・・・・・・・・							
45.□　用心深すぎる・・・・・・・・							

(3) 第1章　研究1・本調査　調査用紙

<table>
<thead>
<tr><th></th><th></th><th>非常に当てはまらない</th><th>かなり当てはまらない</th><th>やや当てはまらない</th><th>どちらともいえない</th><th>やや当てはまる</th><th>かなり当てはまる</th><th>非常に当てはまる</th></tr>
</thead>
<tbody>
<tr><td>46.☐</td><td>幸運な・・・・・・・・・・</td><td></td><td></td><td></td><td></td><td></td><td></td></tr>
<tr><td>47.☐</td><td>信用できない・・・・・・・・</td><td></td><td></td><td></td><td></td><td></td><td></td></tr>
<tr><td>48.☐</td><td>感動しやすい・・・・・・・・</td><td></td><td></td><td></td><td></td><td></td><td></td></tr>
<tr><td>49.☐</td><td>我慢強い・・・・・・・・・</td><td></td><td></td><td></td><td></td><td></td><td></td></tr>
<tr><td>50.☐</td><td>ぐちっぽい・・・・・・・・・</td><td></td><td></td><td></td><td></td><td></td><td></td></tr>
<tr><td>51.☐</td><td>思慮深い（しりょぶかい）・・・・</td><td></td><td></td><td></td><td></td><td></td><td></td></tr>
<tr><td>52.☐</td><td>周囲に同調する・・・・・・・</td><td></td><td></td><td></td><td></td><td></td><td></td></tr>
<tr><td>53.☐</td><td>うぬぼれた・・・・・・・・・</td><td></td><td></td><td></td><td></td><td></td><td></td></tr>
<tr><td>54.☐</td><td>流行に敏感な・・・・・・・・</td><td></td><td></td><td></td><td></td><td></td><td></td></tr>
<tr><td>55.☐</td><td>平凡な・・・・・・・・・・</td><td></td><td></td><td></td><td></td><td></td><td></td></tr>
<tr><td>56.☐</td><td>内気な・・・・・・・・・・</td><td></td><td></td><td></td><td></td><td></td><td></td></tr>
<tr><td>57.☐</td><td>意地悪な・・・・・・・・・</td><td></td><td></td><td></td><td></td><td></td><td></td></tr>
<tr><td>58.☐</td><td>冷静な・・・・・・・・・・</td><td></td><td></td><td></td><td></td><td></td><td></td></tr>
<tr><td>59.☐</td><td>好みがうるさい・・・・・・・</td><td></td><td></td><td></td><td></td><td></td><td></td></tr>
<tr><td>60.☐</td><td>陰気な（いんきな）・・・・・・</td><td></td><td></td><td></td><td></td><td></td><td></td></tr>
</tbody>
</table>

巻末資料 | *181*

(3) 第 1 章　研究 1・本調査　調査用紙

	非常に当てはまらない	かなり当てはまらない	やや当てはまらない	どちらともいえない	やや当てはまる	かなり当てはまる	非常に当てはまる
61.□　無責任な・・・・・・・・・・・							
62.□　自分に気を配る・・・・・・・・							
63.□　権威的な（けんいてきな）・・・							
64.□　適応力のない・・・・・・・・・							
65.□　きれい好きな・・・・・・・・・							
66.□　俗っぽい（ぞくっぽい）・・・・							
67.□　ユーモアのある・・・・・・・・							
68.□　未熟な・・・・・・・・・・・・							
69.□　理解力のある・・・・・・・・・							
70.□　夢見がちな・・・・・・・・・・							
71.□　あさはかな・・・・・・・・・・							
72.□　友好的な・・・・・・・・・・・							
73.□　自己中心的な・・・・・・・・・							
74.□　公正な・・・・・・・・・・・・							
75.□　もったいぶった・・・・・・・・							

(3) 第1章　研究1・本調査　調査用紙

	非常に当てはまらない	かなり当てはまらない	やや当てはまらない	どちらともいえない	やや当てはまる	かなり当てはまる	非常に当てはまる
76.□　活発な・・・・・・・・・・							
77.□　心が狭い・・・・・・・・・・							
78.□　柔軟な・・・・・・・・・・							
79.□　節約ができる・・・・・・・・・							
80.□　機知に富んだ・・・・・・・・							
81.□　消極的な・・・・・・・・・・							
82.□　薄情な・・・・・・・・・・							
83.□　衝動的な・・・・・・・・・							
84.□　進歩的な・・・・・・・・・・							
85.□　忘れっぽい・・・・・・・・・							
86.□　だまされやすい・・・・・・・							
87.□　知的な・・・・・・・・・・							

(4) 第1章　研究2　質問紙　肯定的気分条件

調査のお願い

現在，自己に関する研究を進めており，その準備段階として予備調査を実施しております．
予備調査の結果は統計的に処理され，データ入力後は質問紙はシュレッダーで廃棄いたします．
個人の結果が公開されることはありません．ご協力下さいますようお願い申し上げます．

京都大学　田端拓哉

次の文章に続く言葉を，できるだけ鮮明に思い出して具体的に記述して下さい．

1　私の長所は

2　私の好きなものは

3　私の将来に関する夢は

4　私の一番楽しく感じる（感じた）ことは

ご協力ありがとうございました

(4) 第1章　研究2　質問紙　否定的気分条件

調査のお願い

現在, 自己に関する研究を進めており, その準備段階として予備調査を実施しております.
予備調査の結果は統計的に処理され, データ入力後は質問紙はシュレッダーで廃棄いたします.
個人の結果が公開されることはありません. ご協力下さいますようお願い申し上げます.

京都大学　田端拓哉

次の文章に続く言葉を, できるだけ鮮明に思い出して具体的に記述して下さい.

1 私の短所は

2 私の嫌いなものは

3 私の将来に関する不安は

4 私の一番つらく感じる(感じた)ことは

ご協力ありがとうございました

巻末資料 | *185*

(4) 第 1 章　研究 2　質問紙

以下の項目があなたと平均的な大学生のそれぞれにどの程度当てはまるかを、1〜7から選択してください。

	あなた	平均的大学生
	非常にあてはまらない　ややあてはまらない　どちらともいえない　ややあてはまる　非常にあてはまる	非常にあてはまらない　ややあてはまらない　どちらともいえない　ややあてはまる　非常にあてはまる
1　社交能力に自信がある	1－2－3－4－5－6－7	1－2－3－4－5－6－7
2　体力・運動能力に自信がある	1－2－3－4－5－6－7	1－2－3－4－5－6－7
3　知的能力に自信がある	1－2－3－4－5－6－7	1－2－3－4－5－6－7
4　人に対して思いやりがある	1－2－3－4－5－6－7	1－2－3－4－5－6－7
5　目鼻立ちが整っている	1－2－3－4－5－6－7	1－2－3－4－5－6－7
6　自分の生き方に自信がある	1－2－3－4－5－6－7	1－2－3－4－5－6－7
7　自由に使えるお金が多い	1－2－3－4－5－6－7	1－2－3－4－5－6－7
8　趣味・特技に自信がある	1－2－3－4－5－6－7	1－2－3－4－5－6－7
9　きちょうめんな性格である	1－2－3－4－5－6－7	1－2－3－4－5－6－7
10　社会的に評判のよい大学に在籍している	1－2－3－4－5－6－7	1－2－3－4－5－6－7
11　交際範囲が広い	1－2－3－4－5－6－7	1－2－3－4－5－6－7
12　運動神経が発達している	1－2－3－4－5－6－7	1－2－3－4－5－6－7
13　人よりいろいろなことを知っている	1－2－3－4－5－6－7	1－2－3－4－5－6－7
14　人に対して寛大である	1－2－3－4－5－6－7	1－2－3－4－5－6－7
15　自分の外見に自信がある	1－2－3－4－5－6－7	1－2－3－4－5－6－7

(4) 第1章 研究2 質問紙

	あなた	平均的大学生

非常にあてはまらない　ややあてはまらない　どちらともいえない　ややあてはまる　非常にあてはまる

16	個性的な生き方をしている	1－2－3－4－5－6－7	1－2－3－4－5－6－7
17	家庭が裕福である	1－2－3－4－5－6－7	1－2－3－4－5－6－7
18	特技がある	1－2－3－4－5－6－7	1－2－3－4－5－6－7
19	自分に厳しい	1－2－3－4－5－6－7	1－2－3－4－5－6－7
20	出身校が有名である	1－2－3－4－5－6－7	1－2－3－4－5－6－7
21	同年輩の異性と気楽に話しができる	1－2－3－4－5－6－7	1－2－3－4－5－6－7
22	スポーツマンタイプに見える	1－2－3－4－5－6－7	1－2－3－4－5－6－7
23	頭の回転が速い	1－2－3－4－5－6－7	1－2－3－4－5－6－7
24	おおらかな人柄である	1－2－3－4－5－6－7	1－2－3－4－5－6－7
25	自分の顔に気に入っているところがある	1－2－3－4－5－6－7	1－2－3－4－5－6－7
26	自分に自信がある	1－2－3－4－5－6－7	1－2－3－4－5－6－7
27	経済的な面で自信がある	1－2－3－4－5－6－7	1－2－3－4－5－6－7
28	熱中している趣味がある	1－2－3－4－5－6－7	1－2－3－4－5－6－7
29	責任感が強い	1－2－3－4－5－6－7	1－2－3－4－5－6－7
30	家や大学などの社会的背景に自信がある	1－2－3－4－5－6－7	1－2－3－4－5－6－7
31	異性の誘い方がうまい	1－2－3－4－5－6－7	1－2－3－4－5－6－7
32	得意なスポーツがある	1－2－3－4－5－6－7	1－2－3－4－5－6－7

(5) 第2章　研究3　質問紙

《調査ご協力のお願い》

社会心理学研究室

● 今後の研究の参考にするためのアンケート調査にご協力いただきたく存じます.

● 調査はあなたの自由意志によりご協力いただくものですので, 答えにくい質問には無理にお答えいただく必要はありません.

● 調査の目的は大学生の普段の気持ちを調べることです. 調査結果は全員の回答を統計的に処理しますので, 個人の回答内容が特定されることはありません. お気軽にご回答下さい.

● ご協力いただける場合は, 以下の注意事項をよく読んでからご回答下さい.

・ 回答の仕方を指示しますので, 指示に従って1ページずつ, 上から順番に回答して下さい. 指示の前に次のページに進んだり, 一度回答した項目に戻って回答を変更したりしないで下さい.

・ 周囲の人と話したり相談したりせず, ご自分で回答を考えて下さい. 質問がありましたら手を挙げて調査者に知らせて下さい.

・ 回答を終えたら, 終了の合図までお待ち下さい.

【回答例】
回答は選択肢に対応する箇所に〇印をつけて下さい.
選択肢と選択肢の間に印をつけないで下さい.

		全くあてはまらない	あまりあてはまらない	どちらともいえない	ややあてはまる	非常にあてはまる
良い例	電話で話すよりもメールのほうが好き	1	2	3	④	5
悪い例	電話で話すよりもメールのほうが好き	1	2	3〇4		5

● 以下の欄に記入したら, 回答の指示をお待ち下さい.

学年＿＿＿＿＿回生　年齢＿＿＿＿＿＿歳　性別　男・女

(5) 第2章　研究3　質問紙

次の特徴のおのおのについて、あなた自身にどの程度あてはまるかをお答え下さい。他人からどう見られているかではなく、<u>あなたが、あなた自身を</u>どのように思っているかを、ありのままに、数字（1．あてはまらない〜5．あてはまる）に<u>ひとつずつ</u>○をつけてお答え下さい。

	あてはまらない	ややあてはまらない	どちらともいえない	ややあてはまる	あてはまる
(1)　自分は少なくとも人並みには、価値のある人間である。	1	2	3	4	5
(2)　自分は色々な良い素質をもっている。	1	2	3	4	5
(3)　自分は敗北者だと思うことがよくある。	1	2	3	4	5
(4)　自分は物事を人並みには、うまくやれる。	1	2	3	4	5
(5)　自分には、自慢できるところがあまりない。	1	2	3	4	5
(6)　自分に対して肯定的である。	1	2	3	4	5
(7)　だいたいにおいて、自分に満足している。	1	2	3	4	5
(8)　もっと自分自身を尊敬できるようになりたい。	1	2	3	4	5
(9)　自分は全くだめな人間だと思うことがある。	1	2	3	4	5
(10)　何かにつけて、自分は役に立たない人間だと思う。	1	2	3	4	5

(5) 第2章 研究3 質問紙 上位条件

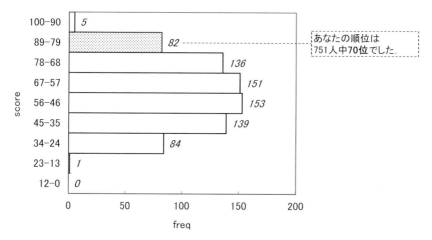

※実験実施時、グラフは色分けされていましたが、本書掲載にあたりモノクロに変更しました。

No. 751 – Result –

------------------------------【結果の見方】------------------------------
 このテストは知能検査の1種です。京都大学で1973年に開発されたものを改良したものです。
 このテストでは主に結晶性知能と流動性知能の2種類の知能を測定しますが、今回測定を行ったのは結晶性知能です。

 結晶性知能とは、簡単にいえば意識的な学習行動や記憶能力によって得られる知能であり、仕事や学校の成績と関係があることが研究によって証明されています。
 結晶性知能はその名前が表すとおり、急に、大きく変化するものではありません。

 グラフは、縦軸がテスト得点の範囲、横軸がその範囲内の得点者の人数を表しています。
 あなたの結晶性知能は大阪市立大生内において上位の水準であり、すなわち学習能力や記憶能力が大阪市立大生内において高いといえます。

 過去のデータによれば、あなたの成績水準の人に多い職業は
 <u>国内外大手企業社員，国家公務員（Ⅰ種），専門職（医師，弁護士，研究者等），実業・起業家など</u>
　　　　　　　　　　　　　　　　　　　　　　　　　　　　　　　　　　　　　　です。

(5) 第2章 研究3 質問紙 中位条件

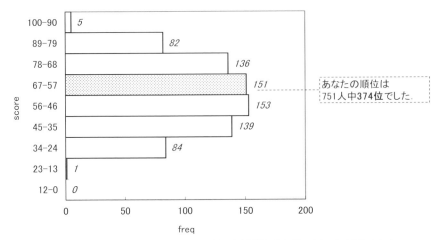

※実験実施時、グラフは色分けされていましたが、本書掲載にあたりモノクロに変更しました。

No. 751 - Result -

----------------------------------【結果の見方】------------------------------

このテストは知能検査の1種です．京都大学で1973年に開発されたものを改良したものです．
このテストでは主に結晶性知能と流動性知能の2種類の知能を測定しますが，今回測定を行ったのは結晶性知能です．

結晶性知能とは，簡単にいえば意識的な学習行動や記憶能力によって得られる知能であり，仕事や学校の成績と関係があることが研究によって証明されています．
結晶性知能はその名前が表すとおり，急に，大きく変化するものではありません．

グラフは，縦軸がテスト得点の範囲，横軸がその範囲内の得点者の人数を表しています．
あなたの結晶性知能は大阪市立大生内において中位の水準であり，すなわち学習能力や記憶能力が大阪市立大生内において中程度といえます．

過去のデータによれば，あなたの成績水準の人に多い職業は
*中堅企業会社員，国家公務員（Ⅱ種），地方公務員，専門職（調理師，医療福祉系等）*など
です．

(5) 第2章　研究3　質問紙　下位条件

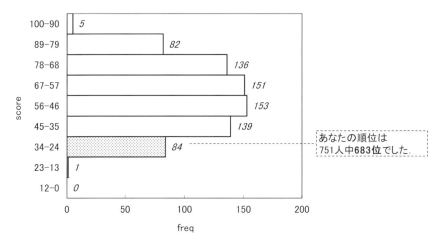

※実験実施時，グラフは色分けされていましたが、本書掲載にあたりモノクロに変更しました。

No. 751 - Result -

------【結果の見方】------

　このテストは知能検査の1種です．京都大学で1973年に開発されたものを改良したものです．
　このテストでは主に結晶性知能と流動性知能の2種類の知能を測定しますが，今回測定を行ったのは結晶性知能です．

　結晶性知能とは，簡単にいえば意識的な学習行動や記憶能力によって得られる知能であり，仕事や学校の成績と関係があることが研究によって証明されています．
　結晶性知能はその名前が表すとおり，急に，大きく変化するものではありません．

　グラフは，縦軸がテスト得点の範囲，横軸がその範囲内の得点者の人数を表しています．
　あなたの結晶性知能は大阪市立大生内において下位の水準であり，すなわち学習能力や記憶能力が大阪市立大生内において低いといえます．

　過去のデータによれば，あなたの成績水準の人に多い職業は
　<u>中小企業社員，国家公務員（Ⅲ種），専門職（運転手，保育士等），契約社員，パートなど</u>
　　　　　　　　　　　　　　　　　　　　　　　　　　　　　　　　　　　　　　　です．

(5) 第 2 章　研究 3　質問紙

〔 **KNX** テストについての感想 〕

御回答いただいたテストについての御感想をお尋ねします．

①あなたのテストの得点はどのくらいの水準でしたか．あてはまる箇所に○をつけてお答え下さい．

	下位		中位		上位
あなたのテストの得点	1	2	3	4	5

②テストを受けた感想をお答え下さい．以下にある項目を読み，それぞれについて今のあなたの気持ちにどのくらいあてはまるかを5段階で評定し，あてはまる箇所に○をつけてお答え下さい．

	あてはまらない	あまりあてはまらない	どちらともいえない	ややあてはまる	あてはまる
(1)　このテストの結果は信頼できるものだと思う．	1	2	3	4	5
(2)　このテストに興味がもてた．	1	2	3	4	5
(3)　自分の順位を知ってうれしかった．	1	2	3	4	5
(4)　自分にはかなり能力があるような気がする．	1	2	3	4	5
(5)　自分の出来の悪さに失望を覚える．	1	2	3	4	5
(6)　自分は何も理解できていないような気がする．	1	2	3	4	5

お忙しい中，ご協力を有り難うございました．

(5) 第2章　研究3　質問紙

～～～調査ご協力のお願い～～～

<u>心理学専修修士2回生　〇〇〇〇</u>

》 修士論文のための，大学生の日常的な意識の調査にご協力いただきたく存じます．

》 結果については，全員の回答を統計的に集計いたしますので，個人の回答内容が特定されることはありません．お気軽にご回答下さい．

》 調査は強制ではありませんので，答えにくい質問には無理にお答えいただく必要はありません．

》 ご協力いただける場合は，まず以下の注意事項をお読み下さい．

※ 上から順番に回答して下さい．一度回答した項目に戻って，回答を変更しないで下さい．

※ 回答を終えたら，回答用紙を指定の封筒に入れて下さい．

【回答例】
　次のそれぞれの特徴の程度（強さ）について，<u>大阪市立大生の中で</u>あなた自身の位置はどのあたりかを推測し，<i>下位10%以内，下位11～20%，下位21～30%，下位31～40%，下位41～50%，上位41～50%，上位31～40%，上位21～30%，上位11～20%，上位10%以内</i>の中から選択して，お答え下さい．

※ 回答は選択肢に対応する箇所に〇印をつけて下さい．
※ 選択肢と選択肢の間に印をつけないで下さい．

　下の例の場合，あなたについて，犬を好きな強さの程度が大阪市立大生の中で上位41～50%の中に入ると思われる場合は，良い例のように，上位41～50%と対応する位置に〇印をつけます．

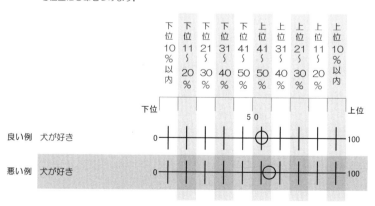

》 以下の欄に記入したら，回答を始めて下さい．

　　学年＿＿＿＿＿＿回生　年齢＿＿＿＿＿＿歳　性別　男・女

(5) 第2章　研究3　質問紙

　次のそれぞれの特徴の程度（強さ）について，**大阪市立大生の中で**あなた自身の位置はどのあたりかを推測し，*下位10%以内，下位11〜20%，下位21〜30%，下位31〜40%，下位41〜50%，上位41〜50%，上位31〜40%，上位21〜30%，上位11〜20%，上位10%以内*の中から選択して，お答え下さい．

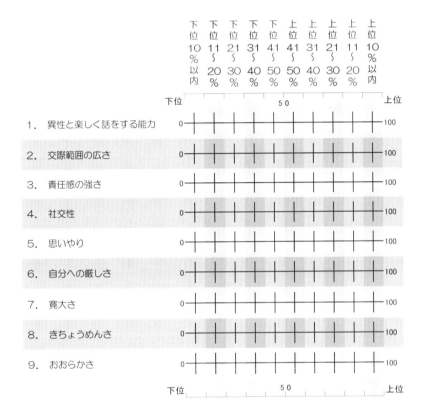

お忙しいところ，ご協力をどうもありがとうございました．

(6) 第2章　研究4　質問紙

調査ご協力のお願い

心理学専修博士前期課程
田端 拓哉

- このアンケートは，修士論文のための，大学生の日常的な意識の調査を目的としたものです。
- ご記入していただいた内容は，コンピュータに入力して，統計的に処理しますので，個人の回答内容が特定されることはありません。お気軽にご回答下さい。
- ご協力いただける場合は，まず，以下の注意事項をお読み下さい。

※ 回答は強制ではありませんので，答えにくい質問は，無理にお答えいただく必要はありません。
※ 1ページずつ，上から順番に回答して下さい。見落としによる記入忘れはないようにご注意下さい。一度回答した項目に戻って，回答を変更しないで下さい。
※ 以下の回答例のように回答して下さい。

【回答例】
　選択した回答に対応する，数直線上の位置に1つだけ〇をつけて下さい。
　選択肢と選択肢の間に〇をつけたり，1つの項目について2箇所に〇をつけたりしないで下さい。

- ご質問がなければ，回答開始の合図をお待ち下さい。

(6) 第2章　研究4　質問紙

Ⅰ. 次の特徴のおのおのについて，あなた自身にどの程度あてはまるかをお答え下さい。他からどう見られているかではなく，あなたが，あなた自身をどのように思っているかを，ありのままにお答え下さい。

	あてはまらない	ややあてはまらない	どちらともいえない	ややあてはまる	あてはまる
	1	2	3	4	5

1. 少なくとも人並みには，価値のある人間である.

2. 色々な良い素質をもっている.

3. 敗北者だと思うことがよくある.

4. 物事を人並みには，うまくやれる.

5. 自分には，自慢できるところがあまりない.

6. 自分に対して肯定的である.

7. だいたいにおいて，自分に満足している.

8. もっと自分自身を尊敬できるようになりたい.

9. 自分は全くだめな人間だと思うことがある.

10. 何かにつけて，自分は役に立たない人間だと思う.

※ 回答が終わったら，次の指示があるまで，ページをめくらずにお待ち下さい。
※ 待っている間に，回答を変更しないで下さい。

(6) 第2章　研究4・実験1　質問紙　能力次元脅威条件

Ⅱ．あなたの学業についての経験をお尋ねします。
　　入学試験や資格試験で不合格になった，定期試験で赤点になったり平均点を下回ったりした，負けたくないと思っていた人よりも試験結果が劣っていたなどの，学業についての経験の中で，**あなたが一番つらかった経験やその時期について**，できるだけくわしく書いて下さい。いくつか思い出されて，つらさの順番がつけられなければ，それらの経験を全て書いて下さい。
・そのつらかった経験についてどのくらい嫌なことだったかを，下にある尺度に回答して下さい。

※ 記入時間は5分です。**書き終えたとしても，記入時間終了の合図があるまでは次のページに進まないで下さい。**

その経験はどのくらい嫌なことでしたか。

(6) 第 2 章　研究 4・実験 1　質問紙　統制条件

Ⅱ．あなたのふだんの 1 日についてお尋ねします。
　　あなたの，大学の授業がある日について，よくある 1 日の過ごし方を，できるだ
　　けくわしく書いて下さい。

　・朝起きて，大学へ行き，帰宅するまでの，よくある行動パターンを書いてください。
　・テストではないので，気楽にお書きください。

　※ 記入時間は 5 分です。書き終えたとしても，記入時間終了の合図があるまで
　　は次のページに進まないで下さい。

巻末資料 | *199*

(6) 第2章　研究4・実験1　質問紙　能力次元脅威条件

Ⅲ. 以下にある項目を読み，それぞれについて，過去のつらい経験について思い出した**今のあなたの気持ち**にどのくらいあてはまるかを5段階で評定し，あてはまる箇所に〇をつけてお答え下さい。

	あてはまらない	ややあてはまらない	どちらともいえない	ややあてはまる	あてはまる
	1	2	3	4	5
1.　自分は何も理解できていないような気がする。					
2.　自分が他人の目にどう映っているのか心配である。					
3.　自分の出来の悪さに失望を覚える。					
4.　私は，人からいやな人間だと思われているような気がする。					
5.　自分にはかなり能力があるような気がする。					
6.　自分が人からどう思われているか心配である。					
7.　私は，今自分が何もうまくいっていない気がする。					
8.　今，自分は人より魅力がないと実感している。					

※ 回答が終わったら，次の指示があるまで，ページをめくらずにお待ち下さい。
※ 待っている間に，回答を変更しないで下さい。

(6) 第 2 章　研究 4・実験 1　質問紙　統制条件

Ⅲ. 以下にある項目を読み，それぞれについて，<u>日常の自分の生活について思い出した</u>
<u>**今のあなたの気持ち**</u>にどのくらいあてはまるかを5段階で評定し，あてはまる箇所
に〇をつけてお答え下さい。

	あてはまらない	ややあてはまらない	どちらともいえない	ややあてはまる	あてはまる
	1	2	3	4	5

1. 自分は何も理解できていないような気がする。

2. 自分が他人の目にどう映っているのか心配である。

3. 自分の出来の悪さに失望を覚える。

4. 私は，人からいやな人間だと思われているような気がする。

5. 自分にはかなり能力があるような気がする。

6. 自分が人からどう思われているか心配である。

7. 私は，今自分が何もうまくいっていない気がする。

8. 今，自分は人より魅力がないと実感している。

※ 回答が終わったら，次の指示があるまで，ページをめくらずにお待ち下さい。
※ 待っている間に，回答を変更しないで下さい。

(6) 第2章　研究4・実験1　質問紙

※ 次の質問は以下の方法で回答して下さい。

次のそれぞれの特徴の程度（強さ）について，大阪市立大生の中であなた自身の位置はどのあたりかを推測し，*下位10%以内，下位11～20%，下位21～30%，下位31～40%，下位41～50%，上位41～50%，上位31～40%，上位21～30%，上位11～20%，上位10%以内*の中から選択して，お答え下さい。

【回答例】

たとえば，あなたが大阪市立大生100人の中で考えると23番目くらいに身長が高いと思われたならば，「**上位21～30%**」と対応する位置に○印をつけます（良い例1）。あなたが大阪市立大生100人の中で76番目に身長が高いと思われたならば，下から数えて25番目に身長が低いということになるので，「**下位21～30%**」と対応する位置に○印をつけるということになります（良い例2）。

しかし，正確に自分が何番目かと難しく考えるのではなく，直感的に「このあたり」と選んで下さい。

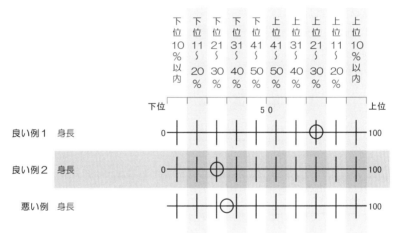

● ご質問がなければ，回答を始めて下さい。

(6) 第 2 章 研究 4・実験 1 質問紙

Ⅳ. 次のそれぞれの特徴の程度（強さ）について，大阪市立大生の中であなた自身の位置はどのあたりかを推測し，下位10%以内，下位11〜20%，下位21〜30%，下位31〜40%，下位41〜50%，上位41〜50%，上位31〜40%，上位21〜30%，上位11〜20%，上位10%以内の中から選択して，お答え下さい．

※ 回答が終わったら，次のページに進んで下さい．

(7) 第3章　研究4・実験2　質問紙（研究4・実験1と共通部分を除く）

Ⅱ. あなたの人間関係についての経験をお尋ねします。
　　人間関係についての経験の中で，失恋した，恋人や親友から嫌われた，仲間はずれにされたなどの，**あなたが一番つらかった経験やその時期について，できるだけくわしく書いて下さい**。いくつか思い出されて，つらさの順番がつけられなければ，それらの経験を全て書いて下さい。

・そのつらかった経験についてどのくらい嫌なことだったかを，下にある尺度に回答して下さい。

※ 記入時間は5分です。**書き終えたとしても，記入時間終了の合図があるまでは次のページに進まないで下さい。**

その経験はどのくらい嫌なことでしたか。

全く嫌ではない　　　　非常に嫌である

1　2　3　4　5　6　7

(8) 第3章　研究5・実験1　質問紙（使用部分）

調査ご協力のお願い

心理学専修博士後期課程
田端 拓哉

● このアンケートは, 学生生活の意識調査を目的としたものです。
● ご記入していただいた内容は, コンピュータに入力して, 統計的に処理しますので, 個人の回答内容が特定されることはありません。お気軽にご回答下さい。
● 調査に参加したかどうかは, 授業の成績には一切関係ありません。
● 回答は強制ではありませんので, 答えにくい質問に, 無理にお答えいただく必要はありません。
● ご協力いただける場合は, まず, 以下の注意事項をお読み下さい。

※ 1ページずつ, 上から順番に回答して下さい。見落としによる記入忘れはないようにご注意下さい。
※ 一度回答した項目に戻って, 回答を変更しないで下さい。
※ 以下の回答例のように回答して下さい。

【回答例】
　選択した回答に対応する数字に1つだけ〇をつけて下さい。
　選択肢と選択肢の間に〇をつけたり, 1つの項目について2箇所に〇をつけたりしないで下さい。

		あてはまらない	ややあてはまらない	どちらともいえない	ややあてはまる	あてはまる
〇 良い例	早起きは苦手だ	1	2	③	4	5
× 悪い例	早起きは苦手だ	1	2〇3		4	5

● ご質問がなければ, 回答開始の合図をお待ち下さい。

巻末資料 | *205*

(8) 第3章 研究5・実験1 質問紙（使用部分）

＜問1＞次の特徴のおのおのについて，あなた自身にどの程度あてはまるかをお答え下さい。他人からどう見られているかではなく，<u>あなたが，**あなた自身**をどのように思っているか</u>を，ありのままに，数字（1．あてはまらない〜5．あてはまる）に<u>ひとつずつ</u>○をつけてお答え下さい。

		あてはまらない	ややあてはまらない	どちらともいえない	ややあてはまる	あてはまる
(1)	自分は少なくとも人並みには，価値のある人間である	1	2	3	4	5
(2)	自分は色々な良い素質をもっている	1	2	3	4	5
(3)	自分は敗北者だと思うことがよくある	1	2	3	4	5
(4)	自分は物事を人並みには，うまくやれる	1	2	3	4	5
(5)	自分には，自慢できるところがあまりない	1	2	3	4	5
(6)	自分に対して肯定的である	1	2	3	4	5
(7)	だいたいにおいて，自分に満足している	1	2	3	4	5
(8)	もっと自分自身を尊敬できるようになりたい	1	2	3	4	5
(9)	自分は全くだめな人間だと思うことがある	1	2	3	4	5
(10)	何かにつけて，自分は役に立たない人間だと思う	1	2	3	4	5

⑻ 第3章　研究5・実験1　質問紙（使用部分）　能力次元脅威条件

<問3>あなたの勉学についての経験をお尋ねします。
　入学試験や資格試験で不合格になった，定期試験で赤点になったり平均点を下回ったりした，負けたくないと思っていた人よりも試験結果が劣っていたなどの，勉学についての経験の中で，**あなたが一番つらかった経験やその時期について，できるだけくわしく書いて**下さい。部活動やサークルの活動等ではなく，勉学に直接関係する経験についてご回答下さい。

　　・そのつらかった経験が，当時，どのくらい快いあるいは不快なことだったかを，このページの下にある尺度に回答して下さい。

　※　記入時間は3分です。**書き終えたとしても，記入時間終了の合図があるまでは次のページに進まないで下さい。**

そのつらかった経験は、いつ頃のことでしたか？

_____

_____

その経験の、どのようなことがつらかったですか？

_____

_____

_____

_____

_____

_____

_____

_____

_____

その経験は、当時、どのくらい快い、あるいは不快なことでしたか。

不快　1　2　3　4　5　6　7　8　9　**快い**

巻末資料 | *207*

(8) 第3章　研究5・実験1　質問紙（使用部分）　統制条件

＜問3＞あなたのふだんの1日についてお尋ねします。

　大学の授業がある日について，あなたの，よくある1日の過ごし方を，できるだけくわしく書いて下さい。朝起きて，大学へ行き，帰宅するまでの，よくある行動パターンを書いてください。

・その過ごし方が，どのくらい快いあるいは不快な過ごし方かを，このページの下にある尺度に回答して下さい。

※ 記入時間は3分です。**書き終えたとしても，記入時間終了の合図があるまでは次のページに進まないで下さい。**

その過ごし方はどのくらい快い，あるいは不快なことですか。

不快 1　2　3　4　5　6　7　8　9 **快い**

(8) 第3章　研究5・実験1　質問紙（使用部分）　統制条件

＜問4＞以下にある項目を読み，それぞれについて，過去のつらかった経験について思い出した今のあなたの気持ちにどのくらいあてはまるかを，あてはまる数字（1. あてはまらない～5. あてはまる）にひとつずつ○をつけてお答え下さい。

	あてはまらない	ややあてはまらない	どちらともいえない	ややあてはまる	あてはまる
1. 自分は何も理解できていないような気がする。	1	2	3	4	5
2. 自分が他人の目にどう映っているのか心配である。	1	2	3	4	5
3. 自分の出来の悪さに失望を覚える。	1	2	3	4	5
4. 私は，人からいやな人間だと思われているような気がする。	1	2	3	4	5
5. 自分にはかなり能力があるような気がする。	1	2	3	4	5
6. 自分が人からどう思われているか心配である。	1	2	3	4	5
7. 私は，今自分が何もうまくいっていない気がする。	1	2	3	4	5
8. 今，自分は人より魅力がないと実感している。	1	2	3	4	5

巻末資料 | *209*

(8) 第3章 研究5・実験1 質問紙（使用部分） 統制条件

<問4>以下にある項目を読み，それぞれについて，<u>日常の自分の生活について思い出</u><u>した**今のあなたの気持ち**</u>にどのくらいあてはまるかを，あてはまる数字（1. あてはまらない〜5. あてはまる）にひとつずつ〇をつけてお答え下さい。

	あてはまらない	ややあてはまらない	どちらともいえない	ややあてはまる	あてはまる
1. 自分は何も理解できていないような気がする。	1	2	3	4	5
2. 自分が他人の目にどう映っているのか心配である。	1	2	3	4	5
3. 自分の出来の悪さに失望を覚える。	1	2	3	4	5
4. 私は，人からいやな人間だと思われているような気がする。	1	2	3	4	5
5. 自分にはかなり能力があるような気がする。	1	2	3	4	5
6. 自分が人からどう思われているか心配である。	1	2	3	4	5
7. 私は，今自分が何もうまくいっていない気がする。	1	2	3	4	5
8. 今，自分は人より魅力がないと実感している。	1	2	3	4	5

210

(8) 第3章　研究5・実験1　質問紙（使用部分）

＜問5＞以下の家族や大学内の集団の性質それぞれについて、あなたがどのような印象をもつかを、あてはまる数字（1．全くそう思わない～7．非常にそう思う）にひとつずつ〇をつけてお答え下さい。

(1)　**自分の所属学部／学科／コース等**

		全くそう思わない	そう思わない	あまりそう思わない	どちらともいえない	ややそう思う	そう思う	非常にそう思う
(A)	所属学生同士がまとまっている	1	2	3	4	5	6	7
(B)	所属学生にとってこの学部／学科／コース等は重要なものである	1	2	3	4	5	6	7
(C)	所属学生はこの学部／学科／コース等の目標を共有している	1	2	3	4	5	6	7
(D)	所属学生同士が似ている	1	2	3	4	5	6	7

(2)　**自分が所属していない他の学部／学科／コース等**

		全くそう思わない	そう思わない	あまりそう思わない	どちらともいえない	ややそう思う	そう思う	非常にそう思う
(A)	所属学生同士がまとまっている	1	2	3	4	5	6	7
(B)	所属学生にとってこの学部／学科／コース等は重要なものである	1	2	3	4	5	6	7
(C)	所属学生はこの学部／学科／コース等の目標を共有している	1	2	3	4	5	6	7
(D)	所属学生同士が似ている	1	2	3	4	5	6	7

巻末資料 ｜ *211*

(8) 第3章　研究5・実験1　質問紙（使用部分）

(3)　自分の家族

	全くそう思わない	そう思わない	あまりそう思わない	どちらともいえない	ややそう思う	そう思う	非常にそう思う
(A)　家族同士がまとまっている	1	2	3	4	5	6	7
(B)　家族みんなにとってこの家族は重要なものである	1	2	3	4	5	6	7
(C)　家族みんながこの家族の目標を共有している	1	2	3	4	5	6	7
(D)　家族同士が似ている	1	2	3	4	5	6	7

(4)　友人の家族

	全くそう思わない	そう思わない	あまりそう思わない	どちらともいえない	ややそう思う	そう思う	非常にそう思う
(A)　家族同士がまとまっている	1	2	3	4	5	6	7
(B)　家族みんなにとってこの家族は重要なものである	1	2	3	4	5	6	7
(C)　家族みんなはこの家族の目標を共有している	1	2	3	4	5	6	7
(D)　家族同士が似ている	1	2	3	4	5	6	7

⑼ 第3章　研究5・実験2　質問紙（使用部分）

＜問1＞次の特徴のおのおのについて，あなた自身にどの程度あてはまるかをお答え下さい。他人からどう見られているかではなく，<u>あなたが，**あなた自身**をどのように思っているか</u>を，ありのままに，数字（1．あてはまらない〜5．あてはまる）に<u>ひとつずつ</u>○をつけてお答え下さい。

		あてはまらない	ややあてはまらない	どちらともいえない	ややあてはまる	あてはまる
(1)	自分は少なくとも人並みには，価値のある人間である	1	2	3	4	5
(2)	自分は色々な良い素質をもっている	1	2	3	4	5
(3)	自分は敗北者だと思うことがよくある	1	2	3	4	5
(4)	自分は物事を人並みには，うまくやれる	1	2	3	4	5
(5)	自分には，自慢できるところがあまりない	1	2	3	4	5
(6)	自分に対して肯定的である	1	2	3	4	5
(7)	だいたいにおいて，自分に満足している	1	2	3	4	5
(8)	もっと自分自身を尊敬できるようになりたい	1	2	3	4	5
(9)	自分は全くだめな人間だと思うことがある	1	2	3	4	5
(10)	何かにつけて，自分は役に立たない人間だと思う	1	2	3	4	5

(9) 第3章 研究5・実験2 質問紙（使用部分） 能力次元脅威条件

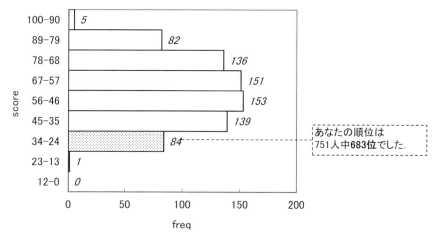

※実験実施時、グラフは色分けされていましたが、本書掲載にあたりモノクロに変更しました。

No. 751 - Result -

------【結果の見方】------

このテストは知能検査の1種です．京都大学で1973年に開発されたものを改良したものです．
このテストでは主に結晶性知能と流動性知能の2種類の知能を測定しますが，今回測定を行ったのは結晶性知能です．

結晶性知能とは，簡単にいえば意識的な学習行動や記憶能力によって得られる知能であり，仕事や学校の成績と関係があることが研究によって証明されています．
結晶性知能は，基本的に変化しないと考えられています．

グラフは，縦軸がテスト得点の範囲，横軸がその範囲内の得点者の人数を表しています．
あなたの結晶性知能は 大阪市立大生 内において 下位 の水準であり，すなわち学習能力や記憶能力が 大阪市立大生 内において 低い といえます．

過去のデータによれば，あなたの成績水準の人に多い職業は
<u>中小企業社員，国家公務員（Ⅲ種），専門職（バス運転士，保険外交員等），契約社員など</u>
です．

(9) 第3章 研究5・実験2 質問紙（使用部分） 統制条件

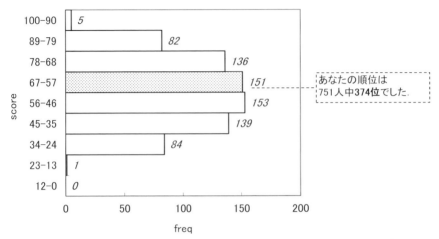

※実験実施時，グラフは色分けされていましたが，本書掲載にあたりモノクロに変更しました．

No. 751 - Result -

----------【結果の見方】----------
| このテストは知能検査の1種です．京都大学で1973年に開発されたものを改良したものです．
| このテストでは主に結晶性知能と流動性知能の2種類の知能を測定しますが，今回測定を行ったのは結晶性知能です．
|
| 結晶性知能とは，簡単にいえば意識的な学習行動や記憶能力によって得られる知能であり，仕事や学校の成績と関係があることが研究によって証明されています．
| 結晶性知能は，基本的に変化しないと考えられています．
|
| グラフは，縦軸がテスト得点の範囲，横軸がその範囲内の得点者の人数を表しています．
| あなたの結晶性知能は 大阪市立大生 内において 中位 の水準であり，すなわち学習能力や記憶能力が 大阪市立大生 内において 中程度 といえます．
|
| 過去のデータによれば，あなたの成績水準の人に多い職業は
| *中堅企業会社員，国家公務員（Ⅱ種），地方公務員，専門職（看護師、薬剤師等）*など
| です．

巻末資料 | *215*

(9) 第3章　研究5・実験2　質問紙（使用部分）

　社会は、さまざまな集団から構成されており、その中には自分が所属する集団と所属しない集団が
あります。ここでは、家族や大学での学部・学科などあなたの身近に存在するさまざまな集団の特徴
についてお聞きします。(A)〜(D)の特徴が自分の家族や自分が大学で所属している学部・学科・コー
ス等にどのくらいあてはまると思うか、また友人の家族や自分が所属していない学部・学科・コース
等にどのくらいあてはまると思うか、それぞれ最も思い浮かべやすい集団を思い浮かべて、お答えく
ださい。あてはまる数字（1．全くそう思わない〜7．非常にそう思う）に<u>ひとつずつ</u>○をつけて下
さい。

(1)　自分の所属学部・学科・コース等

		全くそう思わない	そう思わない	あまりそう思わない	どちらともいえない	ややそう思う	そう思う	非常にそう思う
(A)	所属学生同士がまとまっている	1	2	3	4	5	6	7
(B)	所属学生にとってこの学部・学科・コース等は重要なものである	1	2	3	4	5	6	7
(C)	所属学生はこの学部・学科・コース等の目標を共有している	1	2	3	4	5	6	7
(D)	所属学生同士が似ている	1	2	3	4	5	6	7

(2)　自分が所属していない他の学部・学科・コース等

		全くそう思わない	そう思わない	あまりそう思わない	どちらともいえない	ややそう思う	そう思う	非常にそう思う
(A)	所属学生同士がまとまっている	1	2	3	4	5	6	7
(B)	所属学生にとってこの学部・学科・コース等は重要なものである	1	2	3	4	5	6	7
(C)	所属学生はこの学部・学科・コース等の目標を共有している	1	2	3	4	5	6	7
(D)	所属学生同士が似ている	1	2	3	4	5	6	7

(9) 第3章　研究5・実験2　質問紙（使用部分）

(3)　自分の家族

	全くそう思わない	そう思わない	あまりそう思わない	どちらともいえない	ややそう思う	そう思う	非常にそう思う
(A)　家族同士がまとまっている	1	2	3	4	5	6	7
(B)　家族みんなにとってこの家族は重要なものである	1	2	3	4	5	6	7
(C)　家族みんながこの家族の目標を共有している	1	2	3	4	5	6	7
(D)　家族同士が似ている	1	2	3	4	5	6	7

(4)　友人の家族

	全くそう思わない	そう思わない	あまりそう思わない	どちらともいえない	ややそう思う	そう思う	非常にそう思う
(A)　家族同士がまとまっている	1	2	3	4	5	6	7
(B)　家族みんなにとってこの家族は重要なものである	1	2	3	4	5	6	7
(C)　家族みんなはこの家族の目標を共有している	1	2	3	4	5	6	7
(D)　家族同士が似ている	1	2	3	4	5	6	7

巻末資料 | *217*

⑽ 第3章　研究6　質問紙（使用部分、研究5　実験1と共通部分を除く）

＜問5＞以下にある項目を読み，それぞれについて，**今のあなたの気持ちに
どのくらいあてはまるか**を，あてはまる数字（1．全くそう思わない〜6．非
常にそう思う）に**ひとつずつ**〇をつけてお答え下さい。

		全くそう思わない	そう思わない	あまりそう思わない	ややそう思う	そう思う	非常にそう思う
(1)	今，とても好きだった人が懐かしい	1	2	3	4	5	6
(2)	今，何かを心配する必要がなかった頃が懐かしい	1	2	3	4	5	6
(3)	今，ある友達が懐かしい	1	2	3	4	5	6
(4)	今，悲しいことや嫌なことを知らなかった頃が懐かしい	1	2	3	4	5	6
(5)	今，頼れる誰かがいた頃が懐かしい	1	2	3	4	5	6
(6)	今，過去のある時期が懐かしい	1	2	3	4	5	6

著者略歴

田端　拓哉　（たばた たくや）

2008 年大阪市立大学大学院文学研究科後期博士課程単位取得退学。
同大学院文学研究科都市文化研究センター研究員、博士（文学）。

OMUP の由来

大阪公立大学共同出版会（略称OMUP）は新たな千年紀のスタートとともに大阪南部に位置する5公立大学、すなわち大阪市立大学、大阪府立大学、大阪女子大学、大阪府立看護大学ならびに大阪府立看護大学医療技術短期大学部を構成する教授を中心に設立された学術出版会である。なお府立関係の大学は2005年4月に統合され、本出版会も大阪市立、大阪府立両大学から構成されることになった。また、2006年からは特定非営利活動法人（NPO）として活動している。

Osaka Municipal Universities Press (OMUP) was catablished in new millennium as an assosiation for academic publications by professors of five municipal universities, namely Osaka City University, Osaka Prefecture University, Osaka Women's University, Osaka Prefectural College of Nursing and Osaka Prefectural College of Health Sciences that all located in southern part of Osaka. Above prefectural Universities united into OPU on April in 2005. Therefore OMUP is consisted of two Universities, OCU and OPU, OMUP was renovated to be a non-profit organization in Japan from 2006.

所属欲求充足機制としてみた
自己評価維持機構のダイナミクス
──自己評価2次元説に基づく検討──

2019年9月26日　初版第1刷発行

著　者　田端　拓哉
発行者　八木　孝司
発行所　大阪公立大学共同出版会（OMUP）
　　　　〒599-8531 大阪府堺市中区学園町1-1
　　　　大阪府立大学内
　　　　TEL　072(251)6533
　　　　FAX　072(254)9539
印刷所　株式会社 遊文舎

©2019 by Takuya Tabata. Printed in Japan
ISBN 978-4-909933-05-8